2025년 한님성서연구소 제3차 학술 발표 논문집

고통

2025년 한님성서연구소 제3차 학술 발표 논문집

고통

교회인가 2025년 10월 21일 (의정부교구장 손희송 베네딕토 주교)
초판 1쇄 2025년 11월 21일

지은이 정태현, 강지숙, 송혜경, 주원준, 강선남, 김선영
펴낸이 조병우
펴낸곳 한님성서연구소
등록 제85호
주소 경기도 의정부시 평화로 604
전화 031)846-3467
팩스 031)846-3595
카페 cafe.naver.com/biblicum

ISBN 978-89-94359-57-1 93230
책값은 뒤표지에 있습니다.

2025년 한님성서연구소 **제3차** 학술 발표 논문집

고통

한님성서연구소장 정태현
수석연구원 강지숙
송혜경
주원준
강선남
김선영

2025년 한님성서연구소 제3차 학술 발표 논문집 발간에 붙여

40여 년 전 벨기에 유학 시절 아침마다 학교 가는 길에 루뱅 시내의 다미엔 성당에 들렀다. 지하 경당에 모셔진 몰로카이의 성자 다미엔 신부님을 만나 유학 생활을 잘 마칠 수 있도록 그분의 전구를 청하기 위해서다. 잘 아시다시피 다미엔 신부님은 하와이 제도의 나환자 격리 섬에서 선교하시다 나병을 얻어 돌아가신 분이다. 신부님은 몸소 나병을 앓으심으로써 나환자들과 완전히 하나가 되셨다.

고통의 문제는 하느님과 우리 사이를 갈라놓기도 하고 일치시키기도 한다. 고통의 원인과 목적이 무엇인지를 밝히는 일에 치중하다 보면 인간은 하느님을 원망하고 그분에게서 한없이 멀어질 수 있다. 하느님이 전능하고 인자한 신이라면 왜 이런 고통을 나에게 허락하시는가? 그리고 하느님은 고통받는 나를 왜 외면하시는가? 이런 질문들은 원망을 넘어서서 하느님의 존재마저 부정하게 만들 수 있다. 그러나 인간을 고통에서 풀어주시기 위해 온갖 노력을 기울이시고 우리의 고통을 짊어지시기 위해 십자가 위에서 하느님에게서 버림받으신 예수님을 바라보면 고통 한복판에서도 하느님께 대한 신뢰를 더욱 단단하게 다질 수 있다. 그분은 말씀으로만 연민과 자비를 보여주시는 하느님이 아니라 신체적/정신적 고통을 직접 겪으시고 심지어 하느님에게서 버림받은 인간의 비참한 처지까지 내려가시기 위해 육화되신 하느님이시다. 바오로 사도의 표현을 빌리자면 그분은 우리를 의롭게 하시기 위해 "죄"가 되시고(2코린 5,21), 죄의 결과로 우리가 받게 될 "저주"가 되셨다(갈라 3,13).

우리는 구약 정경과 외경, 탄나임 라삐들과 시리아 교부들의 문헌에서 고통의 기원과 목적(또는 기능)에 관한 풍부하고 깊은 성찰들을 확인한다. 이 성찰들은 자애와 정의의 하느님께 대한 믿음을 견지하면서 세상에 존재하는 악과 고통을 어떻게 이해하고 거기에 어떻게 대처해 나가야 할 것인지를 모색하던 신앙인들과 하느님 백성의 소중한 유산이다. 유다-그리스도교 신앙의 모든 자산과 유산은 하느님의 자기계시이신 예수 그리스도에게 수렴되고 그분에게서 완성된다. 십자가에 못 박혀 돌아가시고 부활하신 예수님에게서 우리는 하느님이 누구신지, 세상과 나에게 닥친 악과 고통을 어떻게 극복할 것인지, 고통받는 이웃들에게 연민과 자비를 어떻게 실천할 것인지를 깨우칠 수 있다.

그동안 고통에 관한 논문을 고통과 인내로 준비해온 연구원들에게 경의와 감사를 드린다. 바라건대 고통에 관한 이 학술 발표가 세상의 악과 고통, 심지어 우리의 죄와 저주까지도 우리를 예수 그리스도에게서 드러난 하느님의 사랑에서 떼어 놓을 수 없음을 확인하는 자리가 되었으면 좋겠다.

“우리가 하느님을 사랑한 것이 아니라, 그분께서 우리를 사랑하시어 당신의 아드님을 우리 죄를 위한 속죄 제물로 보내 주신 것입니다”(1요한 4,10).

2025년 9월 20일

한국 순교 성인들의 대축일이며 한님성서연구소 창립일

한님성서연구소장 정태현 갈리스도 신부

차례

주원준

“오직 고통받는 자에게 말씀하셨다”

— 고대근동 지혜문헌과 문학적 비교를 통해 드러난 욥기의 신학적 특징

1. 들어가며

"흔히 욥기는 아이킬로스의 프로메테우스, 단테의 신곡 그리고 괴테의 파우스트와 함께 세계 문학의 걸작에 속한다고 일컬어진다. 욥기는 언어의 힘도 강력하고 생생한 장면이 충만할 뿐만 아니라 인물의 섬세한 묘사도 출중하다. 또한 머리말과 맺음말의 서사적 이야기와 함께 친구들과의 극적이고 생생한 대화, 그리고 그 고통의 서정을 묘사한 것도 훌륭하다. 욥기는 영원히 현재적일 수밖에 없는 주제를 담았다. 이 책은 한 인간의 인생은 어떠해야 하는가와 실제로 어떠한가 사이에 펼쳐진 거대한 긴장을 다룬다. 또한 이 책은 인류 그 자체만큼 오래된 질문의 질문을 다룬다. 그것은 인류 역사의 모든 시대에 걸쳐 성찰하는 인간의 내면을 가장 번민하게 만들고 괴롭힌 것이다."[1]

이 논문은 욥기와 고대근동의 지혜문학을 문학형식적으로 비교하여, 욥기의 절정인 하나님과 욥의 대화(욥 38,1—42,6)의 신학적 특징에 접근하려고 한다. 우선 욥기의 연구사와 고대근동 지혜문학의 개념을 간략히 살펴보고, 욥기와 긴밀히 병행한다고 인정되는 고대 메소포타미아 지혜문학의 두 작품을 살펴볼 것이다. 그리고 욥기의 절정인 하나님과 욥의 대화는 고대근동 문학에서 전혀 찾아볼 수 없는 오직 이스라엘의 욥기에서만 볼 수 있는 가장 독특한 특징이며, 이를 통해 욥기가 말하고자 하는 신학적 의미를 상술할 것이다.

고대근동 문학과 구약성경의 비교연구 방법은 비교적 근대에 발전된 것이다. 욥기 연구에서도 이런 비교 연구는 지속되고 있지만, 국내에는 아직 미흡

1 Kuhl, *Die Entstehung des Alten Testaments*, 258; Gross, *Ijob*, 5에서 재인용.

한 것 같다. 그래서 이 논문은 욥기와 관련된 고대근동 문학을 소개하고, 문학형식적 비교를 통해 하느님과 욥의 대화(욥 38,1—42,6)가 고대근동 지혜문학에서 유일한 것임을 드러내고 그 신학적 의미를 성찰하려고 한다. 한편으로 고대근동 지혜문학과 문학적 비교라는 논문의 취지에 충실하고 다른 한편으로 분량을 고려하여 욥기의 발생사와 역사비평은 시도하지 않겠다.

2. 욥기 연구사

구약성경과 신약성경의 다양한 책들은 모든 시대에 균등하게 주목받고 해석되지는 않았다. 유배 이전의 예언자들은 탈출기 등에 전하는 이집트 탈출 사건에 주목하였고, 유배 이후의 사제계 신학자들은 창세기의 선조들을 상대적으로 더 많이 언급하였다. 다윗과 솔로몬은 초기 왕정 역사의 주인공이지만 오히려 시편과 지혜문학에서 자주 언급되었다.

그리스도교 신학에서도 마찬가지다. 어떤 시대에는 예언서가 주목을 받았고, 어떤 주석가들은 지혜문학을 깊이 파고들었다. 이렇게 서로 다른 본문에 주목하여 해석하는 현상은 해당 시대와 지역과 인물이 처한 상황을 이해하는 데 도움을 줄 뿐만 아니라 성경이 인류의 역사와 함께, 하느님 백성 곁에서 함께 살아 숨쉬고 있음을 드러낸다. 방법론적으로 말하면, 이런 해석 방법도 역시 영향사(Wirkungsgeschichte) 분석에 속할 것이다.

필자는 욥기 연구사에서 특이한 점 세 가지를 주목하려고 한다. 첫째는 사도 시대와 교부 시대 욥기의 이해다. 신약성경과 사도들은 욥기를 암시하는 구절들을 적잖게 인용했지만 전체적으로 볼 때 "첫 그리스도인들은 욥기에 그리 관심을 보이지 않았다."[2] 최초의 욥기 강해라는 오리게네스의 욥기 강해는

소실되어 부분적으로 전할 뿐인데, 이 책은 당대에도 사람들의 흥미를 별로 끌지 못한 것 같다.[3]

그런데 4세기말에서 5세기 초에 욥기에 대한 관심이 갑자기 증가했다. 그 배경은 두 가지로 볼 수 있다. 하나는 이 시기에 서로마 제국이 부닥친 여러가지 정치·경제·군사·사회·외교적 어려움이다. 결국 서로마 제국은 5세기 말엽에 멸망했는데, 혼란스럽고 고통이 증가하는 현실에서 사람들은 욥기를 찾은 것 같다. 다른 하나는 이 당시 이단으로 평가받던 아리우스파 성경 주석가들이 욥기를 주목했다는 점이다. 이들 역시 교회 안팎에서 고통이 증가하는 상황에서 욥기를 읽고 주석했다. 현재도 이들이 편찬한 두 권의 욥기 주해서가 전한다.[4] 고대부터 욥기는 신학적으로나 현실적으로 고통을 겪는 사람들이 주목하는 책이었다.

고대의 안티오키아 학파와 알렉산드리아 학파가 협력하고 경쟁하던 교부시대에 욥기는 주로 안티오키아 학파가 즐겨 인용하고 해설하였다. 그들은 욥기의 유용함을 활용한 것 같다. 욥기를 문자적으로 해석하고 도덕적으로 유익한 해석을 즉각적으로 이끌어내었다.[5]

연구사의 둘째 특이점은 종교개혁 전승에서 지혜문학을 낮게 평가한 점이다. 종교개혁가들은 지혜문학을 구세사의 '변두리'에 속하거나 '후대의 것'으로 인식했다. 그들은 계시종교의 '유일성'을 상대적으로 적게 포함하고, '현세지향적이고 일반적' 성격을 지니는 지혜문학을 '율법'에 속하는 것으로 평가하였다.

---

2 시모네티/콘티, 『욥기』, 37.

3 "사람들은 오리게네스가 욥기에 대해 가졌던 관심에 오랜 기간 동안 흥미를 갖지 않았다." 시모네티/콘티, 『욥기』, 39. 신약성경과 사도들의 욥기 인용과 욥기를 암시하는 인용은 다음을 보라. 시모네티/콘티, 『욥기』, 38.

4 시모네티/콘티, 『욥기』, 39. 두 권의 아리우스파 욥기 주해서로 이해되는 책은 다음을 보라. 시모네티/콘티, 『욥기』, 40-41.

5 시모네티/콘티, 『욥기』, 39.

이런 시각에서 욥기와 코헬렛은 “지혜 사상의 좌절”로 이해되었다.[6] 그리고 이런 태도는 근대 성경주석학에 영향을 끼쳤다.

셋째 특이점은 근대의 욥기 주석서에서 볼 수 있는 것이다. 최근에 나온 거의 모든 욥기 해설서는 고대근동 지혜문학과의 연관성을 언급한다. 고대근동 지혜문학 가운데 욥기와 병행하는 여러 작품을 언급하거나 일부 병행구나 병행 단어를 제시하기도 한다. 이는 욥기 주석사에서 극히 최근에 생긴 현상이다. 하지만 언급되는 고대근동의 문헌들이 과연 어떤 특징을 지니고 욥기와 어떻게 다른지 일목요연하게 설명해주는 연구는 찾기 힘들다. 필자는 이 점에서 이 연구의 의미를 찾는다.

3. 고대근동 지혜문학

3.1. 고대근동 문헌과 성경 연구

최근에 김아리 박사는 고대근동학 연구사를 세 단계로 정리했다.[7] 첫째는 1842년을 기점으로 초기의 고고학 발굴이 성경과 관련되어 해석되던 시대, 곧 ‘성경과 연관된 고대근동학 시대’다. 둘째는 1926년 란즈베르거(B. Landsberger)의 유명한 연설, 곧 고대근동학은 성경에서 독립하여 “자신의 용어로, 즉 오로지 쐐기문자로 써진 문헌 증거에 의해서만 연구되어야”[8] 한다는 ‘스스로의

6 쳉어, 『구약성경 개론』, 577.

7 김아리, “200년 고대 근동 연구사, 세 번의 거대한 변화”, 117, 133, 137.

8 김아리, “200년 고대 근동 연구사, 세 번의 거대한 변화”, 133.

문화에 초점을 둔 연구의 시대'다. 그리고 셋째는 1980년대 이후 사회사, 문화사, 젠더 연구, 데이터 베이스 제공 등이 이루어지는 '다양한 변화'의 시대다.

첫째 시기는 1842-1854년 즈음에 니네베, 두르-샤루킨 등 다수의 유적지가 발굴되며 시작되었다. 이 당시 수많은 유물이 유럽의 박물관으로 옮겨져 주로 성경과 연관되어 해석되었지만, 쐐기문자의 해독은 그보다 더디게 이루어졌다. 점차 쐐기문자 본문이 해석되자 고대의 문헌은 그 당시 이해하던 성경의 내용을 '일방적으로 증명'하는 것이 아니라 오히려 '비판적 긴장'을 일으킨다는 인식이 자라났다. 특히 1872년 영국의 스미스(G. Smith)가 길가메쉬 이야기에서 홍수 토판을 해석하여 학계에 뜨거운 주목을 받았다.[9]

그러다가 1902년 독일에서 고대근동학 "역사상 가장 뜨거운 논쟁을 일으켰던" 델리취(F. Delizsch)의 발표가 이루어졌다. 이른바 '바벨-비벨'(Babel-Bibel) 논쟁이었다. 델리취는 당시 독일의 황제와 최고 엘리트들에게 연설하였는데, 그 가운데는 "바빌로니아의 민족주의와 도덕관념이 이스라엘의 것보다 우위에 있다는 내용"이 포함되었다.[10] 이 격렬한 논쟁 이후 성경과 고대근동 문헌을 '일방적 관계'가 아닌 학문적이고 비판적으로 보는 시각이 확산되었다.

물론 구약성경과 고대근동 문헌은 서로 배타적인 관계가 아니다. 고대근동 문헌은 성경을 더욱 풍부하게 이해할 수 있게 해 주는 자료라는 인식은 아직 교회 안팎에 확고하게 자리잡지 못한 것 같다. 필자는 이런 선진적 인식이 교회와 신학의 다양한 분야에 깊이 스며들길 고대한다.

예를 들면, 현재 거의 모든 구약성경 개론서는 율법을 이해하기 위해서는

9 김아리, "200년 고대 근동 연구사, 세 번의 거대한 변화", 125.

10 인용은 저마다, 김아리, "200년 고대 근동 연구사, 세 번의 거대한 변화", 130, 131. 이후 H. Winckler나 A. Jeremias는 "모든 세계의 신화는 기원전 3000년경에 발달한 바빌로니아 신화를 기반으로 한다는" 주장을 하였고, 20세기 초에 이른바 "범-바빌로니아주의"(Pan-Babylonianism)을 이룬다.

함무라피 법전(CH: Codex Hammurapi)과[11] 관련성을 알아야 한다고 서술한다. 그런데 이 법전은 "1901년에서 1902년으로 넘어가는 겨울에 프랑스 고고학자들 의해"[12] 발굴되었다. 사실 그보다 11년 전인 1890년에 레이어드(A.H. Layard)가 "함무라피의 집"(*E.Gal ḫa-am-mu-ra-pi*)라는 문자열을 발견하였지만[13] 그로부터 11년 후에 법전을 발견하고 나서야 그 문자열의 의미를 제대로 파악할 수 있었다. 그러므로 1890년 이전에 그리스도교 신학자 가운데 '함무라피'라는 이름 자체를 인식했던 사람은 없다. 1901년 이전에 '함무라피 법전'을 들어본 사람도 없다. 그러므로 고대와 중세와 근대의 어떤 성경 주석가도 이 이름과 법전을 알지 못하였다.

그러므로 율법과 함무라피 법전의 연관성을 언급하는 구약성경 개론서는 무척 근대적인 것이다. 함무라피 법전 등 고대근동 법률과 구약성경의 율법을 연관시키는 인식 자체가 무척 근대적인 것이기도 하다. 물론 이 법전이 정확히 해석되고 주석되어 이스라엘 율법과의 깊은 관련성이 확인되기 위해서는, 발굴되고 나서 수십 년 동안 수많은 학자들의 연구가 점진적으로 축적되어야 했고 지금도 여전히 진행중이다. 구약성경은 인류의 가장 오래된 문헌에 속하지만, 고대근동 문헌과 구약성경의 비교 연구는 현재진행형인 최신의 방법론이다.

11 바빌론의 임금이었지만 본디 아무르인이었던 그의 이름은 아무르어 '아무라피'(*Ammurapi*)에서 온 것이므로 아카드어로 '함무라피'(Hammurapi)로 옮겨적는 적이 옳을 것 같다. 주원준, "지혜와 경험과 법이 하나다", 26.

12 ANET-K, 363.

13 김구원, "함무라비 이야기 1", 7.

3.2. 고대근동의 '지혜문학' 개념

고대근동 문헌은 다른 문헌들과 마찬가지로 계속해서 재독(relecture)되고 재해석(reinterpretation)되고 있다. 그리고 비교적 최신의 학문이라는 점을 고려한다면, 기초적 개념이 근본적으로 재평가되는 일도 적지 않다. 이를테면 '지혜 문학'이라는 개념 자체가 그렇다. 이에 대해서는 윤성덕 박사가 최근 자세히 정리하였기에 그를 따르고 필자의 견해를 덧붙인다.

윤성덕은 고대근동학자들 사이에서 '지혜문학'의 개념과 분류가 서로 일치하지 않는 현상을 잘 지적하였다. 대체로 특정 문헌의 내용과 형식을 기준으로 분류하였지만, 학자들마다 다양한 기준을 적용한 결과다. 대개 우화, 교훈, 속담, 인생과 세계에 대한 관찰, 신탁, 예언, 개인적 관심사, 대화, 해학적 작품, 학교 대화문, 이야기체 교육용 문서, 수수께끼, 역사, 교훈적 찬양시, 전형적 본문 등의 개념어들이 사용되었다.[14] 그런데 이런 문학들에 대한 기준이 서로 달라서, 동일한 작품이 서로 다른 범주에 속하는 등 고대근동 지혜문학의 목록은 서로 일치하지 않았다. 최근에 나오는 여러 대형 출판사들의 고대근동 지혜문학 선집이나 전집들도 서로 분류가 다르다.[15]

이렇게 작품의 내용과 형식을 중심으로 분류하는 방법은 서로 일치를 이루지도 못하고 더욱 혼란스럽게 전개된 면이 있기 때문에 새로운 돌파구를 모색하는 연구가 시도되었다. 윤성덕은 새로운 시도를 두 가지 방면에서 관찰했다. 첫째는 서기(scribe)에 주목하는 것이다. 고대근동의 모든 문헌은 서기들의 손으로 탄생하고 전승하였기에, 고대근동 서기들의 양성, 곧 학교의 변화를 추적하는 것이다. 윤성덕은 불리웨(P-A. Beaulieu)의 작업을 다음과 같이 요

14 윤성덕, "고대서아시아 지혜문학 분류법", 245-6.

15 윤성덕, "고대서아시아 지혜문학 분류법", 248-9.

약하였다.[16] 기원전 3천 년대에는 속담, 우화, 논쟁, 대화가 교육 자료로 사용되었고, 신과 인생을 향한 비판적 성찰은 기원전 2천 년대에 처음 등장하였으나 1천 년대에 절정에 이르러 "독립적인 신정론 전승"[17]으로 발전하였다. 그리고 기원전 7세기 이후에 이런 전통적인 지혜문학 전승보다 점술이나 의술 등 '기술서적'이 각광을 받았다.

둘째 시도는 한 사회에서 지식의 형성과 유통을 연구하는 '지식 사회학'의 관점이다.[18] 윤성덕은 기원전 2천 년대에는 '속담 모음집'이나 '낱말 목록', 곧 수집과 분류하는 지혜문학이 주류를 이루었고, 기원전 1천 년대에는 비판적으로 사고하는 지혜문학, 곧 '비판적 논문'이나 '안내서, 주석서'가 각광을 받았다고 정리했다.[19] 이런 서술은 고대근동 지혜문학을 진화론적 발전으로 이해할 수 있게 해 주며, 욥기는 기원전 1천 년대에 이루어진 비판적 지혜문학에 속하는 문헌과 비교할 수 있을 것이다.

4. 욥기와 병행하는 고대근동 지혜문학

최근 욥기의 해설서는 욥기가 고대근동 문학과 깊은 관련이 있음을 공통적으로 지적한다. "고대 근동의 일련의 유사한 텍스트들에서 분명해지는 것인 즉,

16 윤성덕, "고대서아시아 지혜문학 분류법", 250-1.

17 윤성덕, "고대서아시아 지혜문학 분류법", 250.

18 윤성덕은 버크(P. Burke)를 인용한다. 그에 따르면 한 사회의 지식은 누군가에 의해 1) 수집되고, 2) 비교되고 검증되고 해석되고, 3) 대중에게 확산되고, 4) 의사소통에 사용되는 단계를 지닌다. 윤성덕, "고대서아시아 지혜문학 분류법", 251-3 n21.

19 윤성덕, "고대서아시아 지혜문학 분류법", 254.

욥기가 다루는 것은 이스라엘 고유의 주제가 아니라 근동 공통의 주제라는 사실이다."[20] 슈빈호르스트쇤베르거는 욥기와 유사한 고대근동의 문헌으로 다음을 나열한다. 이런 문헌들은 조금씩 다른 이름으로 불리고 있어서, 이번 기회에 아래와 같이 정리한다.[21]

- 『바빌론 욥기』 또는 『나는 지혜의 주님을 찬미하리라』(*Ludlul Bēl Nēmeqi*)
- 『바빌론 신정론』 또는 『바빌론 코헬렛』 또는 『한 고통받는 이와 그의 경건한 친구의 대화』
- 『수메르 욥기』 또는 『인간과 신』 또는 『사람과 그의 신』
- 이집트 문학의 지혜 논쟁 문헌들: 『농부의 비탄』, 『삶에 지친 이(와 그의 영혼)의 대화』, 『이푸-베르의 훈계』
- 기타 그리스 로마의 문학들(생략)[22]

필자는 이 글에서 『수메르 욥기』를 제외하였다. 이 문헌은 기원전 2천 년대 이전의 것으로, 구약성경의 욥기와 시대적으로 너무 멀기 때문이다.[23] 이집트와 그리스-로마 문헌들을 제외하는 이유도 비슷하다. 이집트 문헌과 욥기의 치밀한 비교는 최근에 이루어지는 것 같고, 그리스-로마 문헌은 욥기에 영향을 주었다고 인정하기 어렵다.

필자는 위 문헌들 가운데 아래에서 두 문헌만 자세히 비교해 보려고 한다. 우선 논문 분량의 한계로 모든 문헌을 보기 힘들고, 아래 두 문헌이 역사적으

20 슈빈호르스트쇤베르거, "욥기", 587.

21 한편 하경택은 『주인과 종의 비관적인 대화』도 첨가했다. 하경택, 『욥기』, 28. 이 문헌의 우리말 번역은 다음을 보라. ANET-K, 668-671.

22 슈빈호르스트쇤베르거, "욥기", 587-8.

23 이 문헌의 우리말 번역은 다음을 보라. ANET-K, 660-8.

로나 문학적으로 관계가 긴밀함이 널리 인정되기 때문이다.

한국 신학계는 욥기와 관련된 이런 고대근동 문헌의 목록과 번역이 알려지는 단계에 있다. 그리고 아래에서 보겠지만 세계적으로도 이 문헌들과 욥기의 전면적인 비교는 아직 충분히 시도되고 있지 않다. 그래서 필자는 이 문헌들의 학문적 연구사를 간략히 소개하고 욥기와 문학적으로 대조하여 욥기의 특성 일부를 파악해 보려고 한다. 특히 '고통과 신'이라는 주제에 초점을 두고 신학적 의미를 짚어보겠다.

4.1. 루들룰

4.1.1. 개요

제목

이 문헌은 시작하는 단어들을 제목으로 삼는 고대 문헌의 관례를 따라 "루들룰 벨 네메키"(*Ludlul Bēl Nēmeqi*)로 불리기도 했고, 이 제목의 해석에 따라 『나는 지혜의 주님을 찬미하리라』고 불렸다. 최근 이 문헌을 철저히 연구한 애너스와 렌지(A. Annus & A. Lenzi)는 고전 아카드어로 쓰인 이 문학의 첫 단어인 "루들룰"로 이 문헌을 칭했고, 필자도 이를 따르겠다.[24]

사본

1875년부터 1918년까지 본문, 번역, 연구서는 램버트(W.G. Lambert)가,[25] 그

24 Annus/Lenzi, *Ludlul Bel Nemeqi*, ix. 첫 단어는 "찬양하다"를 뜻하는 *dullû*의 1인칭 미래형으로 볼 수 있다. 이 작품의 한국어 번역은 각주 31을 보라.

25 Lambert, *Babylonian Wisdom Literature*, 27-8.

이후는 애너스와 렌지가 요약했다.[26] 루들룰의 비평적 본문은 1960년대에 램버트가 제출했고, 그 이후 몇몇 토판이 추가로 발굴되었으며, 최근에 애너스와 렌지가 이런 모든 토판을 종합하여 최신 비평본을 제공하였다.[27] 그들에 따르면 모두 52개 이상의 사본(=조각 토판)이 넓은 지역에서 발견되었는데, 이를 사본의 발굴지에 따라 분류하면 다음과 같다.[28]

아시리아(=메소포타미아 북부)

니네베: A, B, C, D, E, F, G, O, X, Y, AA, JJ, LL

앗슈르: h, n, p, r, $s^{1,2}$, t, u, v, z, bb, cc, dd, xx

술탄테페: i, m, w

님루드: ff

바빌로니아(=메소포타미아 남부)

십파르: l, q, ee, gg, hh, ii, kk, mm, nn, ss, tt, yy, zz

바빌론: jk, oo, pp, qq, rr, b3

키쉬: vv

불명: uu, ww, a3

기존의 루들룰 사본들은 대문자에서 시작하여 소문자로 계속되어 이름이 붙었는데(A, B, ..., a, b, ...) 토판이 더욱 발견되자 연구자들은 자연스럽게 소문자

---

26 Annus/Lenzi, *Ludlul Bel Nemeqi*, x.

27 Annus/Lenzi, *Ludlul Bel Nemeqi*, x.

28 Annus/Lenzi, *Ludlul Bel Nemeqi*, xlix. 각 사본의 자세한 정보는 다음을 보라. xli - xlvi. Annus/Lenzis는 발굴지를 알파벳 순서에 따라 배열하였지만 필자는 사본의 중요도에 따라 재배치하였다.

를 겹쳐쓰는 방식으로 보완하였다(aa, bb, cc ...). 하지만 애너스와 렌지는 이 방식이 한계에 달할 것으로 보고, 숫자를 붙이는 방식을 제안하였고 새로 발견되는 사본부터 적용하였다(A3, b3, c3 ...).[29] 이렇게 새로운 방식을 고안한 이유는 루들룰의 사본이 앞으로 더 발견될 것을 예상했기 때문인 것 같다. 그리고 그들은 이 가운데 서기 학교에서 연습용으로 사용된 토판이 있음도 보고하였다(mm, oo, ss, tt).[30] 앞서 말했듯 그들은 지금까지 발견된 루들룰의 모든 토판을 철저히 분석하여 새로운 본문과 번역을 제시했는데, 이 새로운 판본과 번역은 한국어로 이미 번역되었다.[31]

위에서 보듯 루들룰의 사본들은 광범위한 지역에서 발견되었다. 앞의 발굴지는 현대의 튀르키예 남부(술탄테페)와 시리아(니네베, 앗슈르), 이라크(십파르, 바빌론, 키쉬, 님루드)에 이른다. 이렇게 넓은 지역에서 토판이 발견되었고, 게다가 학생들이 사용한 연습용 토판도 발견되었기에, 루들룰은 고대에 "유명하고 널리 퍼졌고 높은 평가를 받은 운문(poem)"이라는 애너스와 렌지의 주장은 설득력이 있다.[32] 그들은 오늘날 미국 고등학교에서 셰익스피어를 읽듯, 고대 메소포타미아에서는 학생들이 루들룰을 교재로 읽고 필사했을 것이라고 주장했다.[33]

이렇게 루들룰이 기원전 1천 년대에 메소포타미아에 널리 퍼지고 높은 평가를 받은 문헌이라는 사실은, 기원전 1천 년대 중엽에 아시리아와 바빌로니아로 유배를 떠나야 했던 이스라엘 백성이 유배지에서 이 문헌을 접하고 깊이

---

29 Annus/Lenzi, *Ludlul Bel Nemeqi*, xli.

30 Annus/Lenzi, *Ludlul Bel Nemeqi*, xlv.

31 빅스, "루들룰 벨 네메키", 676-695. 이 번역은 빅스(R.B. Biggs)의 본문을 기초로 래너스와 렌지의 번역을 최대한 첨가한 것이다.

32 Annus/Lenzi, *Ludlul Bel Nemeqi*, ix.

33 Annus/Lenzi, *Ludlul Bel Nemeqi*, ix.

영향을 받았을 역사적 가능성을 퍽 높인다.

본문의 발생 시대

램버트는 루들룰의 아카드어 본문이 중기 바빌론 시대, 곧 카쉬인들의 바빌론 지배기의[34] 특징을 반영한다고 보았다.[35] 곧 기원전 2천 년대라는 것이다. 한편 최근 애너스와 렌지는 이 본문의 시대를 특정하는 것은 매우 어려움을 고백하면서, 중기 바빌로니아 시대보다는 조금 늦은 시대, 곧 기원전 1천 년대로 보았다.[36]

문학적 형식

루들룰의 문학적 형식은 정교하고 뛰어나다. 이 문헌은 토판 4장에 전하고, 각 토판은 저마다 120행으로 이루어져 있다. 도합 480행의 루들룰은 전체가 1인칭 독백 형식으로 되어 있는데, 이 가운데 첫째와 둘째 토판은 비교적 상태가 좋고, 셋째와 넷째 토판의 상황은 복잡하다.[37]

1인칭 독백 형식으로 쓰인 문헌은 고대근동에 드물지 않다. 하지만 루들룰에는 다른 문헌에 쓰이지 않는 독특한 단어들이 다수 포함되었다. 질병의 종류와 치유와 관련된 의학적 용어들, 별자리 등 우주론과 관련된 단어들, 갖가

34 카쉬인들은 기원전 16-15세기 바빌론을 점령하여 500년이나 지속되는 왕조를 세웠다(기원전 1576-1155년경). 이민족 카쉬인들이 지배하는 동안 바빌론의 정체성은 오히려 번성했는데, 이는 중국의 원나라나 청나라처럼 이민족 지배자들이 동화된 것으로 이해할 수 있다. 주원준, 『인류최초의 문명과 이스라엘』, 212.

35 Lambert, *Babylonian Wisdom Literature*, 26.

36 Annus/Lenzi, *Ludlul Bel Nemeqi*, xviii. 이들의 자세한 논의를 참조하라. ANET-K 589-591.

37 다음의 두 서술을 비교해 보라. Lambert, *Babylonian Wisdom Literature*, 21; Annus/Lenzi, *Ludlul Bel Nemeqi*, xlvii-xlix.

지 자연재해와 사회적 현상에 관련된 단어들, 또한 이들과 관련된 동사들의 용법도 흔한 것은 아니다. 지금까지의 연구서들은 작품에서 사용된 용어들이 일상에서 잘 사용하지 않은 종류의 것임을 공통적으로 지적했다.[38]

저자: 슙쉬-메쉬레-샥칸

애너스와 렌지는 램버트 이후 여러 연구자들의 연구를 종합하여 루들룰의 화자, 곧 주인공이 "슙쉬-메쉬레-샥칸"(*Šubši-mešrê-Šakkan*)이며, 이 인물이 저자라고 특정했다.[39] 루들룰 본문에 세 번 등장하는(III 44; IV 111.119) 이 인물의 이름은 "부를 창조하소서, 샥칸이여!"로 옮길 수 있다. 그런데 사실 램버트는 루들룰의 저자를 특정하지 못했는데, 본문의 이 구절을 인명(personal name)이 아니라 독백의 일부로 보았기 때문이다.[40] 사실 이렇게 해석한 이유 가운데 하나는 슙쉬-메쉬레-샥칸이라는 인물이 고대 메소포타미아 문헌에서 무척 드물기 때문이기도 하다. 곧 이 인물은 고대 메소포타미아의 다른 문헌에 거의 등장하지 않는 '낯선 인물'이다. 주인공을 이렇게 낯선 인물로 설정한 점은 뒤에서 볼 욥기와 공통점이다.

개략적 내용

이 문헌은 "인간의 고통과 신의 관계"라는 주제를 다룬다.[41] 램버트는 루들룰의 전체적인 내용을 다음처럼 요약했다.[42]

---

38 개략적인 내용은 다음을 보라. Lambert, *Babylonian Wisdom Literature*, 26-7. 드물게 쓰이는 모든 단어를 정리한 것으로는 다음을 참조하라. Annus/Lenzi, *Ludlul Bel Nemeqi*, xxvi-xxxiv.

39 Annus/Lenzi, *Ludlul Bel Nemeqi*, xviii.

40 Annus/Lenzi, *Ludlul Bel Nemeqi*, xvi.

41 Annus/Lenzi, *Ludlul Bel Nemeqi*, xvi.

(a) 도입부

(b) 화자는 신들에게 버림받았다.

(c) 임금부터 노예까지, 그의 동료들은 그에게서 돌아섰다.

(d) 온갖 종류의 질병이 그를 괴롭힌다.

(e) 세 번의 꿈에서 구원의 약속을 받는다.

(f) 그는 모든 질병에서 해방된다.

4.1.2. 고통과 신

고통받는 주인공

루들룰의 내용은 주인공이자 화자인 슙쉬-메쉬레-샤칸이 자신의 처지를 한탄하는 것이다. 일부 내용만 봐도, 이 문헌의 대강의 내용을 파악할 수 있고 욥기와 퍽 닮았음도 알 수 있다.[43] 우선 그는 고통을 받고 모든 관계에서 소외되었음을 토로한다.

> 나의 많은 친족으로부터 소외되었다.
> 내가 거리를 걸을 때는 손가락질을 당했고,
> 내가 왕궁에 들어가면 얼굴을 찌푸렸다.
> 내가 사는 도시는 나를 적으로 대하였고,
> 나의 나라는 다른 나라처럼 적이 되었다.
> 내 형제는 모르는 자가 되었고

42 Lambert, *Babylonian Wisdom Literature*, 21. Annus/Lenzi, *Ludlul Bel Nemeqi*, xix- 이하를 참조하라.

43 번역은 모두 ANET-K를 따랐다.

친구는 악인과 악령이 되었다.
내 동지는 분노 가운데 나를 비난하고
내 동무는 자신의 무기를 피 흘림으로 더럽힌다.
내 친한 친구는 내 생명을 위험에 빠뜨리고,
내 종은 모임 가운데서 공공연히 나를 저주하며
내 여종은 군중들 앞에서 내 명예를 실추시킨다.
나를 아는 자가 나를 보면 숨어버리고
내 가족은 나를 마치 가족이 아닌 것처럼 대한다(*Ludlul*, I 78-92; ANET-K 682).

그는 갖가지 질병으로 고통받는 중이다. 아래 내용은 그가 받은 고통의 일부만 인용한 것이다. 이렇게 고통을 나열하는 구절은 욥기와 긴밀히 병행한다.

나는 정말 오랫동안 병을 앓아왔다.
먹지 못하여 내 모습은 낯설게 되었고
내 살은 탄력을 잃었고 내 피는 말랐으며
내 뼈는 [피]부를 덮고 있는 것이 보일 정도가 되었다.
살에는 염증이 생기고 황달(또는 괴저) 병이 나를 괴롭혔다.
나는 병상에 구속되었고 밖에 나가는 것이 큰 고통이었다.
내 집은 나의 감옥이 되었다.
내 팔은 힘을 잃고—내 살이 족쇄가 되었다.
내 발은 평평해지고—나는 쇠고랑이 되었다.
내 고통은 극심하고 상처는 아주 심했다.
나를 찌르는 막대기에는 가시가 있었다.
나를 괴롭히는 자는 하루 종일 [나를] 괴롭히고
밤에는 한순간도 편히 숨을 쉬도록 두지 않았다.

내 관절들은 비틀어져 벌어졌고
팔과 다리는 틀어져 매달려 있었다.
소처럼 나 자신의 인분에서 밤을 보내고
양처럼 나 자신의 대변에서 뒹굴었다(*Ludlul*, II 90-107; ANET-K 687).

신에 대한 성찰

루들룰은 인간적 고통을 나열하는 것에 그치지 않는다. 슙쉬-메쉬레-샤칸은 이런 고통 중에서 신의 뜻을 가장 알고 싶다.

누가 하늘에 있는 신들의 뜻을 알 수 있는가?
누가 지하에 있는 신들의 계획을 알 수 있는가?
사람은 어디에서 신의 법도를 배우는가?
어제 살아 있던 자는 오늘 죽어 있다(*Ludlul*, I 36-39; ANET-K 685).

특히 그는 바빌론의 주신(主神) 마르둑의 뜻을 알고 싶다.

주, 그는 신들의 마음에 있는 [모]든 것을 보시나
[신들 중 아무]도 그의 길을 알지 못한다.
마르둑, 그는 신들의 마음에 있는 [모]든 것을 보시나
어떤 신도 그의 계획을 알 수가 없다(*Ludlul*, I 29-32; ANET-K 680).

드디어 슙쉬-메쉬레-샤칸은 마르둑의 '이중성'을 성찰한다. 마르둑은 한밤의 폭풍같은 분노의 신이며 동시에 밝은 낮의 자비로운 신이다. 그가 치려고 하면 하늘도 막을 수 없지만, 한없이 부드러운 손을 지닌 신이기도 하다. 좋은 것도 나쁜 것도 모두 마르둑에게서 온다.

마르둑, 지혜의 주, 생각이 깊은 신
밤에는 노하나
해가 뜨면 노여움을 푸신다.
그의 화는 폭풍처럼 그를 감싸나
그의 미풍은 아침에 부는 약한 바람과 같이 즐거우며
그의 분노는 돌이킬 수 없고 그의 진노는 파괴하는 홍수이나
그 마음은 자비로우며 그 심중은 너그러우며

그 손이 치는 것을 하늘이 막을 수가 없으나
그 부드러운 손은 죽어가는 자를 살린다.
마르둑, 그 손이 치는 것을 하늘이 막을 수가 없으나
그 부드러운 손은 죽어가는 자를 살린다(*Ludlul*, I 2-12; ANET-K 679).

그렇다면 그는 고통을 어떻게 헤쳐나가야 할까? 그 답도 역시 마르둑에 의지하는 것이다. 그리고 그는 결국 마르둑에 의지하여 모든 고통에서 해방되었다.

주는 나를 [위]로 하셨다.
주는 내 상처를 돌보아주셨다.
주는 나를 내 발 위에 세우셨다.
주는 내 건강을 회복하시고
그는 나를 [구덩이에서] 건지시고
파멸[에서부터] 나를 부르셨으며
[...] 나를 후부르 강에서 건지시고
[...] 내 손을 잡으셨다.

(이전에) 나를 치셨던
마르둑이 (이제) 나를 일으키셨다.
나를 친 자들의 손을 치시고
그 무기를 버리도록 하신 분은 마르둑이다(*Ludlul*, III 3-12; ANET-K 693).

그는 이어 마르둑과 그의 신전 에상길라와 바빌론의 많은 신들을 찬미한다. 루들룰은 슙쉬-메쉬레-샤칸이 신들에게 큰 제물을 바치며 찬미하는 노래로 끝난다.

이상의 내용을 바탕으로 루들룰의 신론을 두 가지 정도 알 수 있다. 첫째, 마르둑에 관한 신론이다. 마르둑은 고통받는 주인공의 모든 고통을 해소해 주었고, 이 이야기는 결국 행복한 결말로 끝난다. 모든 고통은 해소되었다. 마르둑은 일시적으로는 고통과 행복을 동시에 주는 신처럼 보이지만, 궁극적으로는 모든 고통과 질병에서 구해주는 신이다. 고통을 주는 신도 고통을 해결하는 신도 마르둑이다. 그러므로 고통받는 이가 의지할 신은 마르둑뿐이다.

둘째, 이 문헌에서 마르둑은 한 번도 직접 등장하지 않는다. 루들룰은 처음부터 끝까지 오직 슙쉬-메쉬레-샤칸의 독백이며 그의 개인적 성찰로 되어 있다. 이런 장치는 '고통과 신에 대한 어떤 낯선 이의 성찰'이라는 이 문헌의 성격을 잘 드러낸다.

4.2. 바빌론 신정론

4.2.1. 개요

바빌론 신정론은 메소포타미아 문학에서 욥기와 병행하는 문학적 요소가 가장 풍부한 문헌이다.[44]

사본과 시대

오시마(T. Oshima)에 따르면 이 문헌은 보르십파(Borsippa), 십파르(Sippar) 등에서 지금까지 9개 사본이 발견되었다. 모두 신아시리아 또는 신바빌로니아 시대의 문헌으로서 기원전 1천 년대에 속한다.[45] 폰 조덴(W. von Soden)은 이 문헌이 담은 정보를 종합하여, 대략 기원전 800-750년경에 작성된 것으로 특정했다.[46] 그렇다면 이 문헌은 예언자 엘리야 시대와 비슷한 시기에 쓰여졌다. 바빌론으로 이스라엘 백성이 끌려가기 250-200년 전에 바빌로니아에서 작성된 문헌이라고 할 수 있다.

연구사

바빌론 신정론은 루들룰과 달리 대화형식으로 되어 있다. 고통받는 사람인 주인공에게 친구가 찾아와 고통과 회의와 신의 뜻 등에 대해 대화를 나누는 형식이다. 오시마에 따르면, 1895년 이래로 이 문헌을 연구한 학자들은 고통과 정의를 다루는 문헌이라는 점은 알았지만, 대화형식을 파악하지는 못하였다. 1923년에 도름(Dhorme)이 처음으로 대화형식임을 밝혀내었고, 1936년부터 란즈베르거(B. Landsberger)를 따라 '바빌론 신정론'(Die babylonische Theodizee)으로 일컫는다. 이후 다수의 비평편집본이 나왔고, 오시마의 비평편집본이 가장 최신의 것이다.[47] 이 문헌의 한국어 번역본도 오시마의 비평본을 참조하여 작성되었다.[48]

---

44 von Soden, "Die babylonische Theodizee", 146.

45 Oshima, *The Babylonian Theodicy*, xii-xiii.

46 von Soden, "Die babylonische Theodizee ", 144.

47 Oshima, *The Babylonian Theodicy*, xi-xii.

48 빅스, "바벨론 신정론", 695-706. 이 번역도 빅스(R.B. Biggs)의 본문을 기초로 오시마의 최신 번역을 최대한 첨가한 것이다.

저자

바빌론 신정론의 문학적 형식도 정교하고 뛰어나다. 본문은 모두 27개의 연으로 된 운문이고, 각 연은 11개의 행으로 이루어져 있다. 그런데 각 연은 모두 똑같은 음절로 시작하는 점이 연구사의 초기부터 눈길을 끌었다. 이를테면 [그림 1](다음쪽)을 보자.

연마다 모두 동일한 음절로 시작하는 점은 쉽게 눈에 띈다. 1-3연을 시작하는 음절을 이으면 '*a-na-ku*'가 되는데, 이는 '나'(I)에 해당하는 아카드어 1인칭 단수 독립대명사이다.[49] 이는 우연의 일치가 아니다. 실제로 이렇게 27연을 시작하는 모든 음절을 이으면 아래와 같은 문장이 된다. 저자는 자신의 이름을 이 문헌에 감추어 둔 것이다.

a-na-ku sa-ag-gi-il-ki-[i-na-a]m-ub-bi-ib ma-áš-ma-šu ka-ri-bu ša i-li ú šar-ri

“나는 상길-키남-웁빕, 분향사제, 신과 임금을 찬미하는 자다”[50]

저자의 이름 '상길-키남-웁빕'(*Saggil-kīnam-ubbib*)의 의미는 “에상길라, (고소/죄에서) 깨끗한 의인”[51]으로서, 신정론을 다루는 이 문헌의 의미에 잘 어울린다. 그래서 이자가 실존인물인지 의심되었다. 물론 상길-키남-웁빕이라는 인물이 수메르 시대 문헌에 아주 드물게 발견되기는 하였다. 오시마는 지금까

---

49 히브리어 אָנֹכִי에 해당한다.

50 이 이름을 조금씩 다르게 풀이하는데, 필자는 오시마를 따랐다. Oshima, *The Babylonian Theodicy*, xiv.

51 저자의 이름이 지닌 의미에 대해서는 거의 이견이 없다. Oshima, *The Babylonian Theodicy*, xiv, xv n24. 에상길라는 엔릴 신전의 이름인데, 문헌에서 이렇게 고유명사로서 인격화되어 사용된다.

[그림 1] 바빌론 신정론 1-3연*

Strophe I – *Sufferer*

a-š[i]š […] ga-na [lu]-uq-bi-ka
a-ta-×-[×-(×)] tap-pu-ú [n]am-ra-ṣa? [l]u-šá-an-ni-ka
[a- …]-×-tú kar-šu-uk-ka
[a-na-ku?] šá šum-ru-ṣu ka-a-šá lud-lul-ka
a-a-na [E]N pak-ku [i]m-ṣu ma-la-ka
a-a-iš mu-du-ú iš-šá-nin iš-ti-ka
a-[li m]un-dal-kúm-ma ni-is-⸢sa⸣-ta lu-ú-ta-me-šú
a-ga-m[ir-m]a i-ši-ri lu-mun ŠÀ-bi
a-ḫu-ra-[k]u-ma za-ru-ú š[i]m-tum ub-til
a-ga-rin-nu a-lit-ti i-ta-ar KUR NU GI_4
a-bi u ba-an-ti i-zi-bu-in-ni-ma ba-al ta-ru-u-a

Strophe II – *Friend*

[n]a-a-a-du ⸢ib⸣-ri šá taq-bu-ú i-dir-tum
[n]a-ra-am saḫ-ḫi-ka tu-šak-pi-du le-mut-tum
[n]a-a'-[d]u ṭè-en-ka tu-maš-šil la le-'-iš
na-am-ru-tum zi-mu-ka uk-ku-liš tu-še-e-ma
na-a[d]-nu-ma ab-bu-nu il-la-ku ú-ru-uḫ mu-ú-t[u]
na-⸢a⸣-ri ḫu-bur eb-bé-ri qa-bu-ú ul-tu ul-la
na-a[ṭ]-la-ta-ma UN.MEŠ mit-ḫa-riš a-pa-a-t[um]
na-⸢ṭal?⸣-šú bu-kúr en-šú ul-⸢li⸣-[l]u-ú ú-šá-áš-re-[e]
n[a]-am-ra-a be-lu meš-re-e ⸢ú⸣-dam-mi-iq-šú ma-an-[nu]
n[a]-ṭil pa-an DINGIR-ma ra-ši la-mas-[sa]
n[a]-aq-di pa-li-iḫ ^{d}iš-tar ú-kám-mar ṭuḫ-[da]

Strophe III – *Sufferer*

ku-up-pu ib-ri ŠÀ-ba-ka šá la i-qát-tu-ú na-gab-[šú]
ku-mur-re-e gi-piš tam-tim šá la i-šu-ú mi-ṭi-[ta]
ku-a-šú lu-uṣ-ṣi-iṣ-ka li-mad a-l[ak-ti]
qú-lam-ma a-na sur-ri ši-me qa-ba-⸢a⸣-[a]
ku-ut-tùm gat-ti ma-ku-ú ḫa-šá-ḫ[i]
ku-ši-ri še-te-ku e-te-ti-iq mut-tu-t[i]
ku-bu-uk-ku i-te-niš ba-ṭi-il iš-di-[ḫu]
ku-ú-ru u ni-is-sa-tum ú-qát-ti-ru zi-mu-[ú-a]
ku-ru-um sa-ḫi-ia a-na neš-bé-e né-s[a-an-ni]
ku-ru-un-nu nap-šat UN.MEŠ ṭa-pa-piš ru-u[q-qan-ni]
ku-un-nam-ma-a u_4-mu dum-qi a-lak-ta-šú a-lam-[mad]

* Oshima, *The Babylonian Theodicy*, 10.

지 이 이름의 연구들을 종합하며 현대의 많은 학자들은 대체로 가상의 저자("fiktiver Verfasser")로 보고 있다고 종합하였다.[52] 그리고 분향사제(*mašmaššu*)가 의례뿐 아니라 앗수르바니팔 도서관에서 가르친 역할도 했다는 사실도 참조하였다.[53] 이렇게 역사적으로 무명에 가까운 이름이었기에 상길-키남-웁빕도 역시 '잘 알려지지 않은 고대의 현자'의 느낌을 풍긴다고 할 수 있다.

주인공과 친구

앞서 말했듯 루들룰은 고통받는 사람의 1인칭 독백이지만 바빌론 신정론은 친구와 대화형식으로 되어 있다. 루들룰은 고통받는 사람이 깊은 고통 속에 자신의 고통의 원인과 신의 뜻을 묻고 스스로 그 답을 깨우친 내용이지만, 바빌론 신정론은 고통받는 사람의 힘든 운명이 중심 주제가 아니다. 오히려 고통받는 사람과 친구의 대화는 고통과 고통받는 이의 "다양한 유형들"(viele Typischen)을[54] 논하는 데 중점을 둔다. 곧 자신과 타인의 고통, 세상의 많은 고통의 다양한 양상과 원인 등을 함께 논하는 것이다.

고통받는 이와 친구와의 대화는 시간이 지날수록 어조가 변한다. 처음에는 서로 위로하고 다정한 말을 건넸지만, 고통의 원인과 신들의 뜻을 물으며 서로 상처주는 비난을 꺼내다가, 종국에는 무척 심한 비난을 서로 퍼붓는다. 고통받는 이와 세 친구의 대화는 욥기와 긴밀하게 병행하며 진행된다.

> "처음에 친구는 고통받는 사람을 위로하려고 시도하고, 신을 향한 믿음을 지키라고 충고한다. 고통받는 사람은 때로 공격적이고 때로 신성모독적인

52 Oshima, *The Babylonian Theodicy*, xvii.

53 Oshima, *The Babylonian Theodicy*, xvi; CAD E, 381.

54 von Soden, "Die babylonische Theodizee", 144.

말을 내뱉고 친구는 때로 그에게 날카로운 비판으로 대답하지만, 그래도 친구는 일반적으로 인내심을 유지하고 신에 대한 믿음을 주장한다. 친구는 지혜의 변치않는 원리를 반복해서 이야기한다. 하지만 결국 친구는 고통받는 사람을 지혜롭고 배운 사람으로 여기지 않는다. 오히려 참된 지혜를 얻지 못한 반항적인 젊은이로 계속해서 취급한다. 그래서 그를 경멸하고 바보와 멍청이라고 부르는 사람들과 같은 부류가 된다."[55]

본문의 일부가 상당히 훼손되어 정확히 말하기는 힘들지만, 이 작품에서 주인공의 구체적인 신원은 잘 드러나지 않는다. 이 점은 앞의 루들룰과 욥기의 공통점이기도 하다. 한편 앞의 [그림 1]에서 보듯 이 주인공을 대개 '고통받는 자'(Sufferer)로 옮기지만, 폰 조덴(von Soden)은 특이하게 '인내자'(Dulder)로[56] 옮겼다. 극심한 고통 중에서, 친구들의 오해와 공격을 넘어서 고통의 궁극적 의미를 찾기 위해서 끈기 있게 논구하는 주인공의 이름으로서 '고통을 견뎌내는 자', 곧 '인내자'는 적절할 것이다.

줄거리 요약

이 문헌의 깊은 의미를 탐구하기 전에, 전체적인 줄거리를 알아보자. 오시마를 바탕으로 27연의 내용을 간단히 요약하면 다음과 같다.[57]

○ 1연(고통받는자): 부모가 죽고 아무런 보호가 없음을 한탄한다.

---

55 Oshima, *The Babylonian Theodicy*, xix-xxii.

56 von Soden, "Die babylonische Theodizee", 144 이하.

57 이 내용은 퍽 축약한 것이다. 더 자세히 알고 싶으면 다음을 보라. Oshima, *The Babylonian Theodicy*, xxii. 친구와 고통받는 이의 논점을 자세히 보려면 다음을 참고하라. von Soden, "Die babylonische Theodizee", 144-5.

- 2연(친구): 부모의 죽음을 위로하고 신께 경배드릴 것을 권한다.
- 3연(고통받는 자): 재산과 활력이 없음을 한탄한다.
- 4연(친구): 신께 제물을 바치면 자비를 얻을 것이라고 말한다.
- 5연(고통받는 자): 동물들의 예를 들어 부자들과 사회적 불의를 고발한다. 나는 신을 섬겼다!
- 6연(친구): 같은 예를 들어 반박한다. 신을 저버린 부자들은 영원하지 않다. 신의 자비만이 영원하다!
- 7연(고통받는 자): 자신처럼 진실하게 신을 섬긴 사람은 가난해지고 부자들은 그 반대다!
- 8연(친구): 신의 계획은 알기 어려우니, 의례에 힘쓰라고 권고한다.

- 9연-12연(고통받는 자): 본문이 훼손되었다.

- 13연(고통받는 자): 집도 재산도 신을 향한 의례도 모두 버리고, 차라리 강도가 되어버리겠다!
- 14연(친구): 본문이 훼손되었다.
- 15연(고통받는 자): 사회적 불의를 고발하고 강도가 되겠다고 다시 다짐한다.
- 16-19연(친구): 훼손되었다.
- 20연(친구): 신을 섬기면 결국 복을 받으므로, 의례에 힘쓰라고 권고한다.

- 21연(고통받는 자): 친구를 매우 날카로운 어조로 비판한다. 자신의 가난을 탄식한다.
- 22연(친구): 신을 섬긴 사람만이 부를 쌓고 지킬 수 있을 것이라고 강권한다.
- 23연(고통받는 자): 그의 처지를 한탄하고 사회적 불평등을 탄식한다.

- 24연(친구): 신들이 만든 세상의 불평등을 인정하지만, 인간은 신의 계획을 완전히 이해할 수 없다!
- 25연(고통받는 자): 악인은 오래 살고 부자들은 경건한 이를 처단하는 현실을 고발한다.
- 26연(친구): 고통받는 이의 주장을 일부 수용한다
- 27연(고통받는 자): 메소포타미아 문학 전승과 달리, 승리자가 신을 찬양하지 않고, 그저 신의 도움을 청하며 끝난다.

4.2.2. 고통과 신

폰 조덴은 바빌론 신정론이 루들룰과 다른 특징을 지적했다. 바빌론 신정론은 육체적 질병보다는 동료 인간의 관계에서 오는 고통, 곧 사회적 불의에 초점을 두었다. 루들룰의 주인공은 처음부터 끝까지 차분하고 논리적으로 생각을 이어갔지만, 바빌론 신정론의 주인공은 차갑고 이성적으로 생각할 수 없었다. 그는 때로 친구를 도발했고 오만하게 공격했고, 비논리적으로 보일만큼 자신의 불행한 처지를 쏟아놓았다.[58] 한편 오시마는 친구의 반복되는 주장을 아래처럼 요약했다.[59] 아래는 욥기의 세 친구가 주장하는 것과도 비슷하다.

a) 신의 의지/계획은 이해할 수 없다.
b) (신에 대해) 충실하지 않은 자의 재산은 한시적이다.
c) 신의 축복을 받기 위한 수단으로서 의례는 중요하다.

이처럼 고통받는 자와 친구가 등장하여 깊은 신정론적 대화를 이어가는

58 von Soden, "Die babylonische Theodizee", 146.

59 Oshima, *The Babylonian Theodicy*, xxii.

점은 욥기와 매우 닮았다. 그런데 바빌론 신정론의 마지막 결론은 흥미롭다. 아래는 친구의 마지막 발언, 곧 26연의 일부다. 흔히 이 발언을 바빌론 신정론의 결론으로 꼽는다. 고통받는 주인공이 사회적 불의와 부조리를 신랄하게 비판하자, 친구들은 신들이 창조한 세상이 일부 그런 흠집 또는 불완전함이 있다는 것을 인정한다.

> 신들의 왕이며 인간을 창조한 나루
> 그리고 그것을 위해 흙을 떼어낸 위대한 줄룸마르
> 그리고 그들을 만들어 낸 여신 마미
> 이들은 인간들에게 뒤틀린 말을 했다네.
> 진실이 아닌 거짓말을 그들에게 영원히 주었고
> 부유한 자에 대해 좋은 것들을 말하며
> “그는 왕이다. 부는 그의 것이다”라고 했다네. (276-282행, ANET-K, 705)

위 발언을 근거로 폰 조덴은 이 문헌이 세상에 존재하는 불완전함, 불의, 부조리 등을 인정하는 것으로 끝맺는다고 보았다. 그런데 이런 결론은 자칫 위대한 신들의 권위에 도전하는 것으로 이해될 위험성도 있다. 그래서 그는 이 문헌이 메소포타미아를 대표하는 엔릴과 에아의 이름을 직접 거론하지 않는다고 설명했다. 곧 큰 신들을 직접 언급하는 대신에, 나루(=엔릴)와 줄룸마르(=에아)라는, 퍽 드물게 사용되는 호칭을 사용하여 간접적으로 언급한다는 것이다.[60]

오시마는 신들이 인간들에게 “뒤틀린 말”을 가르쳐 주었다는 표현에 주목

60 von Soden, “Die babylonische Theodizee”, 145.

하여, 친구가 거짓, 속임, 불의 등이 인간 본성의 일부임을 인정하는 것으로 해석했다. 그리고 인간이 신에게 옳게 말하기 위해서는 역시 신의 인도를 받아야 하는 것이라고 결론내렸다.[61] 오시마는 27연에서 고통받는 주인공이 자신의 고통 속에서 신의 도움을 간절히 원하며 끝맺는 것이야말로, 그의 의로움을 증명하는 것으로 해석했다.[62]

폰 조덴과 오시마의 해석은 모두 이 세계와 인간 본성의 불완전함을 인식한다는 공통점이 있다. 이것이 바빌론 신정론의 최종 의미일 것이다. 그래서 이 논쟁에는 "승자가 없다."[63] 승자가 없기에 마지막에 지혜의 승자를 찬미하지도, 승자가 지혜의 신들을 찬미하지도 않는다.

루들룰과 바빌론 신정론은 고대 메소포타미아의 철학과 신학이 상당히 높은 수준에 도달했음을 유감없이 보여준다. 고통받는 이가 자신의 고통과 질병에서 마르둑의 양면성을 깊이 성찰하고 고백하는 루들룰도 그렇지만, 고통중에 깊은 번뇌와 회의를 거치고 결국 신들이 만든 세상의 한계를 지적하는 바빌론 신정론은 고대 바빌로니아의 문화적 수준을 드러내기에 부족함이 없다.

루들룰과 바빌론 신정론은 공통적으로 신들이 직접 등장하지 않는다. 신이 등장하여 직접화법으로 말하는 것(direkte Gottesrede)은 고대근동 문학에서 전혀 드문 일이 아니다. 하지만 루들룰과 바빌론 신정론은 인간들이 신을 지칭할 뿐, 신들은 인간들의 고통과 회의와 번민에 한 번도 직접 나와서 계시를 주거나 참여하지 않는다. 이 점에서 구약성경의 욥기는 두 문헌과 다르다.

---

61 Oshima, *The Babylonian Theodicy*, xxvi.

62 Oshima, *The Babylonian Theodicy*, xxix.

63 von Soden, "Die babylonische Theodizee", 145.

5. 욥기

고통받는 자를 통해 인간과 신과 세계의 본질을 탐구하고 이해하려는 문학적이고 철학적인 시도는 이처럼 메소포타미아에서 기원전 1천 년대에 널리 이루어지고 있었다. 바빌로니아는 수천 년간 고대근동 세계의 문화와 학문의 중심지였다.[64] 그곳에서는 '고대의 낯선 현자'를 고통받는 주인공으로 설정한 문학이 존재했다. 1인칭 독백의 형식(루들룰)과 대화형식(바빌론 신정론)으로 다양한 고통의 유형을 관찰하고 깊이 논했다. 두 문헌 모두 신들이 만든 세상의 부조리와 역설 등을 신랄하게 비판한다.

바빌론으로 끌려간 이스라엘 백성은 그곳의 수준 높고 세련된 문학과 신학에 깊은 영향을 받았고, 자신만의 독특한 야훼 신앙을 바탕으로 새로운 성찰을 발전시킬 수 있었다. 앞에서 본 두 문헌이 시대적으로 욥기에 선행하고, 문학적 특징도 상당히 긴밀하게 병행하는 사실은 분명하다.

5.1. 욥기의 구조

그렇다면 욥기와 앞의 두 문헌을 문학적으로 비교해 보자. 다만 필자는 이 논문에서 앞의 두 문헌과 욥기의 세부적 항목을 비교하지 않으려고 한다. 그런 세부적 비교 연구는 아직 학계에서 만족스럽게 이루어지지 않은 것 같고, 이 작은 논문의 분량의 한계도 고려해야 하기 때문이다. 우선 욥기의 문학적 구조는 다음과 같이 정리할 수 있다.

---

64 고대근동 세계의 국제공용어(lingua franca)인 아카드어는 고대근동 전역에서 널리 쓰였다. 그 가운데 실질적으로 바빌로니아의 언어가 표준어 역할을 했다.

- ㅇ 머리말: 1—2장(테두리) / 산문
- ㅇ 욥의 첫째 독백: 3장
- ㅇ 욥과 친구들의 대화
  - I. 첫째 마당: 4—14장(엘리파즈1 - 욥1 - 빌닷1 - 욥2 - 초바르1 - 욥3)
  - II. 둘째 마당: 15—21장(엘리파즈2 - 욥4 - 빌닷2 - 욥5 - 초바르2 - 욥6)
  - III. 셋째 마당: 22—27장(엘리파즈3 - 욥7 - 빌닷2 - 욥8)
- ㅇ 지혜 찬가: 28장
- ㅇ 욥의 둘째 독백: 29—31장
- ㅇ 엘리후의 연설: 32—37장(엘리후1 - 엘리후2 - 엘리후3 - 엘리후4)
- ㅇ 주님과 욥의 대화: 38장—42,6(주님1 - 욥1 - 주님2 - 욥2)
- ㅇ 맺음말: 42,7-17(테두리) / 산문

5.2. 문학적 비교

5.2.1. 병행하는 점들

우선 문학적 형식을 관찰해 보자. 욥기와 앞의 두 문헌은 병행하는 요소가 많다. 고통받는 현자를 주인공으로 설정한 점은 세 문헌의 공통점이다. 주인공 욥은 "우츠"(욥 1,1)에 사는 사람으로 소개되는데, 이 고장과 욥의 신원 등에 대해서는 다양한 학설이 존재할 뿐 확실히 말할 수 있는 것은 없다.[65] 대개 이스라엘인이 처음 등장할 때는 '어느 지파의 어떤 씨족의 누구의 아들' 식으로 소개된다. 이를테면 사울은 벤야민 지파에 속한 키스의 아들인데, 그의 아버지

65 성경에 등장하는 우츠라는 지명(창세 10,23; 애가 4,21; 예레 25,20)과 인명(창세 22,21; 26,28; 1역대 1,17.42; 유딧 8,1)과의 관련성도 여전히 논의가 분분하다. Hartley, *The Book of Job*, 65-67.

키스는 "아비엘의 아들이고 츠로르의 손자이며, 브코랏의 증손이고 아피아의 현손"(1사무 9,1-2)으로 소개된다. 하지만 욥에 대해서는 이런 정보가 전혀 없다. 욥뿐 아니라 세 친구도 마찬가지다. 이런 장치는 욥과 세 친구가 그저 '먼 고장에 사는 현자'라는 인상을 풍긴다. 이렇게 주인공을 '고대의 무명의 현자'로 설정한 것은 루들룰과 바빌론 신정론과 욥기의 공통점이다.

주인공과 친구들의 대화가 위로와 공감에서 시작하여 서로 날선 말을 주고 받다가 서로를 맹비난하며 끝나는 점도 두 문헌의 공통점이다. 루들룰과 달리 바빌론 신정론에서는 고통이 해소되지 않고 끝난다. 욥도 세 친구와 대화를 마칠 때까지 고통이 해소되지 않았다. 질병과 의학 등과 관련되어 단 한 번 등장하는 어휘가 많다는 점도 이 세 문헌의 공통점이다.

5.2.2. 차이나는 점들

하지만 문학형식적인 면에서 욥기와 앞의 두 문헌은 차이점이 적지 않다. 루들룰은 120행의 토판 4장으로 이루어져 있고, 바빌론 신정론은 11행의 27연으로 되어 있어 정교한 형식미가 돋보인다. 한편 욥기의 형식은 훨씬 다채롭고 풍부하다. 앞의 두 문헌은 운문이지만 욥기는 운문과 산문이 섞여 있다. 욥기의 머리말(1—2장)과 맺음말(42,7-17)은 모두 산문이고, 이밖에도 이야기들을 연결하는 경첩(hinge) 부분이 산문으로 되어 있어 다양한 독백과 대화를 자연스럽게 연결해 준다.

욥기는 독백과 대화가 교차한다. 주인공 욥은 독백 3번 하는데, 첫째 독백(3장)은 루들룰과 비교할 수 있다. 지혜찬가(28장)는 본디 독립적 본문일 것이고, 둘째 독백(29—31장)은 루들룰과 퍽 다른 분위기다. 주인공 욥이 세 친구와 도합 16회의 대화를 주고 받는 대목은 바빌론 신정론과 병행한다(4—27장). 주인공도 아니고 세 친구도 아닌 엘리후가 4회에 걸쳐 세 친구의 대화를 언급하며 독백하는 것은(32—37장) 욥기에서만 볼 수 있다. 그리고 말미에 주님과 욥은 4차례 대화를 주고받는다(38—42,6).

욥기는 등장인물도 훨씬 다양하다. 우선 바빌론 신정론과 달리 친구가 3명이나 등장하고, 후에 엘리후도 나온다. 머리말(1—2장)에는 욥의 아내와 가족들이 나오고 하느님의 천상회의와 사탄도 인상깊게 등장한다. 이상의 문학형식적 관찰에 바탕하고 역사적 상황을 고려하면, 욥기는 고대근동 지혜문학을 종합하는 모음집 성격을 지녔음을 알 수 있다.

5.3. 하느님이 나타나셨다

그런데 신론의 영역에서 루들룰과 바빌론 신정론과 구별되는 욥기의 가장 독특한 점은 하느님이 직접 등장하신다는 점이다. 아래의 특징은 욥기와 앞의 메소포타미아의 두 문학을 근본적으로 가르는 특징이다.

5.3.1. 하느님께서 직접 등장하신다

하느님께서 직접 등장하시는 사실 자체가 욥기의 가장 중요한 특징이다. 루들룰은 고통받는 주인공이 1인칭으로 독백하며 마르둑을 언급하고, 바빌론 신정론은 주인공과 친구가 신들에 대해 대화를 나누며 중요한 신들의 이름을 간접적으로 언급할 뿐이다. 하지만 루들룰과 바빌론 신정론에서는 그렇게 언급된 신들이 직접 등장하지 않는다. 하지만 욥기에서 하느님은 직접 등장하신다. 하느님이 직접 말씀하신다는 사실 자체가 욥기가 다른 두 문헌과 도드라지게 다른 점이다.[66] 하느님의 직접 화법(direkte Gottesrede)은 오직 욥기의 것이다. "하느님 스스로 미천한 인간에게 말씀하신다는 사실 자체가 무엇보다 놀랍다."[67]

---

66 하경택, 『욥기』, 419.

67 Hartley, *The Book of Job*, 487.

5.3.2. 하느님은 가장 길게 말씀하셨다

하느님은 잠깐 등장하시지 않았다. 욥 38,1—42,6의 하느님의 말씀은 구약성경 전체를 통해서 하느님께서 가장 길게 말씀하시는 본문이다. 하느님의 1인칭 직접 화법으로 되어 있는 일부 율법 본문을(레위 1—7장; 11—27장; 탈출 25—31장) 제외하면, 하느님께서 이렇게 길게 말씀하시는 대목은 분명 이례적이다.

게다가 하느님은 이 대목에서 욥에게 두 번이나 말씀하신다(38,4—39,30; 40,7—41,26). 이 본문 다음으로 하느님께서 인간과 길게 대화하신 곳은 탈출 3,15—4,17인데, 그곳에서도 하느님은 모세와 여러 번의 대화를 주고 받으신다. 그래서 두 본문은 서로 관련되어 주석되기도 한다.[68] 하느님 말씀의 분량만으로 하느님께서 분명 고통받는 욥에게 특별한 관심과 사랑을 베풀어주신 것을 확실히 알 수 있다.

5.3.3. 하느님은 풍부하게 말씀하셨다

하느님은 즉문즉답하지 않으셨다. 오히려 두 번의 말씀을 통해 우리를 성찰과 묵상으로 초대하신다. 하느님의 말씀은 욥과 세 친구가 다투었던 논점들을 직접 언급하시지 않고, 오히려 창조계를 모두 아우른다. 땅과 바다, 빛과 어둠, 자연의 변화와 동물세계의 온갖 모습을 풍부하게 들어 가르침을 주신다. 하느님은 창조계의 생명과 먹이사슬, 재빠름과 아름다움, 자유와 길들여지지 않음, 속도와 느림, 하늘 멀리 떨어진 거리 등 인간이 상상하지 못한 여러 측면을 거론해 주신다.[69] 그럼으로써 욥과 세 친구가 나누었던 신정론적 논의를 훨씬 풍부하게 논할 길을 열어주셨다. 구약성경에서 하느님 홀로 말씀하시는 것 가운데 가장 길고 풍부한 이 대목은 신학적 통찰의 보고이다.

---

68 Gross, *Ijob*, 131.

69 하경택, 『욥기』, 435-448. 인용한 O. Keel의 주석이 철저하다.

하느님은 또한 이 대목에서 열정적으로 말씀하신다.[70] 이런 하느님의 풍부하고 열정적인 말씀은 신정론적인 모든 문제를 하느님의 창조와 구세사 안에서, 곧 "총체적인 계획의 맥락 안에서"[71] 풍부하게 고찰해야 한다고 말씀하시는 것 같다.

5.3.4. 하느님은 최종적 응답을 주셨다

욥은 고통 속에서 고통의 의미와 하느님의 뜻을 수없이 물었다. 욥은 독백을 통해서도(3장; 28—31장) 세 친구와 대화를 통해서도(4—27장) 하느님의 뜻을 알고자 했다. 또한 욥뿐만 아니라 욥의 아내와 세 친구들도 하느님의 뜻을 물었다.

그런데 하느님은 욥기의 이런 수많은 질문과 토론에 대한 답을 욥에게 나타나셔서 직접적인 응답을 주신 것이다.[72] 그러므로 욥과 나누신 말씀은 욥기의 등장인물 모두가 물었던 질문에 대한 답이기도 하다. 곧 하느님의 말씀은 욥기의 모든 논의와 숙고에 대한 최종적 응답의 성격을 지닌다. 그런 최종적 답을 들은 이는 고통받는 욥이었다.

필자는 조금 시각을 확장시켜서 볼 수 있는 가능성도 있다고 본다. 욥기가 앞에서 언급한 두 작품의 영향을 받은 것이라면, 욥기에 드러난 하느님의 대답은 루들룰과 바빌론 신정론에 대한 응답이기도 할 것이다. 그 두 작품에는 신이 등장하여 최종적 응답을 주지 않았지만, 이스라엘의 하느님은 고통받는 이에게 이 모든 신정론적 질문에 대한 답을 주신 것이다. 이런 면에서 욥기에 나타난 하느님의 응답은 고대근동 지혜문학의 최종 결론이 될 수 있다.

---

70 Hartley, *The Book of Job*, 487.

71 구띠에레즈, 『욥에 관하여』, 165.

72 하경택, 『욥기』, 419.

5.4. 고통받는 사람만이 하느님을 뵈었다

오직 욥기에서만 하느님이 고통받는 주인공에게 당신을 드러내셨다. 이 말은 하느님을 홀로 체험하고 깊이 소통한 자는 오직 고통받는 주인공뿐이라는 말이다. 이 점도 역시 욥기만이 지니는 특징이다. 고통받는 주인공의 입장에서 하느님의 말씀을 성찰해 보자.

5.4.1. 고통받는 이는 소원을 이루었다

욥은 아내 등 가족도 없이, 대화를 오래 나누었던 세 친구도 없이, 그리고 엘리후도 없이 오직 홀로 하느님을 대면했다. 사실 욥의 세 친구들 가운데 가장 논리적으로 논박하는 엘리파즈는 하느님이 직접 나타나시지 않을 것이기에 포기하라고 종용했다(욥 22,4.21). 또한 머리말과 세 친구와의 대화나 엘리후의 담론에서 하느님은 언제나 3인칭으로 나오셨다.

하지만 욥기의 오직 이 대목에서만 하느님은 2인칭으로 욥과 대화하며 등장한다(42,2-6). 세 친구는 2인칭으로 부르시긴 하셨지만 오직 꾸짖으실 뿐이었다(욥 42,7-8). 여기서 고통받는 사람과 하느님의 독대에 주목하자. 이는 메소포타미아의 문헌에서는 찾아볼 수 없던 것이다.

하느님과의 독대는 "고통받는 이의 열망이 실현된 것이다."[73] 욥은 고통받는 과정에서 '전능하신 하느님께 여쭙고 항변하고 싶다'(욥 13,3)는 열망을 드러냈다. 하지만 이런 만남은 오직 하느님께서 응해주실 때에만 가능하기에, 하느님께 제발 응답해 달라고 간절히 기도했다(욥 13,22 등). 그는 하느님께서 하시는 말씀을 듣고 싶은 간절한 마음으로 그분의 관심을 청했다(욥 23,5-6). 하지만 엘리파즈 등 세 친구는 하느님께서 굳이 욥에게 직접 나타나시지 않을 것이라고

73 구띠에레즈, 『욥에 관하여』, 167.

주장하였다(욥 22,3-4 등). 곧 욥은 하느님을 만나길 간절히 원하였고 가능하다고 생각했지만 세 친구는 그런 것을 부정하였다. 엘리후는 하느님과의 독대, 곧 송사는 가능하다고 인정하였으나(욥 35,14), 직접 하느님을 뵙지는 못하였다.

그러므로 하느님은 고통받는 이를 선택하셨을 뿐 아니라 그의 소망을 이루어주신 분이시다. 고대근동의 어떤 지혜문학에서도 이렇게 한 신은 없다. 그것은 오직 이스라엘의 하느님만이 지니신 독특한 점이다.

5.4.2. 하느님은 고통받는 이의 의로움을 인정하셨다

하느님은 욥을 홀로 만나주시고 나서, 맺음말의 산문에서 세 친구에게 더욱 분명히 욥의 의로움을 인정해 주셨다. 이 말씀은 지금까지 욥과 맞서 논쟁한 세 친구가 틀렸고, 욥의 호소가 정당하다는 것을 인정해 주신 것이다.[74]

욥 42,7 욥에게 이 말씀을 하신 다음, 주님께서는 테만 사람 엘리파즈에게 말씀하셨다. "너와 너의 두 친구에게 내 분노가 타오르니, 너희가 나의 종 욥처럼 나에게 올바른 것을 말하지 않았기 때문이다."

필자는 위 맺음말의 본문을 바빌론 신정론에 대한 비판으로 해석할 가능성을 탐구하고 싶다. 사실 바빌론 신정론과 욥기의 결말은 퍽 다르다. 바빌론 신정론에서는 친구가 '신들의 창조에 부조리가 있다'는 고통받는 주인공의 논지를 일부 수용하면서 끝났다. 그리하여 주인공도 친구도 저마다 정당성을 인정받았고, 서로 합의하며 끝났다고 볼 수 있다. 욥기에서도 하느님은 세 친구에게 보속을 요구하셨고 세 친구는 하느님의 말씀대로 보속을 치렀고, 욥이 그들을 위하여 기도하자 하느님은 욥의 기도를 받아들이셨다(욥 42,9). 그

74 구띠에레즈, 『욥에 관하여』, 165.

래서 주인공과 세 친구가 결국 화해에 이르는 결말은 바빌론 신정론과 병행하게 되었다.

하지만 욥기에서는 하느님께서 두 번이나 창조계는 문제가 없고, 세 친구에게 잘못이 있다고 분명하게 말씀하셨다. 바빌론 신정론에서는 주인공의 "뒤틀린 말"이 문제였다. 하지만 욥기의 하느님은 욥은 의롭고, 세 친구가 "올바른 것을 말하지 않았다"고 꾸짖으시면서 그들에게 보속을 요구하셨다(욥 42,8). 세 친구는 욥과 달리 하느님께 직접 말씀드릴 기회가 없었다. 오직 고통받는 자인 욥만이 의롭다는 이런 결론에서 욥기는 바빌론 신정론과 근본적으로 다르다.

5.4.3. 고통받는 욥만이 하느님과 깊이 소통하였다

그런데 과연 욥이 하느님을 만나고 무엇을 깨달았는지는 알기 어렵다. 그는 하느님을 체험하고 퍽 인상깊은 말씀과 몸짓을 남겼다.

욥 40,3 그러자 욥이 주님께 대답하였다.
4 "저는 보잘것없는 몸, 당신께 무어라 대답하겠습니까?
손을 제 입에 갖다 댈 뿐입니다.
5 한 번 말씀드렸으니 대답하지 않겠습니다.
두 번 말씀드렸으니 덧붙이지 않겠습니다."

욥 42,1 그러자 욥이 주님께 대답하였다.
2 "저는 알았습니다. 당신께서는 모든 것을 하실 수 있음을,
당신께는 어떠한 계획도 불가능하지 않음을!
3 …
그렇습니다, 저에게는 너무나 신비로워 알지 못하는 일들을
저는 이해하지도 못한 채 지껄였습니다.

4 …

5 당신에 대하여 귀로만 들어 왔던 이 몸,
이제는 제 눈이 당신을 뵈었습니다.

6 그래서 저 자신을 부끄럽게 여기며
먼지와 잿더미에 앉아 참회합니다."

위 두 개의 본문이 욥기에서 욥이 마지막으로 한 말이다. 하느님과 독대하여 대화를 주고받는 은총을 누린 욥의 이 마지막 두 말은 이해하기가 무척 난해하여 주석가들 사이에서도 여러 주석이 엇갈린다. 그로쓰(W. Gross)는 이 대목을 욥이 하느님께서 보여주신 '감추어진 진실'(verborgenes Geheimniss)을 마주했다고 주석했다.[75] 구띠에레즈는 하느님과 고통받는 사람만이 독특한 소통을 이루었다고 주석했다. "하느님의 말씀을 독자들은 납득하지 못해도 욥은 그것을 이해하는 듯 싶다(40,3-4; 42,1-6)."[76]

6. 나가며

고대 메소포타미아에는 고통받는 이를 주인공으로 삼아 세상의 깊은 이치를 논하는 문헌이 존재했다. 고통받는 이가 1인칭 독백으로 신정론을 논하는 문헌인 루들룰과 고통받는 이가 친구들과 논하는 바빌론 신정론은 고대 메소포타미아에 널리 퍼졌음이 확인되었다. 바빌론으로 유배를 간 고대 이스라엘인

75 Gross, *Ijob*, 131.

76 구띠에레즈, 『욥에 관하여』, 167.

들도 이 문학을 접했을 것이다.

고대 메소포타미아인들은 최고의 신적 존재가 고통받는 이에게 직접 내려와 그와 홀로 대면하는 신학을 상상하지 못하였다. 오히려 그들은 최고의 신적 존재를 간접적으로 드러내는 방식을 사용했다. 루들룰과 바빌론 신정론은 결국 인간들끼리 치열한 논쟁을 벌이는 책으로서, '철학서'의 느낌을 준다.

욥기에서 신의 자리는 훨씬 크다. 욥기는 철학서라기보다는 본격적인 '신학서'를 시도한 것 같다. 이스라엘의 하느님은 다른 신들과는 달리 스스로를 활짝 드러내신다. 그분은 오직 고통받는 주인공인 욥을 만나주셨고, 가장 길고도 풍부하게 모든 것을 알려주시며 그와 가장 깊이 소통하셨다. 고통받는 이는 소원을 이루었고 그의 의로움을 인정받았다. 이런 면에서 욥기는 고대근동 지혜문학사에서 한 번도 이루지 못한 경지를 드러내는 책이다.

쿨(C. Kuhl)의 말처럼 "인간의 인생은 어떠해야 하는가와 실제로 어떠한가 사이에 펼쳐진 거대한 긴장"은 "인류 자체만큼 오래된 질문의 질문"이다. 고대 메소포타미아인들도 이 물음과 씨름했다. 마지막에 욥이 과연 무엇을 깨달았는지도 역시 믿음의 역사만큼 오래된 질문으로 남을 것이다. 그 질문에 대한 답을 탐구하는 자는 극심한 고통에 굴하지 않고 하느님께 나아간 욥을 깊이 참조할 것이다. 그리고 십자가상의 고통중에 하느님과 깊이 소통하셨던 예수님의 가르침은 욥기를 이해하는 길을 터준다.

7. 참고 문헌

약자

ANET-K: 프리차드, P., 『고대 근동 문학 선집』 김구원 외 옮김 (CLC 2017).

CAD: Gelb, I.J, et al. (eds.), *The Assyrian Dictionary of the Oriental Institute of the University Chicago, vol. 1-21* (Chicago 1964-2010).

단행본 및 논문

구띠에레즈, 『욥에 관하여 - 하느님 이야기와 무죄한 이들의 고통』 (분도출판사 1985).

김구원, "함무라비 이야기 1 - 함무라비의 정복전쟁", 『한국고대근동학 노트』 6호 (2024.7, 한국고대근동학회), 7-21.

김아리, "200년 고대 근동 연구사, 세 번의 거대한 변화", 김구원 외, 『이집트에서 중국까지 고대근동 연구의 다양한 궤적』 (고대문명연구소 연구총서 1; 진인진 2024), 114-148.

빅스, "루들룰 벨 네메키: 지혜의 주를 찬양하리라", ANET-K, 679-695.

___, "바벨론 신정론", ANET-K, 695-706.

슈빈호르스트쇤베르거, "욥기", 에리히 쳉어, 『구약성경 개론』, 이종한 옮김 (분도출판사 2012), 579-600.

시모네티, 콘티, 『욥기 - 교부들의 성경주해 구약성경 VI』, 민제영 옮김 (분도출판사 2020).

윤성덕, "고대서아시아 지혜문학 분류법 - 〈주인과 종의 대화〉를 중심으로", 심재훈 외, 『고대 근동과 중국, 문자와 문헌 전통의 형성』

(고대문명연구소 연구총서 2; 진인진 2025), 242-260.

주원준, “지혜와 경험과 법이 하나다 - 고대근동의 법을 이해하기 위하여”, 명지대학교 중동문제연구소 엮음, 『법으로 보는 이슬람과 중동』 (모시는사람들 2016), 11-34.

_____, 『인류최초의 문명과 이스라엘 - 고대근동 3천 년』 (서울대학교출판문화원 2022).

쳉어, 『구약성경 개론』, 이종한 옮김 (분도출판사 2012).

하경택, 『욥기』 (한국장로교출판사 2018).

Annus, A. & Lenzi, A., *Ludlul Bel Nemeqi - The Standard Babylonian Poem of the Righteous Sufferer* (SAACT 7; Helsinki 2010).

Gross, W., *Ijob, Neue Echter-Bibel* (Würzburg 1986).

Hartley, J.E., *The Book of Job, The New International Commentary on the Old Testament* (Grand Rapids 1988).

Kuhl, C., *Die Entstehung des Alten Testaments* (Francke: Bern 1958).

Lambert, W.G., *Babylonian Wisdom Literature* (Eisenbrauns 1996).

Oshima, T., *The Babylonian Theodicy - Introduction, Cuneiform Text and Transliteration with a Translation, Glossary and Commentary, State Archives of Assyria Cuneiform Texts vol. IX* (The Neo-Assyrian Text Corpus Project 2013).

van Seters, John, *In Search of History - Historiography in the Ancient World and the Origins of Biblical History* (Yale Univ. Press 1983).

von Soden, W., “Die babylonische Theodizee - Ein Streitgespräch über die Gerechtigkeit der Gottheit”, O. Kaiser, B. Janowski, G. Wilhelm, D. Schwemer (Hg.), *Texte aus der Umwelt des Alten Testaments, Bd III* (Gütersloher 2005), 143-157.

김선영

고통과 하느님의 뜻:
시리아 저자들의 판관 11,29-40 해석

1. 들어가는 말

1.1. 문제 제기

성경을 읽을 때 독자는 다양한 고통을 겪고 있는 수많은 인물들을 접하게 된다. 이때 자신의 잘못으로 인해 고통을 겪거나 죽음에 이르는 이들이 대부분이지만, 아무런 잘못 없이 상황이나 타인의 잘못으로 인해 억울하게 고통을 겪고 무고한 죽음을 맞는 이들도 상당하다. 특히 사회적으로 약자의 처지에 있는 어린아이들이나 여성들이 후자에 해당하는데, 대표적으로 욥의 자녀들, 주인 대신 겁탈당하고 죽은 레위인의 첩, 헤로데에게 살해당한 어린아기들, 그리고 입타의 딸 등을 들 수 있다. 이런 이야기들을 접할 때, 독자들은 다음과 같은 의문을 갖기 마련이다. 왜 이들은 무고한 죽음을 맞아야 했는가? 하느님은 이들의 죽음을 묵과하셨는가? 하느님은 이들의 죽음을 막지 못하셨는가? 아니면 이들의 죽음은 오히려 하느님께서 바라신 것인가? 죄없는 이들의 고통과 죽음을 성경을 읽는 그리스도인들은 어떻게 받아들이고 이해해야 하는가?

이 에세이에서 다룰 입타와 그의 딸의 이야기(판관 11,29-40) 역시 수많은 독자들로부터 위와 같은 의문을 불러일으켰다. 입타의 딸은 자기 아버지가 승리를 위해 하느님께 올린 맹세 때문에 아무런 잘못 없이 젊은 나이에 하느님께 희생 제물로 바쳐진 인물이다. 맹세의 주체인 입타가 죽을 때까지 이스라엘의 판관직을 수행한 데 반해 그의 딸은 아버지의 말에 책임을 지고 죽어야 했다는 사실을 독자들은 쉽게 받아들이지 못했던 듯하다. 뿐만 아니라 독자들은 이 이야기 안에서 하느님의 역할과 의도에 대해서도 의구심을 표시했다. 예를 들면, 사이러스의 테오도레트는 직접적으로, “하느님은 왜 입타의 딸이 희생 제물로 바쳐지는 일을 허락하셨는가?"라고 질문을 던지고,[1] 엑섬은 아예 자신의 책에서 이 이야기를 다루는 장의 제목을 "입타: 하느님의 부재(Jephtah: the Absence of God)"로 정해 이 이야기에서 하느님의 존재를 찾아볼 수 없다는 자신의 견해를 밝힌다.[2] 나아가 이 이야기는 인신 제사를 향한 하느님의 방관을 넘어 자칫하면 하느님이 인신 제사를 기꺼이 받아들인다는 결론에 도달할 수 있는데,[3] 이는 유다교와 그리스도교에서 제시하는 하느님상과 대치한다. 이러한 문제점들 때문에 고대의 독자들부터 현대 신학자들, 예술가들, 작가들 등에 이르기까지 수많은 독자들이 이 사건의 신학적 의미와 해당 본문에서 암시되는 하느님의 역할에 대한 해석을 내놓았다.

시리아 저자들 역시 예외는 아니다. 시리아 저자들은 성경의 다양한 인물들을 소재로 한 운문 강론들을 남겼다. 특히 이들은 성경에 등장하는 이름없는 여인들을 소재로 문학 작품들을 저술했는데 입타의 딸 역시 이들의 관심을 끌었다. 판관 11,29-40의 입타의 딸을 소재로 한 문학 작품과 성경 주해들의 수는 상당하다. 이들이 이 사건을 어떻게 이해하고 신학적으로 해석했는지 살펴보는 것이 이 논문의 목적이다.

1.2. 기존 연구들

판관 11,29-40은 고대 및 중세 저자들과 현대신학자들 사이에서 가장 많이 다루어진 본문 중 하나일 것이다. 해당 본문은 상당히 모호하게 서술되었고

1 Marcos, "Jephthah's Daughter in the Old Greek(Judges 11:29-40)", 478-488. 테오도레트의 언급은 같은 논문의 478에서 인용.

2 Exum, *Tragedy and Biblical Narratives*, 45, 59. 이 사건에서 하느님의 침묵은 엑섬뿐만 아니라 주해서들에서도 지적되었다(예를 들면 Webb, *Judges*, 335).

3 Boyd, *Crucifixion of the Worrior God, vol. 1*, 309-310 참조.

사건들이 서로 유기적으로 연결되어 있지 않기 때문에 수많은 해석의 가능성을 내포하고 있다.[4] 해석가들은 본문을 다각도로 분석하여, 등장인물들의 행동과 의도, 그 안에 담긴 신학적 의미, 역사적 맥락 등을 밝히려 애썼다. 관련 1·2차 문헌들의 수는 방대하며, 이 자리에서 이를 모두 소개하는 것은 불가능하다.[5] 그러므로 여기서는 판관 11,29-40과 관련한 시리아 저자들의 성경 해석에 대한 연구 현황과 한국 학계에서 주로 논의되고 있는 해석에 대해서만 간단히 언급하겠다. 그리고 이를 바탕으로 이 에세이의 방향을 정하고자 한다.

입타의 딸의 죽음에 대한 시리아 성경 해석 전통은 이미 영미권의 시리아학 전문가들에 의해 자세하게 다루어졌다. 이들은 아프라하트, 에프렘, 사룩의 야고보 등의 작품들에서 등장하는 예형적 어휘들과 형상적(figural) 언어들, 이미지들, 비극에 맞닥뜨린 입타와 입타의 딸의 반응 등을 통해 아프라하트, 에프렘, 차명 에프렘, 사룩의 야고보 등이 이 사건을 어떤 의도를 가지고 해석

4 본문의 문제점에 대해서는 아래에서 좀 더 자세하게 다룬다.

5 이 사건을 소재로 한 작품들과 연구 출판물에 대한 편리한 가이드라인은 *Encyclopedia of the Bible and its Reception vol. 13*에 실린 Römer et al., "Jephthah's Daugther," 889-901로, 여기에서는 입타의 딸에 대한 다양한 해석을 각각 구약성경, 고대, 중세, 현대의 유다교 문헌들, 문학, 시각예술, 음악 등의 항목으로 나누어 소개한다. 이외에 Thompson, *Writing the Wrongs: Women of the Old Testament among Biblical Commentators from Philo through Reformation*, 100-178에서도 고대에서 근대에 이르는 유다교 및 서방 그리스도교 저자들의 해석을 자세한 서지 정보와 함께 제공한다. 입타의 딸이 등장하는 중세 필사본들에 실린 삽화들(miniatures)과 이콘, 벽화 등에 대한 정보는 Tkacz, "Women as Type of Christ: Susanna and Jephthah's Daughter"를 보라. 트카츠는 같은 연구에서 이와 관련된 동방 교회 저자들의 작품 역시 포괄적으로 소개한다. 특히 이 본문은 여성신학자들이 가장 자주 다룬 본문들 중 하나인데, 대표적 연구로는 Trible, *Text of Terror*, 93-116; Exum, *Tragedy and Biblical Narratives*, 45-69; Fuchs, "Marginalization, Ambiguity, Silencing: The Story of Jephthah's Daughter" 등을 들 수 있다.

했는가를 주로 분석했다. 이들에 따르면, 대부분의 시리아 저자들은 시리아 해석 전통 안에서 이 본문을 읽어, 입타의 딸의 죽음과 그리스도의 십자가 죽음을 연결해 해석한다. 이때 입타의 딸은 그리스도의 예형으로 받아들여진다. 곧, 이들은 이스라엘 백성이 입타의 승리로 구원을 받았고 그 대가로 입타의 딸이 죽임을 당했듯, 그리스도가 십자가에서 죽임당했고 이를 통해 세상의 죄가 사해졌다고 보았다. 또 이 과정에서 입타 역시 딸의 죽음을 초래한 경솔한 아버지에서 진정한 믿음을 지닌 지도자로 그려진다.[6]

위의 연구들은 판관 11,29-40에 대한 시리아 저자들의 예형적 해석을 이해하기 위한 토대를 제공한다. 하지만, 이들은 이 이야기에 등장하는 하느님의 역할에는 큰 관심을 기울이지 않는 듯하다. 예외는 하비의 연구다. 그녀는 사룩의 야고보의『입타의 딸에 대한 운문 강론』을 분석하며, 야고보가 하느님이 그리스도의 죽음을 앞서 "형상화하기(prefigure)" 위한 방법으로 입타의 딸의 죽음을 기획했다고 보고, 결과적으로 딸의 죽음에 대한 책임을 하느님께로 돌린다고 간단히 언급한다. 그리고 같은 맥락에서 입타에게서 딸의 죽음에 대한 책임이 면제되었다고 말한다.[7] 하지만 이 경우에도 그녀는 '하느님의 역할'보다는 입타에 대한 긍정적인 평가 쪽에 더 중점을 두고 있는 듯하다. 물론 예형적 성경 해석 자체가 사건 뒤에 숨겨진 하느님의 구원 사업에 대한 믿음을 바탕으로 하고 있는 것은 사실이다. 하지만, 같은 예형적 성경 해석 방식을 차용하는 서방교회 저자들이 이야기를 완전히 다른 방향으로 해석한다는 점을 고려하면,[8] 시리아 저자들이 제시하는 하느님의 역할을 고찰하는 작업 역시 필요할 것이다.

---

6 주요 연구로는 Brock, "A Soghitha on the Daughter of Jephthah"; Harvey, "Bride of Blood"; Harvey-Manor, *Jacob of Sarug's Homily on Jephthah's Daughter*; Doefler, *Jephthah's Daughter, Sarah's Son* 등을 들 수 있다.

7 Harvey, "Bride of Blood", 188-189.

또한 시리아 저자들의 판관기 해석은 시리아학 전문가들의 연구에서는 자세하게 다루어졌지만, 여전히 일반 성경학계, 특히 한국 성서학계에서는 잘 알려지지 않은 듯하다.[9] 2000년 이후 한국에서 출판된 관련 연구들은 여성신학적 관점이나 사회학적 관점, 계약신학적 관점, 입타 이야기와 바알 신화와의 연관성 등 여러 측면에서 이 이야기를 해석하는데, 이때도 시리아 저자들의 성경 해석은 거의 언급되지 않는다.[10] 『교부들의 성경 주해』 시리즈 역시 판관 11,29-40과 관련한 교부들의 해석을 소개하지만, 이때에도 서방 교회 저자들의 작품들을 주로 다루며, 시리아 또는 동방 교회 교부들의 경우에는 에프렘의 견해를 간단히 언급하는 데 그친다.[11]

1.3. 연구 목적

이에 따라 에세이의 목적은 크게 둘로 나눌 수 있다. 먼저, 기존 연구들에서 제시된 예형적 표상들과 입타와 그의 딸의 반응에 대한 분석을 바탕으로, 시리아 저자들이 입타의 딸의 죽음을 둘러싸고 '하느님의 역할'에 대해 어떻게

8 서방 교회 저자들은 하느님께서 이 일이 일어나도록 방조하신 것은 이와 같은 경솔한 맹세가 다시는 일어나지 않아야 한다고 생각하셨기 때문이라고 본다(이들의 견해는 프랭크, 『교부들의 성경 주해: 구약성경 IV』, 235-236을 참조하라). 하느님이 이 사건에 소극적으로 개입하셨거나 특정 의도를 가지고 방관하셨다고 보는 견해는 아래서 다룰 시리아 저자들의 생각과는 확연히 다르다.

9 필자의 지식으로는 현재 일반적으로 통용되는 주해서들의 대부분은 시리아 문헌들에서 찾아볼 수 있는 성경 해석에 대해 거의 언급하고 있지 않다.

10 판관 11,29-40에 대한 최근 개신교 신학계의 연구들에 대해서는 배희숙, "입다의 서원과 입다의 딸의 희생의 의의(삿 10-11장)", 160-169과 이윤경, "르네 지라르의 희생양 메커니즘으로 읽는 입다의 딸 이야기"를 참고했다. 이 본문에 대한 가톨릭 신학계의 최근 연구는 찾아볼 수 없었다.

11 프랭크, 『교부들의 성경 주해: 구약성경 IV』, 235-236.

이해했는가를 다룬다. 이는 하비에 의해 간단히 언급되긴 했지만, 이 에세이에서는 사룩의 야고보의 『입타의 딸에 대한 운문 강론』과 함께 다른 시리아 저자들의 작품을 제시하며 이 주제를 좀 더 깊이 다루고자 한다. 시리아 저자들은 이 사건에서 하느님의 의도를 강조했는데, 이는 등장인물들, 특히 입타와 그의 딸의 언어를 통해 잘 드러난다. 이를 통해 시리아 저자들이 비극적으로 보이는 사건들의 이면에서도 하느님의 뜻을 찾으려 애썼으며, '하느님의 부재나 침묵'이 아닌 고통 속에서도 드러나는 하느님의 현존과 활동을 찾으려 했다는 것을 보이고자 한다.

둘째, 같은 맥락에서 이 에세이를 통해 시리아 저자들의 성경 해석을 부분적으로나마 한국 성서학계와 일반 독자들에게 소개할 수 있기를 기대한다. 시리아 교부들은 여전히 한국 그리스도인들에게 낯선 존재들이고, 이들의 작품은 소수 출판물들을 통해서만 접할 수 있을 따름이다. 그러므로 이 에세이에서 시리아 저자들의 판관 11,29-40 해석을 본문과 함께 소개하는 것도 어느 정도 의미 있는 일이라 여겨진다.

1.4. 연구 본문들과 방법론

이 에세이에서 다룰 본문은 사룩의 야고보가 저술한 『입타의 딸에 대한 운문 강론』과 『세베루스의 카테나』에 실린 차명 에프렘의 판관기 주해, 그리고 무명 저자의 작품으로 알려진 『입타의 딸에 대한 소기타』다. 아프라하트와 에프렘, 메르브의 이쇼다드나 디오니시우스 바르 살리비 등 여러 저자들이 판관 11,29-40을 다루었지만,[12] 지면상 여기서 해당 본문들을 모두 살펴볼 수 없으므로 이 세 본문만을 분석 대상으로 삼는다. 이 작품들은 입타의 딸의 죽음과 관련한 시리아 해석 전통을 충실하게 반영하고 있으므로 대표 본문으로 선정하기에 부족함이 없을 듯하다.[13]

한 가지를 더 언급하자면, 이 에세이에서 제시하고자 하는 것은 시리아 저자들의 판관 11,29-40 주해지만, 여기서 다룰 세 작품 가운데 『세베루스의 카테나』를 제외하면, 『입타의 딸에 대한 운문 강론』과 『입타의 딸에 대한 소기타』는 일반적으로 생각하는 '주해'의 형식을 취하고 있지는 않다. 운문 강론과 소기타는, 성경 본문의 흐름을 따라가며 해석을 제시하는 오늘날의 '주해서'와는 달리, 특정 본문을 주제로 한 '문학 작품'에 가까우며 산문보다는 운문 형식으로 쓰였다. 하지만 이 작품들 모두 저자의 판관 11,29-40 해석을 반영하고 있다는 점에서 이들을 다른 형식으로 쓰인 '주해'로 받아들일 수 있을 것이다.[14]

이 작품들은 베드얀과 무바라크(또는 베네딕투스)가 시리아어 본문을 출판한 이후,[15] 오래전부터 알려졌고, 이 작품들에서 제시되는 예형적 해석들은 영미

12 이 본문들에 대한 자세한 서지 정보는 Brock, "A Soghitha on the Daughter of Jephthah"; Harvey, "Bride of Blood"; Harvey-Manor, *Jacob of Sarug's Homily on Jephthah's Daughter*; Doefler, *Jephthah's Daughter, Sarah's Son: The Death of Children in Late Antiquity* 등을 보라. 대부분의 본문은 영어로 번역되었는데, 이는 Brock, "A Soghitha on the Daughter of Jephtha", 9-24에서 제공된다. 브록이 제공하지 않는 본문은 Harvey-Manor, *Jacob of Serugh's Homily on Jephthah's Daughter*에서 시리아어 본문과 함께 제시된다.

13 입타의 딸의 죽음에 대한 아프라하트와 에프렘의 해석 역시 중요하지만, 이 에세이에서는 다루지 않는다. 아프라하트와 에프렘은 후대 저자들의 작품들에서 나타나는 예형적 성경 해석의 기초를 제공하지만, 이들의 해석은 야고보나 차명 에프렘과 비교해 볼 때, 상대적으로 '덜 발전된' 형태이며, 입타 또는 입타의 딸과 그리스도 사이의 예형적인 표상에 초점을 맞출 뿐, 이 사건에서 하느님의 역할에 대해서는 그다지 언급하고 있지 않기 때문이다. 메르브의 이쇼다드나 디오니시우스 바르 살리비 등 후대 저자들의 작품들도 새로운 해석을 덧붙이기보다는 기존의 시리아 성경 해석 전통을 되풀이하고 있으므로 여기서는 다루지 않는다.

14 Harvey, "Bride of Blood", 179에서도 반 롬페(Van Rompay)의 연구를 인용하며 이를 지적한다.

15 Bedjan, *Homiliae Selectae Mar-Jacobi Sarugensis, vol. 5*, 306-330; Benedictus, *Sancti Patris Nostri Ephraem Syri Opera Omnia quae Extant vol. 1*, 321-322.

학계에서 여러 차례 다루어졌다. 그러므로 본문 전체를 제시하거나 예형적 표상들의 대응에 중점을 두어 본문을 자세하게 분석하기보다는 이들의 작품 속에서 제시되는 하느님의 역할에 초점을 맞추어 해당 본문들을 선별하여 다룬다. 이는 앞서 밝힌 대로 판관 11장에서 제기되는 '고통과 하느님의 현존'과 관련하여 의문점에 대한 답을 시리아 저자들의 작품 속에서 찾기 위해서다.

2. 페쉬타 판관 11,29-40

시리아 저자들의 작품을 분석하기에 앞서 이들이 해석 본문으로 삼은 판관기 11,29-40을 살펴보겠다. 이들의 해석은 본문 자체가 지닌 특징과 모호함에서 출발하기 때문이다. 사룩의 야고보를 포함하여 이 에세이에서 언급되는 시리아 저자들은 모두 히브리어 성경이 아니라 페쉬타를 사용했으므로, 히브리어 성경 대신 페쉬타 판관 11,29-40의 번역을 제시한다. 여기에서는 해당 본문의 구절들을 자세하게 분석하기보다는 히브리어 본문과의 차이점을 간단히 언급하고, 예형적 성경 해석의 토대가 본문 안에서 어떻게 마련되는지를 살펴보겠다.

이 사건은 서자 출신으로 변방을 떠돌던 입타가 이스라엘인들의 지도자로 추대되어(11,1-11) 암몬인들과 협상을 시도하지만 실패한 후에(11,12-28) 일어난다. 해당 본문은 다음과 같다.[16]

16 여기에서 사용된 판관기 본문은 바이블웍스 10.0.4.114에 포함된 라이덴 페쉬타 본문이다.

판관 11,29 주님의 영이 입타에게 내렸다. 그는 길앗과 므나쎄를 가로질렀다. 그리
고 길앗 미츠파로 건너갔다가 길앗 미츠파에서 암몬의 자손들에게로 건너왔다.
30 입타는 주님께 맹세하며 말하였다. “만일 당신께서 암몬의 자손들을 제 손에
넘겨주신다면, 31 제가 암몬의 자손들로부터 평안히 돌아갈 때, 저를 맞으러 저
의 집에서 나오는 이, 그는 주님의 것이 될 것입니다. 제가 그를 주님께 번제물로
바치겠습니다.” 32 그리고 입타는 암몬의 자손들과 싸우기 위해 그들에게로 건너
갔다. 주님께서 그들을 그의 손에 넘겨 주셨다. 33 그는 아두이르에서 민키르 어
귀까지 성읍 스무 개를, 그리고 아벨 크라밈에 이르기까지 그들을 크게 쳐부수
었다. 그리고 암몬의 자손들은 이스라엘 자손들 앞에서 패배하였다.
34 입타가 미츠파의 자기 집으로 돌아갔는데, 보라, 그의 딸이 손에 탬버린과 팀
보렐을 들고 그를 맞으러 나왔다. 그녀는 그에게 유일한 자식(ܝܚܝܕܬܐ)이었다.
그에게는 그녀 말고는 아들도 딸도 없었다. 35 그녀를 보자, 그는 자기 옷을 찢으
며 말하였다. “오, 내 딸아, 네가 나를 파멸시키는구나. 네가 바로 오늘 내가 파
멸하게 만든 사람이다. 보아라, 내가 주님을 향해 내 입을 열었으니, 나는 그것
을 돌이킬 수가 없다.” 36 그러자 그의 딸이 그에게 말하였다. “나의 아버지, [아
버지]께서 하느님을 향해 입을 여셨습니다. 주님께서 아버지를 위해, 아버지의
원수인 암몬의 자손들에게 복수해 주셨으니, 아버지께서 말씀하신 대로[17] 제게
하십시오.”

37 그리고 그녀는 자기 아버지에게 말하였다. “이것만 제게 해 주십시오. 제게 두
달만 [시간을] 주십시오. 저와 제 동무들이 떠나 산으로 가서 처녀로 죽는 저를
두고 곡을 하겠습니다.” 그가 그녀에게 말하였다. 38 “가거라.” 그리고 그는 두 달
간 그녀를 떠나보냈다. 그녀와 그녀의 동무들은 산으로 가서 처녀로 죽는 그녀를

17 직역하면, “아버지의 입에서 나간 대로.”

> 두고 곡을 하였다. 39 그리고 두 달 후, 그녀는 자기 아버지에게로 돌아왔고, 그는 자기가 맹세한 대로 그녀에게 하였다. 그녀는 남자를 안 적이 없었다. 40 이로부터 이스라엘 자손들 사이에 표징이 생겨났다. [이는] 때때로 이스라엘의 딸들이 길을 떠나 나흘간 길앗 사람 입타의 딸을 위해 곡을 하며 탄식하는 하는 것이다.

페쉬타 본문은 히브리어 성경을 거의 그대로 옮겼다. 차이점이 있다면, 히브리어 성경이 입타의 딸이 자기 아버지를 맞으러 나올 때, 손북을 들고 춤을 추며 나왔다고 언급한 반면, 페쉬타는 탬버린과 팀보렐을 들고 나왔다고 말한 것이다. 두 악기 모두 손에 들고 사용하는 작은 북 또는 그와 비슷한 악기를 가리킨다. 히브리어 본문에서는 "손북을 들고 춤을 추며"로 되어 있지만, 페쉬타 판관 11,34에서 '춤추다'는 동사는 빠져 있고, 대신 두 개의 악기가 언급된다. 하지만, 이 이문이 이야기의 흐름에 영향을 주지는 않는다.

해석의 열쇠를 제공하는 것은 입타의 딸을 그의 '외동딸'로 언급하는 34절이다. 페쉬타 역자는 입타의 딸이 그의 외동딸(ܝܚܝܕܝܬܐ)이라고 말한다. 이는 해당 구절의 히브리어 '여히다'를 그대로 옮긴 것이지만, 하비가 지적한 대로, 결과적으로 시리아 저자들이 입타의 딸과 그리스도를 수월하게 연결할 수 있게 하는 계기를 제공한다.[18] 페쉬타 신약성경은 요한 3,16에서 '외아들'을 의미하는 '모노게네스'를 '홀로 있는, 혼자인' 등의 의미를 지닌 ܝܚܝܕܝܐ로 번역한다.[19] 또 창세 22장에서 아브라함의 외아들 이사악을 가리킬 때도, 같은 단어가 사용되었다. ܝܚܝܕܝܬܐ는 ܝܚܝܕܝܐ의 여성형이다. 그러므로 이 본문을 읽는 독자들은 언어적 유사성을 바탕으로 입타의 딸과 이사악, 그리스도를 하

---

18 Harvey, "Bride of Blood", 186. 이 단락의 나머지 내용은 하비의 견해를 요약한 것이다.

19 이 표현은 신약성경뿐만 아니라 시리아 문헌들에서 그리스도를 지칭하기 위해 사용된다. 이 어휘의 용례에 대해서는 Brock, *The Luminous Eyes*, 136-139을 보라.

나의 예형적 그룹으로 쉽게 받아들일 수 있었을 것이다.

이와 함께 본문 자체의 문제점 역시 다양한 해석의 여지를 제공한다. 히브리어 본문의 문제는 이야기가 '모호하게' 서술되었고, 사건들 사이의 유기적 연관성이 잘 드러나지 않는다는 것이다. 페쉬타 역자가 히브리어 성경을 거의 그대로 옮겼으므로, 같은 문제가 페쉬타 본문에서도 드러난다. 예를 들면 입타의 맹세는 그가 하느님의 영을 받은 이후에 이루어진다. 그러면 입타의 맹세는 하느님의 영이 그를 이끈 결과인가? 입타는 자신이 하느님의 영을 받았다는 사실을 알고 있었는가? 또 입타가 맹세할 때 그는 비밀스럽게 맹세했는가, 아니면 사람들 앞에서 공개적으로 하였는가? 입타의 딸은 자기 아버지의 맹세 내용을 알고 있었는가? 만일 그렇다면, 그녀는 모든 상황을 다 알고 일부러 자기 아버지 앞으로 나온 것인가? 아니면 그녀는 단지 순수하게 승리를 기뻐한 것에 불과했는가? 본문은 이에 대해 언급하지 않으며, 독자는 이를 두고 오직 추측할 수 있을 따름이다. 서술의 모호함은 독자들이 이 본문을 다각도로 해석할 수 있는 토대를 마련했지만, 때로는 지나치게 추론적이고 자의적인 해석을 제시하는 결과를 낳았다.

본문에서 제기되는 또 하나의 문제는, 앞서 간단히 언급한 바와 같이,[20] 이 사건에서 하느님의 역할이다. 29절이 '하느님의 영이 입타에게 내렸다'라고 말한 후, 하느님의 영은 더는 등장하지 않는다. 다음과 같은 질문들이 제기될 수 있을 것이다. 입타가 경솔한 맹세를 할 때 하느님은 왜 이를 막지 않으셨는가? 그의 딸이 희생 제물로 선택되었을 때, 왜 하느님은 개입하지 않으셨는가? 하느님은 창세 22장에서 아브라함이 이사악을 죽이려 할 때는 희생 제물을 대신할 어린양을 보내주셨다. 하지만 입타의 딸이 죽을 때 하느님은 어떤 반응도 보이지 않으셨다. 나아가 이러한 질문도 제기될 수 있다. 만일, 하느님이 입

20 1.1. 문제 제기 참조.

타의 딸이 희생 제물로 바쳐질 때 아무런 행동도 하지 않으셨다면, 이는 하느님이 인신 제사를 기꺼이 받아들였거나, 혹은 적어도 묵과했다는 것을 의미하는가? 만일 그렇다면, 이는 인신 제사를 금하는 신명기 신학과 완전히 대치할 뿐만 아니라, 유다교 및 그리스도교 저자들이 그리는 하느님 상과 반대된다. 판관기 저자는 이야기를 사건 위주로만 전달할 뿐, 입타의 행동에 대한 하느님의 뜻에 대해서는 아무런 부연도 하지 않는다.

종합하면, 판관기 본문은 사건 위주로 이야기를 진행해 나갈 뿐, 등장 인물들의 의도에 대해서는 어떤 단서도 주지 않는다. 그래서 이야기의 해석자들은 자신들의 견해를 바탕으로 이 '공백'을 채워, 사건의 의미를 이해하려 했다. 시리아 저자들 역시 마찬가지다. 이들은 자구의 의미를 하나하나 해석하기보다는, 이야기 전체의 내용에 초점을 맞추어, 이 사건의 신학적 의미와 이야기 안에서 찾아볼 수 있는 하느님의 역할을 제시했다.

3. 시리아 저자들의 판관 11,29-40 해석

3.1. 사룩의 야고보의 『입타의 딸에 대한 운문 강론』

첫 번째로 살펴볼 작품은 사룩의 야고보의『입타의 딸에 대한 운문 강론』이다.[21] 야고보는 성경의 여러 인물들, 특히 여성들에 대한 주해와 운문 강론들을 남겼는데, 입타와 그의 딸 역시 그가 다룬 인물들 중 하나다. 야고보는 본문을 다각도로 살피며, 성경에서 짧게 언급된 이 사건을 자신의 문학적·신학적 시각으로 해석한다. 이때 야고보는 판관기 11장 전체에 포함된 본문들 모두를 다루기보다는 주요 사건들을 언급하는 몇몇 본문들만을 선택하여, 이를 통해 이야기의 새로운 측면을 밝히려 한다.

이 에세이에서는 이 작품의 본문 가운데 이 사건에서 찾을 수 있는 하느님의 역할과 관련된 단락들만을 살핀다. 야고보의 해석에서 하느님은 소극적 방관자 또는 침묵하는 초월적 존재가 아니라, 이야기 전체의 주도권을 쥐고 있는 존재로 그려진다. 이는 입타의 언어를 통해 때로는 직접적으로 때로는 간접적으로 드러난다. 이제 해당 본문들을 살펴보겠다.

> 야곱의 무리가[22] 침입자들에게 궤멸당했을 때,
> [무리]는 입타를 불렀네, 그가 [무리]를 이끄는 목자가 되도록.
> 현명한 이가 전투에 소환되었을 때,
> 주님께서 승리를 주관하시도록, 전쟁을 주님께 맡겼다네.
> 승리를 거두기엔 아무런 쓸모가 없는 자신의 무기를 바라보고는,
> 그 분별력 있는 이는 주님께서 [적들과] 맞서 싸우시도록 그분께 맹세하였다네.
> 그분께 청하는, 그에게 닥친 전투에서의 승리의 대가로,
> 그는 주님께 완전한 희생 제사를 맹세하였다네.
> 희생 제사를 통해, 그는 자기 주님을 그와 함께 [전투로] 내려가실 임금으로 세웠다네,[23]

21 이 에세이에서는 Harvey-Manor, *Jacob of Sarug's Homily on Jephthah's Daughter*에 실린 하비의 시리아어 본문을 사용했다. 하비의 본문은 베드얀의 본문을 재이용한 것이다(Bedjan, *Homiliae Selectae Mar-Jacobi Sarugensis, vol. 5*, 306-330 참조). 하비는 시리아어 본문에 편의상 각 행들에 일련번호를 붙였는데, 이 번호들은 본래 필사본과 베드얀의 본문에는 포함되어 있지 않으므로, 여기서도 포함하지 않았다.

22 직역하면, "양들이." 이 단어는 다음 행에서 이들이 입타에게 '목자'가 되어 달라고 부탁한 것과 연결된다. 여기서는 자연스러운 우리말을 위해 '양들' 대신 '무리'로 옮겼다.

23 직역하면, "고용하였다네." 이 구절은 역사서의 여러 장면들을 연상시킨다. 사울을 비롯한 임금은 전쟁의 최종 지휘자이자 승패의 책임자였다.

암몬인들과의 전투로, 그리하여 그가 승리할 수 있도록.
그는 일부러[24] 주님께 드릴 희생 제물을 선별하지 않았는데,
주님께서 그로부터 누구를 받기를 청하시는지 그로서는 알 수가 없었기 때문이었네.
"주님, 당신께서 제 손에 암몬의 자손들을 넘겨 주신다면,
당신께서는 제가 당신께 바치는 이 맹세의 [대상]을 받으시리이다.
제가 [집으로] 들어갈 때, 누구든 저의 집 문에서 저를 만나는 이,
승리의 대가로, 제가 그를 희생 제물로 바치겠나이다.
[집에서] 제게로 나와 저를 맞아들이는 바로 그 첫 번째 사람을,
구원에 기뻐하며 당신께 바치겠나이다.
당신께서 누가 당신께 바쳐지기를 원하시는지 저로서는 알 수 없으니,
희생 제물을 손수 고르소서. 아무리 사랑하는 이라도 저는 예외로 두지 않겠나이다.
당신 자신을 위해 적절하고 아름답고, 탐스러우며 사랑스러운 것을 선별하소서.
당신께서 선별하신 이는 누구든, 저는 아무런 거리낌 없이 제물로 바치겠나이다.
제가 가진 것들 중 당신께서 고르시는 것은 무엇이든 당신께 드리겠나이다,
[그러니] 맹세[의 대상]을 선별하시고, 제가 바칠 수 있도록 제 손에 가져다 주소서.
맹세하였으니 드리겠나이다. [하지만] 저는 누구를 드려야 할지 모르나이다,
당신께 맹세하였으니,[25] 당신 뜻에 따라 준비되게 하소서.
제가 가진 것들 중 당신께서 가져오시는 것은 무엇이든, 제가 당신께 바치겠나이다,

24 그의 맹세가 무지나 어리석음에서 비롯된 것이 아니라는 것을 명확히 밝히는 구절이다.
25 직역하면, "맹세는 당신께 드러났으니."

귀한 것이든, 심지어 사랑하는 것이든, 그것이 당신께 바쳐지리이다."[26]

판관기 본문에서 입타가 간단히 맹세의 내용만을 말하는 반면, 야고보는 이 구절을 해석하며 성경에는 포함되어 있지 않은 언어들을 사용해 입타의 맹세를 확장한다. 가장 눈에 띄는 것은 입타가 자신의 맹세의 '이유'를 제시한다는 것이다. 판관 11,21절에서 그는 단순히 '자신의 집에서 나오는 첫 번째 것'을 바치겠다고만 말한다. 하지만 여기에서 그는 '하느님께서 바라시는 것이 무엇인지' 자신이 모르기 때문에, 그 선택권을 하느님께 넘기겠다고 이야기한다. 그는 주님께 제물로 바쳐질 대상을 지정하지 않고, "손수 고르소서", "선별하소서", "제 손에 가져다 주소서"라고 청하며, 선택권을 하느님께 넘긴다. 자신은 맹세했지만 '누구를 드려야 할지 모르니' '주님의 뜻'에 따라 가져다 주시는 것을 바치겠다고 말한다.

위 본문에서 제시되는 입타에 대한 묘사와 그의 언어들은 야고보가 입타의 맹세를 긍정적으로 평가하여 진정한 믿음의 결과로 보았음을 보여 준다. 하비는 입타와 그의 행동을 긍정적으로 평가한 것이 야고보의 해석 가운데 가장 독특한 부분이자, 다른 그리스도교 및 유다교 저자들과 차별화되는 지점이라고 보았다.[27] 우선 그녀는 입타가 "분별력 있는 이"라고 불리는 점에 주목하는데, 시리아 금욕주의 문헌들에서 '분별력'은 지적 능력을 넘어 하느님이 바라시는 것을 아는 것을 의미한다.[28] 이 단어의 사용례는 사룩의 야고보의 다른 작품에서도 쉽게 찾아볼 수 있는데, 그는 『세상 창조에 대한 운문 강론』에서 분별력이 있다면 자연을 통해 하느님의 창조 능력을 깨달아야 한다고 언

26 Harvey-Manor, *Jacob of Sarug's Homily of Jephthah's Daughter*, 19와 21에서 번역.

27 Harvey, "Bride of Blood", 187-188.

28 Harvey, "Bride of Blood", 188.

급하고,[29] 『타마르에 대한 운문 강론』에서는 타마르의 이야기의 진정한 의미를 깨닫기 위해서는 '분별력을 가진 이'가 사랑을 가지고 읽어야 한다고 이야기하며, 타마르도 '분별력을 가진 이'로 불린다.[30] 곧, 입타의 맹세는 그의 어리석음의 결과가 아니라 오히려 믿음과 분별력을 지닌 이의 신중한 선택이라고 할 수 있다. 또한 이것으로 입타는 자신의 딸의 죽음에 대한 책임에서 벗어나며, 사건의 책임은 하느님에게로 돌려진다.[31]

같은 생각이 강론의 후반부에서 입타가 탄식하며 딸과 나누는 대화에서도 드러난다.

> 주님께서 그분을 위해 너를 선택하셨으니, 나는 너를 그분으로부터 거둘 수 없다.
> 주님께서 희생 제사를 위해 너를 선별하셨으니, 나로서는 선별된 것을 바치지 않을 도리가 없다. … (2행 중략)
> 내가 맹세할 때, 너를 [바치기로] 약속하지는 않았지만,
> 주님께서 너를 그분을 위한 희생 제물로 선별하셨으니 내가 무엇을 할 수 있겠느냐?
> 너의 주님을 위한 진정한 어린양이 되도록 제단이 너와 약혼하였다,
> 그러니 제단으로 오너라, 그리고 네 약혼 계약을 완성하여라.[32]

---

29 『세상 창조에 대한 운문 강론』: 그대의 눈을 들어 이것들을 창조하신 분이 누구신지를 보아라 / 성경조차 이처럼 분별력을 요구하니 // 그대가 어디 있는지, 또 그대가 어떤 곳에 놓여 있는가에 관해 곰곰이 생각해 보고 / 경탄하며 창조주께 감사를 드려라(Matthews, *Jacob of Sarug's Homily on the Fashioning of Creation*, 119). 이 작품에서는 세상의 피조물을 섬기는 무지한 이들과 진정한 세상의 창조주이신 하느님을 아는, '분별력을 지닌 이들'이 구별된다.

30 Brock, "Jacob of Serugh's Homily on Tamar", 284, 296을 보라.

31 Harvey, "Bride of Blood", 188.

입타는 딸에게 자신의 맹세가 가져온 결과를 이야기하며, 그는 이 일이 하느님의 의도에서 비롯되었음을 명확하게 언급한다. 그는 딸을 제물로 선택하고 선별한 주체는 그 자신이 아니라 "주님"이며, 자신은 그분의 뜻에 따를 수밖에 없다고 이야기한다. 또한 그는 자신이 맹세를 한 것은 사실이지만 딸을 바치겠다는 약속은 하지 않았다며, 다시 한 번 이 사건에 책임이 없음을 분명히 한다. 그는 딸을 주님을 위한 "진정한 어린양"으로 부르는데, 이는 창세 22장에서 하느님의 뜻에 따라 이사악 대신 바쳐지게 된 '어린양'과 하느님의 아드님이자 '진정한 어린양'인 그리스도의 이미지를 연상시킨다. 이 강론을 전례 중에 듣는 독자들은 모두 이 이미지들을 쉽게 연결시킬 수 있었을 것이다.

3.2. 『세베루스의 카테나』에 실린 차명 에프렘의 판관 11장 주해

두 번째로 살펴볼 본문은 『세베루스의 카테나』다. 이 작품의 저자와 필사본, 출전(sources) 등에 대해서는 이미 23년에 발간된 『말씀의 육화와 성경의 올바른 해석』에서 다룬 바 있지만, 독자의 편의를 위해 간단히 소개하겠다.[33]

9세기 중반경, 에데사 근교의 성 바르바라 수도원의 수사였던 세베루스는 자신이 구할 수 있는 성경 주해들을 모아 성경 순서에 따라 일종의 선집 형태로 묶었다. 이 작품은 그의 이름에 따라 『세베루스의 카테나』라고 불렸다. 여기에 후대 필사자 시메온 히슨 만수르가 이 작품을 필사하면서 타 저자들의 성경 주해를 포함시켰고, 때문에 이를 '시메온의 선집'이라고 부르는 학자도 있다.[34] 그러므로 이 작품은 9세기에 이르기까지 시리아 교회 안에서 통용되던

32 Harvey-Manor, *Jacob of Sarug's Homily on Jephthah's Daughter*, 39에서 번역.

33 아래 단락의 내용은 김선영, "정결과 부정에서 죄와 치유로", 107-109을 요약한 것이다.

34 Ter Har Romeny, "The Identity Formation of Syrian Orthodox Christians", 107.

성경 주해들을 담고 있다고 볼 수 있다. 본문 안에서 몇몇 주해는 에프렘으로부터 온 것이라고 언급되는데, 오늘날 학자들은 이 언급의 진위에 대해서는 의구심을 표시한다. 이 에세이에서도 해당 주해의 저자를 차명 에프렘으로 표기한다. 하지만 이 해석이 누구에게 소급되는지 상관없이 시리아 성경 주해 전통을 반영하고 있다는 점은 분명하다.

『카테나』에 포함된 입타의 딸의 죽음에 대한 주해는 오직 차명 에프렘에게 소급되는 해석뿐이다. 『카테나』의 다른 부분들에는 사룩의 야고보의 주해들이 포함되어 있지만, 야고보가 입타의 딸을 주제로 한 운문 강론을 남긴 것과는 달리 『카테나』에는 야고보의 주해는 언급되지 않는다. 해당 본문은 다음과 같다.[35]

> 길앗 사람 입타가 있었는데, 부패하고 방종한 사람들이 그에게로 모여들었다. 길앗의 원로들이 그에게 말하였다. “와서 우리의 지도자가 되어 주시오. 우리는 암몬의 자손들과 전투를 치를 거요.”
> 하지만 입타는 그들의 지도자가 되어 [싸우러] 내려가려 하지 않았는데, 이는 백성이 우상들을 치워 버렸는데도 이들의 회개가 받아들여지지 않았고, 그들의 고난에서 벗어나지 못하는 것을 보고, 그들의 간청이 받아들여지지 않았다는 것을 알았기 때문이다. 이들은 탄원했으나 응답을 받지 못했고, 그들의 예배로도 구원받지 못했다.
>
> [입타]는 생각했다. “이스라엘 민족이 그분 앞에서 기도했는데도 그분께서는 이를 듣지 않으셨다. 내가 누구라고 하느님께서 내 [기도]를 들으시겠는가?” 그는

35 여기에서는 무바라크의 시리아어 본문에서 옮겼다. Benedictus, *Sancti Patris Nostri Ephraem Syri Opera Omnia quae Extant, vol.1*, 321–322.

이렇게 마음먹고 주님께 맹세하며 말하였다. “주님께서 암몬의 자손들을 제 손에 넘겨 주신다면, 제가 암몬의 자손들로부터 평안하게 돌아갔을 때 저의 집의 문에서 저를 맞으러 나오는 이는 주님의 것이 될 것입니다. 제가 주님께 그를 바치겠습니다. 보십시오, 저는 아무도 모르게 제 입을 하느님을 향해 열었습니다. 저를 맞이하러 저의 집에서 가장 처음에 나오는 이를 그분께 바치겠습니다. 보십시오, 저는 하느님과 저를 두고 맹세합니다. 그러므로 그의 승리를 위한 제물을 준비하시는 일은 주님께 달려 있습니다. 그분께서 번제물로 [쓰이기] 위한 어린양을 [손수] 준비하셨던 때처럼 말입니다.” 이것으로 다음과 같은 사실이 명백하게 드러난다. [입타]는 자기 집안사람들 가운데 하나를 [바치기로] 맹세하였고, 주님께서 번제물로 바치기 위한 어린양을 준비하셨던 것처럼(창세 22,13), 그분을 위해 제물을 준비하시기를 기대하였다.

입타가 미츠파로 돌아갔을 때, 보라, 그의 딸이 탬버린과 팀보렐을 들고 그를 맞으러 나왔다. 승리를 기념하며 축제를 열어 축하하는 것은 히브리인들의 오랜 풍습 중 하나였다. 일찍이 [성경에는] 이렇게 기록되어 있다. 여예언자이자 모세의 누이였던 미리암이 탬버린을 들고 나와, 그녀와 그녀의 동기들이 하느님께서 그분의 백성에게 주신 승리, 곧 바다를 가르시고 파라오와 그의 군대를 바닷속에 빠져 [죽게] 하신 일을 기념하며 주님을 찬미하였다(탈출 15,20-21). 그래서 그 [딸]이 자기 아버지의 승리에 대해 들었을 때, 탬버린과 팀보렐을 들고 그를 맞이하러 나갔던 것이다. 또 다윗이 장사 골리앗에게 승리를 거두고 필리스티아인들을 패배시킨 후, 임금 사울과 모든 백성에게로 승전보를 가지고 돌아왔을 때, 처녀들이 [그를] 맞으러 나와 탬버린을 들고, “사울은 수천 명을, 다윗은 수만 명을 죽였다네”라고 말하며 이를 축하했다고(1사무 21,12) 기록되어 있다.

자기 딸이 제물로 바쳐지기 위해 오는 것을 보고 입타가 자기 옷을 찢은 일을 두고 백성은 이렇게 비유한다. [입타]가 임마누엘—그분께서는 세상의 마지막에 죄의 용서를 위해 자기 자신을 희생 제물로 바치셨다—이 오시는 것을 보았을 때,[36] 그를 감싸고 있던 신비의 의복이 찢어졌다. 또 사령관의 찢겨진 옷은 우리 주님을 죽일 때 찢어진 대사제의 겉옷(마태 26,65; 마르 14,63)을 [미리] 보여 준다. 이로서 회당의 지배가 끝났다.

[입타]가 말하였다. "내 딸아, 네가 오늘 나를 파멸시키는구나." 그러자 그녀가 말하였다. "아버지께서 직접 말씀하신 대로 제게 하세요. 주님께서 아버지를 위해 아버지의 원수들에게 복수해 주셨으니까요." 입타가 [자기 딸]을 본 바로 그날에 희생 제물로 그녀를 바치지는 않았던 것은 대사제들이 임마누엘을 보고 곧바로 그분을 살해하지 않았기 때문이다. 그들은 그분께서 이스라엘 온 지방과 야곱의 자손들의 산들로, 그들 마음이 강퍅함에 울며 돌아다니시도록 내버려 두었다. [입타]의 딸은 두 달의 시간이 흐른 후에 [입타]에게로 돌아와 죽임을 당했다. 하느님께서 사람[이 되시어], 그 어떤 강요도 없이 자신의 의지로 [그분을] 십자가에 못 박은 자들에게 오셨기 때문이다.

처녀가 죽임당하지 않고 살아 있던 두 달은 율법의 시대와 예언서의 시대를 의미한다. 이것으로 율법과 예언서[의 시대] 이후 기름부음받으신 분께서 오시어 돌아가시리라는 사실이 확정되었다.[37]

『카테나』에서 제시되는 해석은 앞서 다룬 사룩의 야고보의 『입타의 딸에

36 이때 입타는 시공간을 넘어 임마누엘이 오시는 것을 예형적으로 본 것이다. Brock, "A Soghitha on the Daughter of Jephthah", 19 참조.

37 직역하면, "봉인되었다."

대한 운문 강론』과 같은 시각에서 이 사건을 해석한다. 본문을 자세히 들여다보자. 차명 에프렘은 입타에 대한 부정적인 구절들은 다루지 않는다. 야고보는 『입타의 딸에 대한 운문 강론』에서 입타의 미천한 출신과 이방인으로 사는 현재의 처지에 대해 부정적인 암시를 줄 만한 구절들은 언급하지 않았다. 차명 에프렘 역시 비슷한 태도를 보인다. 입타의 상황은 그저 "부패하고 방종한 사람들이 그에게로 모여들었다"는 말로 표현되고, 서자로 태어나 집안에서 쫓겨나 변방을 떠도는 그의 처지는 언급되지 않는다. 차명 에프렘은 자신의 주해를 입타의 출생이 아니라 원로들이 암몬인들과의 싸움에서 패배한 후, 입타를 찾아가 지도자가 되어 달라고 청하는 부분에서 시작한다. 원로들의 제안을 받은 입타가 과거 자신이 집안에서 추방된 일을 떠올리며 원로들과 지도자 자리를 두고 일종의 거래를 제시하는 장면 역시 포함되지 않는다. 대신 입타가 그들의 요청을 곧바로 받아들이지 않은 것은 그들을 믿지 못해서가 아니라, 하느님께서 자신의 기도를 들어 주시지 않으리라는 걱정 때문이다. 그는 '자신이 무엇이기에 그분이 자신의 기도를 들어 주실까'라고 생각하며 원로들의 제안을 받아들이지 않는다.

이어 해석이 모호한 하느님의 영에 대한 구절과 입타가 길앗 미츠파를 거쳐 암몬인들이 있는 곳으로 간 사건은 건너뛰고(판관 11,29-30), 입타의 맹세가 제시된다. 그의 맹세는 판관기 본문과 동일하지만 좀 더 자세하게 표현된다. 그는 "아무도 모르게" 입을 열어 하느님께 맹세하며, 자신이 승리를 거두었을 경우, 집으로 돌아갔을 때 처음으로 집에서 나오는 이를 제물로 바치겠다고 말한다. 여기서는 앞서 사룩의 야고보의 강론에서처럼 입타가 적극적으로 하느님께 선택권을 미루지는 않지만, 그 역시 하느님께서 '번제물로 사용될 어린양'을 직접 준비하셨던 것처럼, 자신이 바칠 제물 역시 직접 마련하시기를 기대한다. 이 구절은 창세 22장을 연상시키며, 입타의 딸이 '제물이 될 어린양'으로 선택된 것이 바로 하느님의 뜻이라는 사실을 암시한다. 특히 입타가 '남모르게' 맹세했으므로, 맹세의 내용을 아는 사람은 오직 입타와 하느님뿐이다. 그러므로 이 사건의 결과에 대한 책임은 입타가 아니라 하느님께로 넘겨진다.

이어 입타와 딸의 대면이 그려지며, 이야기는 판관기 내용에 따라 딸의 죽음까지 이어진다. 이때 판관기 본문의 여러 사건들은 그리스도의 십자가 죽음과 다양한 예형적 표상들을 통해 이어진다. 딸이 오랜 풍습에 따라 자기 아버지의 승리를 축하하러 나왔고, 그녀를 본 입타는 탄식하며 자기 옷을 찢는다. 차명 에프렘은 '사령관'인 입타의 찢겨진 옷을 그리스도가 죽임당한 날 찢어진 대사제의 옷과 연결짓는다.[38] 그리고 그리스도의 죽음으로 회당의 지배가 끝났다는 말은 그리스도의 십자가 죽음 이후 더 이상 유다인들의 전례가 유효하지 않게 되었음을 의미한다. 또 딸은 죽음을 받아들이지만, 두 달의 유예기간을 받는데, 이는 그리스도의 공생활 기간을 앞서 보여 주는 것으로 받아들여진다. 그리스도가 예루살렘의 운명을 두고 탄식한 것처럼, 딸은 자신의 운명을 두고 슬퍼한다. 두 달 간의 유예 기간 후 다시 딸은 입타에게로 돌아오는데, 이는 자신의 의지로 십자가 죽음을 맞이한 그리스도의 신비를 보여 준다. 또 딸이 죽음을 유예받은 두 달은 율법과 예언서의 시대를 의미하며, 그 시간이 지난 후에 딸이 죽은 것은 율법과 예언서의 시대가 끝나고 그리스도의 죽음이 이루어지리라는 것을 상징한다.

3.3. 『입타의 딸에 대한 소기타』

마지막으로 소개할 본문은 『입타의 딸에 대한 소기타』다. '소기타'는 등장인물들이 서로 대화를 나누며 이야기를 이끌어 나가는 형식을 취하고 있는데, 대

38 대사제의 옷이 찢어졌다는 구절은 그리스도가 빌라도에게 넘겨지기 전에 유다인들의 최고 의회에서 신문을 받을 때, 그리스도가 신성모독을 저질렀다고 말하며 대사제가 자기 옷을 찢은 사건을 가리킨다(마태 26,65; 마르 14,63).

화시편(dialogue poem)으로 번역할 수 있다. 시리아 문학의 독특한 장르이므로 여기서는 시리아어 그대로 '소기타'라고 부른다.

필사본에 따르면 이 작품의 저자는 '마르 이사악'으로 되어 있지만, 실제 이 작품이 그에게 소급되는지는 여전히 논쟁의 여지가 있으며, 실제 저자가 누구인지도 아직 명확히 알 수 없다.[39] 이 에세이에서는 차명 에프렘의 경우처럼 이 작품의 저자의 정체와는 상관없이 이 작품이 입타의 딸에 대한 시리아 주해 전통을 반영하고 있으므로, 분석 본문에 포함시켰다.

앞서 다룬 두 개의 작품들과는 달리 『소기타』는 입타의 맹세 대신 하느님께 올린 맹세를 지켜야 할 의무를 강조하며 시작한다. 『소기타』의 저자는 '위급한 순간에 한 맹세는 평안한 순간이 왔을 때 반드시 지켜야 한다'라고 경고한다. 입타가 하느님께 드린 맹세의 내용은 언급되지 않고, 그가 하느님의 도움을 확신하며 함께 싸우던 이들을 격려하는 말로 대체된다.[40] 이 작품의 저자에게 입타가 행한 맹세의 내용이나 그 의도는 중요하지 않으며, 그의 맹세는 오직 이야기의 발단을 제공하는 사건이자 하느님의 의도가 현실화될 수 있게 하는 계기로만 이해될 뿐이다.

본격적인 이야기는 입타가 돌아와 자신의 딸을 마주한 장면에서 시작된다. 입타가 승리를 거두고 돌아오자 딸은 기뻐하며 아버지를 맞으러 나간다. 하지만 입타는 딸의 모습을 보고 절망하며, 자신의 맹세를 딸에게도 알려 준다. 하지만 탄식하는 입타와는 달리 딸은 오히려 아버지의 말에 두려워하지 않고 "기뻐 뛴다."

그 소녀는 자기 아버지가 하는 이 말을 들었고,

39 Brock, "A Soghitha on the Daughter of Jephthah", 9.

40 Brock, "A Soghitha on the Daughter of Jephthah", 10, 12.

그녀는 즐거운 생각으로 가득하고, 그녀의 마음은 기쁨으로 가득 찼다네.
기뻐 뛰며, 그녀는 자기 아버지에게 대답하며 말하였네,
“나의 아버지, [아버지]께서 주님께 하신 맹세 때문에 슬퍼하지 마셔요.
누구도 [아버지]께 강요하지 않았고, [아버지]가 스스로 하신 일입니다.
[아버지 자신]의 입으로 언급하신 일인데, 어째서 원망하십니까?
아브라함이 한 일을 두고 [사람들]이 한 말을 듣지 못하셨나요?
[아브라함이] 그 어머니에게 알리지도 않고, 자기의 외아들을 데려갔을 때의 일이요.
하느님께서는 [이사악]을 평안히 자기 집으로 돌려보내시고,
산에서 어린 양이 생겨나 제물로 올려지게 되었습니다.
맹세하실 때는 제가 [아버지]를 맞으러 [나올] 줄은 모르셨겠지만,
저를 사랑하시는 하느님께서는 저를 그분을 위한 여종으로 만드셨습니다.
이 세상의 학대로부터 자유로워졌으니 저는 복됩니다,
저는 이제 저의 주님께 가렵니다, 봉인된 편지[처럼].”[41]

위 본문에 따르면, 앞서 다른 문헌들에서와 마찬가지로, 입타의 딸은 하느님에 ‘의해’ 희생 제물로 결정되었다. 입타는 이러한 결과를 전혀 예상하지 못했지만, 오히려 그의 무지는 하느님의 활동을 위한 공간을 제공한다. 나아가 『소기타』의 저자는 이 사건이 입타의 딸에게도 좋은 일일 뿐만 아니라, 그녀 역시 기쁘게 이를 받아들였다고 말한다. 그녀가 세상에서 겪을 수 있는 학대로부터 자유로워질 수 있기 때문이다. 여기서 학대로 번역한 단어는 ܨܥܪܐ로 하찮게 여겨지거나(마르 6,4), 모욕이나 부당한 취급을 당하는 것을 의미한다(루카 21,12; 요한 8,49; 사도 5,41; 1테살 2,2 등). 여기서 “이 세상의 학대”가 무엇을 의미

41 Brock, “A Soghitha on the Daughter of Jephthah”, 11.

하는지 명확히 알 수 없다. 다만 판관 11장에서 입타의 딸이 자신의 운명을 받아들이면서도 출산의 기회를 빼앗기고 처녀로 죽어야 하는 것에 슬퍼한 것과 달리, 『소기타』에서는 입타의 딸이 자신의 이른 죽음을 오히려 긍정적으로 해석한다는 점에서 '출산의 고통'을 언급하는 것으로 이해할 수도 있다.

이 작품에서도 입타의 딸의 죽음과 관련한 하느님의 역할이 보다 명확히 언급된다. 이는 딸의 언어를 통해 전달된다. 입타의 딸이 제물로 결정된 이유는 우연 또는 입타의 맹세 때문이 아니라, 하느님이 '직접' 그녀를 그분의 여종으로 삼으셨기 때문이다. 관련 구절은 루카 1,38과 1,48에서 등장하는 마리아의 노래를 연상시키는데,[42] 이는 입타의 딸의 죽음이 비극적인 사건이 아니라 '마리아의 아들 그리스도'를 통한 인류 구원의 예형이며, 하느님의 적극적인 개입을 암시하고 있음을 잘 보여 준다.

위에서 다룬 본문들은, 시리아 저자들은 자신들의 신정론과 예형론을 바탕으로 판관 11장의 사건을 이해했다는 것을 잘 보여 준다. 이야기의 맥락은 단순히 입타의 승리와 그 대가를 넘어, 인류 구원을 미리 보여 주는 상징적인 사건으로 확장된다. 이들의 해석의 특징은 다음과 같이 정리할 수 있다.

첫째, 입타에 대한 긍정적인 평가가 두드러지게 나타난다. 입타의 맹세는 어리석고 믿음이 부족한 인물의 성급한 행동이 아니라 진정한 믿음에서 비롯된 행위로 이해된다. 이를 위해 야고보와 차명 에프렘, 『소기타』의 저자는 입타의 출신과 처지에 대한 부정적인 정보를 제공하는 구절들은 주해에 포함시키지 않고, 모호한 하느님의 영의 역할을 암시하는 구절 역시 제외했다. 이들은 오직 입타의 맹세와 딸의 죽음을 해석하는 데 초점을 맞춘다.

둘째, 입타의 딸의 죽음은 사회적 약자가 감내해야 했던 소리 없는 희생

42 Brock, "A Soghitha on the Daughter of Jephthah", 14, n.24.

에서 그리스도의 인류 구원 과업을 미리 보여 주는 예시로 전환된다. 동시에 이 사건은 부당하게 여겨지는 사건에서도 하느님의 의도를 찾을 수 있다는 것을 보여 주는 예시로도 그려진다. 이들의 해석에서 하느님은 불의에 침묵하거나 동조한 무자비한 존재, 또는 관찰자가 아니라 입타의 딸의 죽음을 둘러싼 사건을 무대 뒤에서 관장한 적극적인 주체다. 이 사건을 두고 "하느님의 부재(The Absence of God)"를 말하며 그것이 "이 이야기가 지닌 비극성의 근원"이라고 말한 엑섬과[43] 달리, 시리아 저자들에게 이 사건은 '하느님의 부재'를 의미하지 않으며, 오히려 '개입'를 상징한다. 입타와, 이름도 알려지지 않은 약자 가운데 하나인 입타의 딸을 통해 그리스도를 통한 인류 구원이 앞서 드러났다.

셋째, 같은 맥락에서, 판관 11,29-40 해석에서 흔히 찾아볼 수 있는 입타와 그의 딸에게 주어지는 비판은 시리아 저자들의 작품에서는 찾아볼 수 없다. 성경 본문이 하느님의 역할에 대해 언급하지 않기 때문에, 이야기의 주체와 책임은 입타에게 주어져, 입타는 경솔한 아버지이자 믿음이 부족한 인물이라는 비판을 받았다. 하지만 시리아 저자들의 작품에서 입타의 모호한 맹세는 오히려 진정한 믿음의 결과이자 하느님의 개입을 불러오기 위한 시도로 해석되며, 이야기의 전개와 그 결과는 궁극적으로는 하느님의 주도 안에서 이루어진 것으로 이해된다. 마찬가지로, 입타의 딸 역시 더 이상 불의한 죽음을 받아들여야만 했던 사회적 약자, 불의에 저항하지 못했던 나약한 인물로 남아 있지 않다. 그녀는 하느님의 구원 사업의 동참자인 마리아의 예형으로 그려진다.

3.4. 시리아 저자들의 예형적 성경 주해: 비판과 수용

위에서 다룬 시리아 저자들의 판관 11장 해석의 특징들은 이들이 성경 본문

43 Exum, *Tragedy and Biblical Narratives*, 59.

을 읽을 때 어떤 시각으로 본문을 받아들였는가를 잘 보여 주는 예시다. 위와 같은 해석이 가능하게 한 것은 바로 시리아 저자들이 성경 본문을 쓰인 그대로 받아들이지 않고, 그 안에 담긴 하느님의 구원 의지를 찾으려 했기 때문이다. 이들은 성경을 읽을 때, 본문에 쓰여 있는 그대로 이해해서는 그 진정한 의미를 깨닫지 못한다고 보았다. 이를 보여 주는 예로 성경이 내포한 의미에 대한 에프렘의 견해를 들 수 있다. 그리피스는 에프렘의 창세기 주해 가운데 야곱의 축복에 관해 이야기하는 본문을 제시하며, 이것이 그가 지닌 성경의 다층적인 의미에 대한 관점을 보여 준다고 보았다. 그에 따르면, 에프렘은 성경 본문을 '문자적 의미'와 '영적 의미'로 구분하여, 한 본문에 대한 '두 가지 주해'를 제시한다.[44]

> 우리가 야곱의 축복의 '문자적 의미'를 이야기했으니, 이제 돌아가 그 영적 의미에 대해서도 이야기합시다. 우리는 문자적 의미에 대해 만족스러울 만큼 이야기하지 못했고 영적 의미에 대해서도 우리가 마땅히 해야 할 만큼 말하지 못할 것입니다. 우리가 문자적 의미에 대해서 충분하게 말하지 못했고, 영적 의미에 대해서도 너무 짧게 쓸 수밖에 없을 것이기 때문입니다.[45]

여기서는 에프렘의 견해를 예시로 들었지만, 이는 모든 시리아 저자들에게 적용될 수 있다. 위 본문에서 에프렘이 말하는 '영적 의미'를 가리키기 위해 시리아 저자들은 '신비', '예형', '예표', '상징' 등의 기술 용어들을 사용했다. 이들에 따르면, 구원의 신비는 이미 그리스도의 출현과 교회 설립 이전에 구

44 Griffith, *Faith Adoring the Mystery*, 33.

45 Griffith, *Faith Adoring the Mystery*, 33. 해당 본문은 Matthews et al., *St. Ephrem the Syrian: Selected Prose Works*, 209에서 옮겼다.

약성경에서 언급되는 사건들을 통해 '예형적이고 상징적인' 방식으로 드러난다. 곧, 신구약 성경은 인류 구원과 관련하여 계시들을 담은 책이라고도 할 수 있다. 하지만 이 계시들을 이해하기 위해서는 성경의 문자적 의미뿐만 아니라 영적 의미에 접근해야 한다. 또 이 경우, 성경의 자구 하나하나를 설명하려 하기보다는 그 안에서 드러나는 상징들의 의미를 파악하는 것이 필요하다. 입타의 딸의 죽음의 경우, 그녀의 죽음은 그리스도의 십자가 죽음을 통한 인류 구원을 상징적으로 보여 주지만,[46] 이는 본문 안에 담긴 영적 의미를 함께 읽을 때만 이해할 수 있다. 이러한 예형적 성경 해석은 교부들이 공통적으로 보이는 성경 해석 방식 중 하나지만, 특히 시리아 저자들의 작품에서 매우 두드러지게 나타난다.

오늘날 그리스도인들은 입타의 딸의 죽음과 관련한 시리아 저자들의 성경 해석을 어떻게 이해해야 하는가? 또 이들의 성경 해석은 현대의 독자들에게 영적으로 어떤 도움을 줄 수 있을까? 우리는 이들의 견해에서 어떤 이점을 찾을 수 있는가? 또 현대 신학자들의 예형적 성경 해석에 대한 시각은 어떠한가?

예형적 성경 해석은 이미 신약성경에서 찾아볼 수 있고, 중세까지는 교회 안에서 널리 받아들여졌다. 특히 동서방 교회 양쪽에서 초기 그리스도교 교부들의 작품들은 예형적 성경 해석을 보여 주는 좋은 예시들이다. 하지만 합리주의와 이성주의가 등장하고 과학적 성경 비평 방법론이 도입된 이후에는 본문 맥락과 동떨어져 있고 비논리적이며 교부 시대에나 사용되던 방식으로 폄하되었다.[47] 교파를 막론하고 역사비평에 익숙한 학자들은 예형적 해석

46 "만일 입타가 당신의 신비를 그리지 않았다면, 오, 주님 / 그의 희생 제사는 영광스럽게 받아들여지지 않았을 것입니다"(Harvey-Manor, *Jacob of Sarug's Homily on Jephthah's Daughter*, 15).

47 예형적 성경 해석에 대한 다양한 견해들은 Tkacz, "Typology Today"; Fabiny, "Typology: Pros and Cons in Biblical Hermeneutics and Literary Criticism"을 보라.

이 본문을 본래의 맥락과 분리하고, 특정 시각에 따라 저자가 의도한 것과는 전혀 다른 의미로 읽어낸다고 말한다. 20세기 말부터는 예형적 성경 해석이 '반유다주의적'이라는 비판도 생겨났다. 예형적 성경 해석을 내세우는 저자들, 특히 초기 그리스도교 교부들이 구약성경을 그리스도교의 시각에 따라 해석하면서 유다인들에 대한 부정적 시각을 자신들의 성경 해석에 반영했기 때문이다.[48]

판관 11,29-40의 예형적 해석에도 이와 비슷한 부정적 평가가 존재한다. 예를 들면, 로빈슨은 판관 11,29-40의 사건에 대한 다양한 주해들을 다루면서, 시리아 저자들이 제시하는 예형적 해석 역시 언급한다. 그는 아프라하트와 에프렘의 본문들, 그리고 입타의 딸의 죽음을 주제로 한 패널화와 성경 삽화 등을 예시로 들며, 입타와 그의 딸을 그리스도의 예형으로 해석하는 것이 비극적 이야기를 읽는 새로운 방식 중 하나가 될 수는 있다고 인정했다.[49] 하지만 그는 예형적 해석이 전통적으로 그리스도의 예형으로 여겨져 왔던 이사악의 여성 대응점(counterpart)으로 입타의 딸을 제시했다는 점에서 여성 신학계의 관심을 끌 수도 있겠지만, 이러한 성경 읽기는 본문의 맥락을 벗어난 것이라고 비판한다.[50] 또한 그는 히브리서 저자가 구약성경에 등장하는 믿음을 지닌 인물들 중 하나로 입타를 언급(히브 11,32)한 사실을 설명할 때, 입타가 긍정적으로 평가된 것은 그의 용맹함과 전공 때문이지, 그가 딸을 바친 일 때문이

48 Ramshaw, "The First Treatment in Christian Lectionaries."

49 Robinson, "The Story of Jephthah and his Daughter: Then and Now", 345-346.

50 Robinson, "The Story of Jephthah and his Daughter: Then and Now", 346: "… 하지만 나에게 이는 매우 오류가 있는 방식으로 보이는데, 이 [해석]은 이야기의 본래 의미(문자적 의미)에서 나왔다기보다는 그에 반하는(go against) 것이기 때문이다. 창세기에서 아브라함이 시도했지만 결국 무산되고 만(abortive) 희생 제사는 믿음에서 비롯된 행위로 그려지지만, 판관기에서 입타의 희생 제사는 '부족한 믿음(insufficient faith)'의 결과물로 암시된다."

아니었다고 본다.[51] 또 그는 아우구스티누스를 인용하며, 하느님이 이 사건이 일어나게 하신 것은 이 사건이 성급한 맹세를 방지하기 위한 반면교사로 사용하려 하셨기 때문이라고 보았다. 하느님이 입타의 딸의 죽음을 후대를 향한 경고가 되게 하셨다는 해석은 대부분의 다른 초기 서방 교회 저자들이 지닌 견해이기도 하다.

하지만 위의 비판들에도 불구하고 앞서 다룬 시리아 저자들의 성경 해석은 단순한 성경 해석의 범주와 타당성에 대한 논의를 넘어 현대의 독자들에게 여러 이점을 줄 수 있다. 우선 이들의 해석을 통해 시리아학과 성경 비평 역사에 관심을 가진 독자들은 초기 시리아 교회 그리스도인들이 가졌던 성경 이해의 특징들을 알 수 있다. 시리아 그리스도인들은 셈계 문화와 언어를 바탕으로 자신들의 고유한 그리스도교 전통을 정립하고 발전시켰는데, 이들이 사용한 시리아어 성경들과 성경 주해들은 이를 보여 주는 가장 좋은 증거들이다.

또한 이들의 해석은 성경 본문의 영적 의미를 찾고자 하는 이들, 특히 전문가들뿐만 아니라 평신도들에게 도움을 줄 수 있다. 이와 관련하여 『교부들의 성경 주해』 시리즈의 머리말에 실린 교부들의 저술에 대한 오든의 언급은 시리아 저자들의 성경 해석에도 적용될 수 있다. 『교부들의 성경 주해』의 책임편집자 오든은 이 시리즈를 펴내며, 염두에 둔 독자층에 대해 다음과 같이 말한다: "총서는 일차적으로는 사목자들을 대상으로 하지만, 보통은 성경 본문의 분명한 의미와 신학적 지혜, 도덕적 영적 의미를 초대교회가 어떻게 숙고하였는지 알고자 하는 수많은 평신도를 그 대상으로 삼는다"[52] 또한 그는 성경 본문을 바라보는 교부들의 시선이 실제로 평신도들을 지도하는 사목자들에게도 도움이 될 수 있다는 점을 시사한다.[53] 이 에세이에서 다룬 시리아 저

51 Robinson, "The Story of Jephthah and his Daughter: Then and Now", 346.

52 오든, "머리말", 20.

자들의 저술들 역시 같은 관점에서 현대의 그리스도인들에게 도움을 줄 수 있다. 이들의 작품들에 포함된 입타의 딸의 죽음에 대한 해석은 해당 본문에 대한 이 저자들의 신학적 성찰을 제공하며 동시에 사목자로서 이들이 시리아 교회의 그리스도인들에게 어떤 메시지를 전하고자 했는지 알 수 있게 해 준다. 이들의 해석은 시간·문화적 간극을 넘어 성경의 사건들에서 하느님의 뜻을 찾고자 하는 이들이 영적으로 성장하는 데 도움을 줄 수 있을 것이다.[54]

논의를 마치기 전에 한 가지를 더 언급하고자 한다. 약자의 죽음과 희생에 대한 시리아 저자들의 예형적 성경 해석은 입타의 딸의 경우에만 국한되지 않는다. 이들의 운문 강론들과 성경 주해들, 찬가 등을 통해 우리는 시리아 저자들이 입타의 딸뿐만 아니라 이름 없이 스쳐 지나가는 성경의 어린이들과 여성들의 고통에 절대 무관심하지 않았음을 알 수 있다. 입타의 딸 이외에도 유다의 며느리였던 타마르, 예수님의 발에 향유를 부은 죄를 지은 여인, 이방인이었던 사마리아 여인, 어린 이사악, 헤로데에게 살해당한 죄없는 아기들에 이르기까지 고통을 겪었거나 억울하게 죽어간 무고한 생명들은 시리아 저자들의 작품 속에서 그리스도의 예형이자 구원의 보증으로 재해석되어 등장한다.[55] 이들의 고통과 죽음은 단순한 비극이 아니라 인류 구원 역사 안에서 하느님의 구원 의지를 앞서 보여 주는 사건들이다.

53 오든, "머리말", 21 참조.

54 영적 성장에 대한 견해는 오든, "머리말", 21 참조.

55 시리아 저자들의 여러 운문 강론들과 동방 시리아 교회의 시간 전례서(Hudra)에서 이러한 예시들을 찾아볼 수 있다. 해당 작품들에 대한 자세한 정보는 다음을 참고하라: Brock, "Jacob of Sarug's Verse Homily on Tamar(Gen 38)"; idem, "Christ 'the Hostage': A Theme in the East Syriac Liturgical Tradition and Its Origins"; Johnson, *Jacob of Sarug's Homily on the Sinful Woman*; McVey, *Ephrem the Syrian: Hymns*, 354-364.

4. 나가는 말

지금까지 우리는 사룩의 야고보의 『입타의 딸에 대한 운문 강론』과 『세베루스의 카테나』에 실린 차명 에프렘의 판관 11장 주해를 통해 시리아 저자들이 입타의 딸의 죽음을 어떻게 해석했는지 살펴보았다. 이들은 자신들의 성경 주해 전통에 따라 이 사건을 '예형적'으로 이해했는데, 이때 입타의 딸의 죽음은 현대 독자들이 받아들이는 것처럼 약자의 무고한 죽음이 아니라, 하느님의 의도를 반영한 사건으로 이해된다. 몇몇 독자들은 이 이야기에서 '하느님의 부재'를 지적하지만, 시리아 저자들은 오히려 입타와 그의 딸의 행동에서 하느님의 숨겨진 의도를 찾아낸다. 판관 11장의 관점에서 볼 때, 입타의 딸의 죽음은 분명히 비극적인 사건이었다. 이스라엘의 딸들이 그녀의 죽음을 두고 애도하는 풍습이 생겨난 것도 이 사건의 비극적인 성격을 보여 준다. 하지만 예형적 해석을 통해 무고한 젊은 처녀의 죽음은 인류 구원이라는 좀 더 큰 사건을 위한 신비로 재해석된다. 동시에 경솔한 아버지는 믿음의 인물로, 딸은 죽임당하는 희생자에서 죽음을 이긴 그리스도의 예형으로 전환되며, 하느님의 역할은 침묵하는 방관자에서 적극적인 개입자로 뒤바뀐다. 오늘날의 독자들은 이들의 해석을 통해 성경의 사건들, 심지어 비극적이고 불의하게 보이는 사건들 안에서도 하느님의 섭리를 찾으려는 시리아 저자들의 노력을 엿볼 수 있을 것이다.

5. 참고 문헌

성경

The Leiden Peshitta (Peshitta Institute Leiden 2008).

시리아 문헌

사룩의 야고보의 『세상 창조에 대한 운문 강론』

Matthews, E., *Jacob of Sarug's Homily on the Fashioning of Creation* (Gorgias 2022).

사룩의 야고보의 『입타의 딸에 대한 운문 강론』

Bedjan, P., *Homiliae Selectae Mar-Jacobi Sarugensis vol. 5* (Harrassowitz 1905).

Harvey, S.-O. Münz Manor, *Jacob of Sarug's Homily on Jephthah's Daughter* (Gorgias 2009).

사룩의 야고보의 『타마르에 대한 운문 강론』

Brock, S., "Jacob of Serugh's Verse Homily on Tamar(Gen 38)", *Le Muséon 115* (2002), 279-315.

『세베루스의 카테나』

Benedictus, P., *Santi Patris Nostri Ephraem Syri Opera Omnia quae Exstant, vol. 1* (Rome 1737).

『입타의 딸에 대한 소기타』

Brock, S., "A Soghitha on the Daughter of Jephthah, by Isaac", *Hugoye: Journal of Syriac Studies 14* (2003), 3-26.

일반 문헌

Boyd, G., *Crucifixion of the Worrior God: Interpreting the Old Testament's Violet Portraits of Gog in Light of the Cross, vol. 1* (Fortress Press 2017).

Brock, S., *The Luminous Eyes: The Spiritual World of Saint Ephrem the Syrian* (Cistercian Publications 1985).

________, "Christ 'the Hostage': A Theme in the East Syriac Liturgical Tradition and Its Origins", H. Brennecke et al. (eds.), *Logos: Festshrift für Luise Abramowski zum 8.Juli 1993* (De Gruyter 1993), 472-485.

Doefler, M., *Jephthah's Daughter, Sarah's Son: The Death of Children in Late Antiquity* (University of California Press 2020).

Exum, C., *Tragedy and Biblical Narratives: Arrows of the Almighty* (Cambridge University Press 1996).

Fabiny, T., "Typology: Pros and Cons in Biblical Hermeneutics and Literary Criticism", *Rlice Revista de Filología Hispánica 25* (2009), 138-152.

Fuchs, E., "Marginalization, Ambiguity, Silencing: The Story of Jephthah's Daughter", *Journal of Feminist Studies in Religion 5* (1989), 35-45.

Griffith, S., *Faith Adoring the Mystery: Reading the Bible with St. Ephraem the Syrian* (Marquette University Press 1997).

Ter Har Romeny, B., "The Identity Formation of Syrian Orthodox Christians as Reflected in Two Exegetical Collections", *Parole de l'Orient 29* (2004), 103-121.

Harvey, S., "Bride of Blood, Bride of Light: Biblical Women as Images of Church in Jacob of Sarug", G. Kiraz (ed.), *Malphono w-Rabo d-Malphone: Studies in Honor of Sebastian P. Brock* (Gorgias 2008), 177-204.

Johnson, S., *Jacob of Sarug's Homily on the Sinful Woman* (Gorgias 2013).

McVey, K., *Ephrem the Syrian: Hymns* (Paulist Press 1989).

Marcos, N., "Jephthah's Daughter in the Old Greek(Judges 11:29–40)", W. Kraus, M. Karrer (ed.), *Die Septuaginta - Texte, Theologien, Einflüsse. 2* (Mohr Siebeck 2010), 478-488.

Matthews, E., Amar, J., McVey, K., *St. Ephrem the Syrian: Selected Prose Works* (Catholic University of America Press 1994).

Ramshaw, G., "The First Treatment in Christian Lectionaries", *Worship 64* (1990), 494-510.

Robinson, B., "The Story of Jephthah and his Daughter: Then and Now", *Biblia 85* (2004), 331-348.

Römer, T., Bauks, M., Baumgarten, E., Zucker, D., Swindell, A., Page, M., "Jephthah's Daughter", *Encyclopedia of the Bible and its Reception vol. 13* (Walter de Gruyter 2016), 889-901.

Thompson, J., *Writing the Wrongs: Women of the Old Testament among Biblical Commentators from Philo through Reformation* (Oxford 2001).

Tkacz, C., "Women as Type of Christ: Susanna and Jephthah's Daugther", *Gregoriarum 85* (2004), 278-311.

________, "Typology Today", *The Blackfriars 88* (2007), 564-580.

Trible, P., *Text of Terror: Literary-Feminist Readings of Biblical Narratives* (Fortress Press 1984).

Webb, B., *The Book of Judges* (NICOT; Eerdmans 2012).

김선영, “정결과 부정에서 죄와 치유로: 시리아 저자들의 레위 13—14장 해석”, 『말씀의 육화와 성경의 올바른 해석』 (한님성서연구소 2023), 104-128.

배희숙, “입다의 서원과 입다의 딸의 희생의 의의(삿 10-11장)”, 『장신논단』 55 (2023), 157-184.

오든, 토머스 C., “머리말”, 존 프랭크 엮음, 『교부들의 성경 주해: 구약성경 IV』, 노성기 옮김 (분도출판사 2017), 15-38.

이윤경, “르네 지라르의 희생양 메커니즘으로 읽는 입다의 딸 이야기”, 『구약논단』 19 (2013), 96-122.

프랭크, 존 엮음, 『교부들의 성경 주해: 구약성경 IV』, 노성기 옮김 (분도출판사 2017).

강선남

고통과 기쁨의 연대: 바오로의 공동체 이해

— 1코린 12,12-26과 2코린 8,1-15를 중심으로

I. 시작하는 말

바오로는 코린토 1서 12장에서 교회를 여러 지체로 구성된 하나의 몸으로 비유하는 '몸 은유'(body metaphor)를 사용하며 신자들 사이의 일치를 권고한다. 그런데 사회집단의 자연적 성질을 설명하기 위해 몸을 은유로 사용한 사람이 바오로가 처음이 아니다.[1] 고대 정치사상에서 국가나 사회집단을 '인간의 몸'에 비유하는 은유는 보편적이어서 바오로 당시 그리스-로마 세계에서도 종종 발견되고,[2] 특히 스토아 정치철학에서 잘 알려져 있다.[3] 로마제국 시대의 치체로(Cicero)나[4] 세네카(Seneca)[5] 같은 저술가들은 시민을 한 몸의 지체로 묘사하면서 사회의 조화와 일치를 강조하였다. 바오로 역시 코린토 교회가 내부 갈등과 분열을 겪는 상황에서 '몸 은유'를 통해 신자들 사이의 다양성을 인정하는(12절a. 14-21절) 동시에 일치를(12절b. 22-26절) 요청한다. 그는 하느님께서 '지체들이 서로 똑같이 돌보게 하셨습니다'(25절)라고 하여 지체들 곧 신자들 사이의 '상

---

1 Ciampa/Rosner, *The First Letter to the Corinthians*, 590. "The human body has always been used as a literary image for society.": Collins, *First Corinthians*, 458.

2 Zimmermann, "The body fables in Babrius, Fab. 134 and 1 Corinthians 12: Hierarcic or democratic leadership in crisis management?", 1-2; Garland, *1 Corinthians*, 592-593.

3 Conzelmann, *1 Corinthians*, 211; Horsley, *1 Corinthians*, 171; Brookins, "Paul and the Ancient Body Metaphor: Reassessing Parallels", 77.

4 치체로는 몸의 각 부분의 상호의존성을 이야기하는데, 인간의 몸을 사회와 비교하면서 동료 시민들 사이의 갈등과 탐욕을 경고한다. Cicero, *De Officiis* 3.5.22: Smith, "Why Paul's Fabulous Body is Missing its Belly: The Rhetorical Subversion of Menenius Agrippa's Fable in 1Corinthians 12.12-30", 156에서 재인용.

5 세네카 역시 동료 시민들 사이의 상호 보호와 사랑으로 사회의 붕괴를 막을 수 있다고 주장한다. Seneca, *De ira* 2.31.7: Smith, "Why Paul's Fabulous Body is Missing its Belly", 156에서 재인용.

호돌봄'을 강조하는 한편, '한 지체가 고통을 겪으면 모든 지체가 함께 고통을 겪고, 한 지체가 영광을 받으면 모든 지체가 함께 기뻐합니다'(26절)라는[6] 말을 통하여 공동체원들의 연대를 권고한다. 그런데 여기에서 주목할 점은 바오로의 이러한 공동체 개념, 곧 다양성에 기초한 일치와 상호돌봄, 고통과 기쁨의 연대라는 시각은 당시 사회 정치철학의 이해와는 다를 수 있다는 것이다. 예를 들어, 로마제국은 국가를 하나의 몸으로 보고 황제나 원로원을 몸의 중심부인 '머리' 또는 '심장'에 견주는 비유를 사용하는데, 이것은 '다양성 가운데에서의 통일'을 말하면서 기존의 권력 계층 구도를 정당화하는 은유 역할을 하였다. 이런 점에서 바오로의 교회 공동체 이해는 로마제국의 사회 정치질서와 대조되는 것으로 보인다.

한편 바오로의 선교여행에서 중요한 부분을 차지한 '헌금 모금'에 관한 주제가 자세하게 다루어진 곳은 코린토 2서 8—9장인데, 코린토 1서 12장과 마찬가지로 여기에서도 '일치와 상호돌봄', '고통과 기쁨의 연대'라는 주제를 읽을 수 있다. 코린토 1서가 지역 공동체 내부의 문제라면, 코린토 2서는 지역 공동체들 사이의 문제를 다루고 있는데, 바오로는 여기에서 상대적으로 부유한 이민족 교회가 가난한 예루살렘 교회를 도울 것을 권고한다. '다른 이들에게는 편안함을, 여러분에게는 괴로움을 주려는 것이 아니라, 균형을 위한 것입니다. 지금 시간에 여러분의 여유가 그들의 궁핍을 채워주어 (나중에) 그들의 여유가 여러분의 궁핍을 채워준다면, 그렇게 균형을 이루는 것입니다'(8,13-14). 이어서 이러한 권고의 기초를 탈출 16,18에서 가져온다. '(이것은 성경에) 기록된 대로입니다. '많이 거둔 이도 남지 않고 적게 거둔 이도 모자라지 않았다"(2코린 8,15). 탈출기 인용문은 이스라엘 민족이 광야를 지나면서 주님이 내려주신 만나로 배고픔을 해결했던 이야기의 한 구절이다. 이 '만나 이야기'는 그리

6 성경 본문의 우리말 번역의 ' ' 인용은 필자의 번역, " " 인용은 『성경』(cbck)의 직접인용이다.

스도인들에게 잘 알려진 이야기로 신약성경에도 나오지만, 탈출기 16장의 만나 이야기 가운데 직접 인용된 구절은 코린토 2서 8장 15절에 나오는 탈출기 16장 18절이 유일하다.[7] 이처럼 바오로는 헌금 권고를 통해 지역 공동체 사이의 연대를 '서로의 궁핍을 채워주어 균형을 이루는 것'이라고 말하여, 만나 이야기를 '인간 사이의 균등한 분배'라고 읽는 자신의 이해를 엿볼 수 있게 한다.

1. 선행연구

위에서 본 것처럼 코린토 1서와 2서 연구 본문에는 공동체 내부와 지역 공동체 사이의 일치와 상호돌봄이라는 주제가 병행하며, '고통과 기쁨을 함께 나누는' 바오로의 공동체 이해를 보여 준다고 할 수 있다.

관련 본문에 관한 기존 연구는 각각의 본문을 독립적으로 다루면서 그 의미에 초점을 둔다. 코린토 1서의 경우는 코린토 교회 상황을 비교적 간략히 분석하고, 당시 세속사회, 그리스-로마 세계의 정치철학 사상과 글에 나타나는 '몸과 지체' 은유 본문과 대조하며 차이점을 주로 강조한다. 이를 통하여 그리스 시민사회나 로마제국과 비교되는 바오로의 급진적인 공동체 또는 대안적 공동체 개념을 집중 조명한다.[8] 이러한 연구들은 상세한 비교 분석과 창조

7 신약성경 다른 곳에서는 '암시문'(탈출 16,4: 마태 5,34; 1코린 10,3. 탈출 16,7: 2코린 3,18. 탈출 16,15: 요한 6,31. 탈출 16,33: 히브 9,4, 탈출 16,35: 사도 13,18; 1코린 10,3)이 나온다. Aland, *The Greek New Testament*, 892. 그리고 이들 암시문은 광야 생활 동안 배고픔에 불평하는 이스라엘과 하느님께서 그들의 불평을 들으시고 내려주신 '하늘 양식', '영적 양식'을 이야기한다(1코린 10,3; 히브 9,4). 또는 광야에서 하느님께서 내려주신 육신의 양식인 만나와 예수가 주는 영원한 생명의 양식을 비교하는 데 나오기도 한다(요한 6,31).

8 예를 들어, Kim Youg Suk, *Christ's Body in Corinth: The Politics of a Metaphor*는 바오로의 몸 은유가 권력과 계층구조를 재편하는 정치적 은유라는 점을 상세히 논증한다. Wright, *Paul and the Faithfulness of God*는 코린토 1서 12장의 '교회의 몸' 주제는 로마의 황제 중심

적인 연구 결과를 보여 주었지만, 지역교회인 당시 코린토 교회 상황에서 비롯된 바오로의 권고를 지나치게 정치적인 것으로 일반화하는 위험성을 내포한 것으로 보인다. 다양성에 기초한 일치를 권고하며 '함께 고통받고 기뻐하는' 바오로의 공동체 개념에 집중한 연구는 드물다.

한편 코린토 2서 본문 연구는 바오로의 헌금 활동의 신학적 의미와 그 목적에 주로 초점을 두고 접근한다.[9] 그러나 코린토 교회와 예루살렘 교회의 상호돌봄이라는 주제와 이 본문에서 바오로가 인용한 탈출기 만나 이야기의 의미와 역할을 진지하게 다룬 연구는 거의 없다.

무엇보다 두 본문의 통합적인 주제와 의미에 집중하여 '지역 공동체 내부'와 '지역 공동체들 사이'의 문제를 다루는 두 본문에 병행하는 바오로의 공동체 개념과 그의 가르침에 접근한 연구는 없다.

2. 연구 본문과 연구 목표

본 연구에서 다룰 성경 본문은 '교회의 몸 은유'가 나오는 1코린 12,12-26과 헌금 권고 단락에서 구체적으로 헌금의 의의를 설명하는 2코린 8,1-15, 그리고 2코린에서 인용된 탈출 16,18이다. 그리고 이와 관련 있는 고대 그리스-로마 문헌 등을 살펴볼 것이다.

본 연구는 1코린 12,12-26과 2코린 8,1-15에서 드러나는 '고통과 기쁨의

의 '팍스 로마나' 대신 그리스도 안에서의 통합을 제시한다고 주장한다.

9 예를 들어, 최영숙, "화해를 향한 바울의 몸짓 - 예루살렘 초대교회를 위한 구제헌금" 논문이 있다. 헌금 문제를 사회-문화적 관점에서 다룬 연구로는 다음을 보라. 왕인성, "바울의 헌금 사역에 대한 사회-문화적 접근. - 바울, 예루살렘 교회, 바울서신 수신자들과의 관계성을 중심으로."

연대'라는 바오로의 공동체 개념과 그 의미를 살펴본다. 연구주제를 '고통'의 문제로 제한하지 않고 '고통과 기쁨'으로 확장한 까닭은 고통이나 기쁨 모두는 손쉽게 공유되지 않을 수 있다고 생각하기 때문이다. 다양한 사람들이 모인 집단에서 저마다의 이해관계를 벗어나 진심으로 다른 사람의 고통과 기쁨에 공감하고 함께하는 일은 쉽지 않다. '강자의 기쁨'과 '약자의 고통'은 종종 '그들만의 세상'에 자리하고 있다. 이러한 전제에서 바오로의 가르침이 요청하는 바를 성찰하는 일은 유의미할 것이다.

연구는 다음과 같이 진행된다. 첫째, 코린토 1서에서 '몸 은유'를 사용하여 다양성에 기초한 일치와 고통과 기쁨의 연대를 강조하는 바오로의 공동체 개념을 동시대의 정치철학이나 사회의 '몸 은유' 사용과 목적을 비교하며 그 의미에 접근하겠다. 둘째, 코린토 2서에서 헌금을 권고하며 지역교회들 사이의 상호돌봄과 균형을 요청하는 내용을 만나 이야기 인용문과 함께 살펴보며 이들 사이의 연대와 나눔의 의미를 살펴보겠다. 셋째, 두 본문의 통합적인 읽기에서 드러나는 그리스도교 공동체에 관한 바오로의 가르침에 주목하며, '함께 고통을 겪고 함께 기뻐하는' 공동체의 의미를 고찰한다.

II. 연구 본문 1

1. 1코린 12,12-26

바오로는 12장 1-3절에서 성령의 은사라는 새로운 주제를 소개한 뒤, 4-11절에서는 신자들이 한 분이신 같은 성령에게서 받은 여러 은사를 공동의 선을 위한 것이라고 한다. 이어서 앞에서 제시한 개념, 일치 안에서의 다양성을 설명하기 위해 바오로는 당시 보편적으로 사용된 은유를 코린토 교회 상황에 적용한다. 교회를 인간의 '몸'(σῶμα)에 비유하고 몸인 교회를 이루는 공동체 구성원들을 '지체들'(μέλη)로 표현하며(12-14절) 각 지체의 다양성(15-20절)과 지체 사이의 일치와 상호의존성(21-26절)을 주장한다. 코린토 교회는 공동체 내부의 분열, 곧 분파와 여러 사회계층 출신 신자들 사이의 갈등과 서로 다른 은사 문제 등으로 분열이 심각했던 것 같다(1코린 1,10-13; 11,17-34; 12,4-11; 12,27-31 등 참조). 이에 바오로는 이 단락에서 교회 내부 분열의 문제와 이에 대한 성찰의 가르침을 '몸과 지체'라는 은유를 들어 전한다. 이는 다음과 같이 세 단계에 걸쳐 전개된다.

1.1. 몸과 지체(12-14절)

바오로는 여기에서 교회와 신자들을 몸과 지체로 비유하며 신자들의 일치를 전제하는 동시에 신자들 사이의 다양성에 대해서도 말한다(12절). '몸은 하나이지만 많은 지체가 있는 것처럼 몸의 지체는 많지만 모두 한 몸이기 때문입니다'(Καθάπερ γὰρ τὸ σῶμα ἕν ἐστιν καὶ μέλη πολλὰ ἔχει, πάντα δὲ τὰ μέλη τοῦ σώματος πολλὰ ὄντα ἕν ἐστιν σῶμα). 그런데 바오로가 여기에서 사용한 '몸의 이미지'(body image), 곧 인간 집단을 몸에 비유하는 접근법은 고대사회에서 널리 알려진 것이므로, 코린토 교회도 이를 잘 알고 있었을 것으로 보인다.[10] 그리고 12절 후반부에서는 "그리스도께서도 그러하십니다"(οὕτως καὶ ὁ Χριστός)라고 하여, 바오로가 여기에서 '그리스도의 몸'으로서의 교회를 말하고 있음을 알 수 있다.[11]

---

10 Fee, *The First Epistle to the Corinthians*, 667. 이와 관련된 구체적인 논의는 아래에서 상세하게 다루겠다.

11 "여기에서 '그리스도께서도 그러하십니다'보다는 '교회도 그러합니다'라는 말이 더 자연스러울 수 있지만, 이것은 12,27의 '여러분은 그리스도의 몸이고 한 사람 한 사람이 그 지체입니다'라는 표현과 함께 이해할 수 있다." Conzelmann, *1 Corinthians*, 212; "그는 '주님의 만

이어 바오로는 많은 지체가 어떻게 하나의 몸(그리스도)을 이루는지를 설명한다(13절). '우리는 유다인이든 그리스인이든 종이든 자유인이든 모두 한 성령 안에서 세례를 받아 한 몸이 되었기 때문입니다'(καὶ γὰρ ἐν ἑνὶ πνεύματι ἡμεῖς πάντες εἰς ἓν σῶμα ἐβαπτίσθημεν …). 코린토 신자들을 '한 몸'으로 만든 것은 여러 가지 은사로 드러난(1코린 12,4-11) 성령의 경험이었다. 갈라 3,28이 '유다인도 그리스인도 없고 종도 자유인도 없으며, 남자와 여자도 없습니다. 여러분은 모두 그리스도 예수님 안에서 하나입니다'라고 주장했다면, 코린토 1서 12장은 '유다인과 그리스인, 종과 자유인'을 하나의 몸을 형성하는 다양한 사람들로 묘사한다.[12] 갈라 3,28과 달리 '남자와 여자'라는 성(性) 구분 범주를 가리키는 쌍이 여기에 없는 것은 코린토 교회의 주요한 분열이 사회적인 범주에 있음을 암시하고,[13] '하나'(ἓν)와 '모두'(πάντες)라는 단어의 반복적 사용은 교회 내부 신자들의 분열에 대한 부정적 반응의 표현이라 할 수 있다.

14절은 12절에서 선언한 명제를 다시 한 번 명시적으로 선언('사실 몸은 한 지체가 아니라 많은 지체로 되어있습니다.')하고, 이어지는 대목에서는 신자들 사이의 다양성이라는 개념으로 초점이 이동하는데 주된 관심은 '여러 지체'에 있다.[14]

찬' 이야기에서 처음으로('그리스도의 몸' 10,17), 그리고 다시 사용된('주님의 몸' 11,29) '그리스도의 몸'으로서의 교회의 이미지를 또다시 끌어온다." Fee, *The First Epistle to the Corinthians*, 668. "또한 이 대목에서 '그리스도'에 관한 언급은 서간 앞부분에서 바오로가 코린토 신자들에게 '그리스도께서 갈라지셨다는 말입니까?'(1,13)라고 한 말을 떠올리게 한다. 코린토 교회의 분열을 염두에 둔 사도의 논의임을 짐작할 수 있다." Garland, *1 Corinthians*, 590.

12 Horsley, *1 Corinthians*, 171.

13 Garland, *1 Corinthians*, 592. 이와 다른 견해로는, 바오로가 1코린 11,2-16에서 다룬 '교회의 전례 때에 여자들이 가져야 하는 자세'라는 문제를 더 심화시킬 수 있다는 염려 때문에 이를 피한 것으로 보는 것이다. Hays, *First Corinthians*, 214.

14 Fee, *The First Epistle to the Corinthians*, 673.

1.2. 하나인 몸과 다양성(15-20절)

이 대목에서 바오로는 '몸 은유', 달리 말하자면 하나의 '우화'를[15] 통해 각각의 지체는 몸의 한 부분이라는 점을 강조한다. 신체 부위를 의인화하여, 발과 손, 그리고 감각기관인 귀와 눈 사이의 대화 형식을 가져와 자신의 논지를 펼친다(15-16절). '발이 '나는 손이 아니니 몸에 속하지 않는다'라고 말한다 해서, 몸에 속하지 않는 것이 아닙니다. 또 귀가 '나는 눈이 아니니 몸에 속하지 않는다'라고 말한다 해서, 몸에 속하지 않는 것이 아닙니다.' 이어서 자명한 대답이 예상되는 두 개의 수사학적 질문이 뒤따른다. '온몸이 눈이라면 듣는 일은 어디에서 (하겠습니까)? 온몸이 듣는 것뿐이면 냄새 맡는 일은 어디에서?'(17절) '모두 한 지체로 되어 있다면 몸은 어디에 (있겠습니까)?'(19절)[16] 몸이 온전히 기능하려면 눈 또는 귀만이 아니라 코도 필요하고, 여러 지체의 고유한 역할이 수행되어야 한다. 어느 지체도 다른 지체를 무시할 수 없다는 말이다.

그러면 이 우화는 교회의 누구를 향하고 있는가? 바오로는 코린토의 서로 다른 사회계층 출신 사람들 사이의 갈등,[17] 또는 그들이 받은 은사들 사이의

---

15 '우화'(fable)와 '비유'(parable)라는 장르를 엄격하게 구분하여, 신약성경에서 유일한 우화는 코린토 1서 12,12-30 본문이라는 주장이 있다. "허구성을 지님에도 비유는 현실적 상황을 만들어내지만, 대다수 우화는 가능한 세계 바깥의 이야기다. 몸과 지체와의 대화가 들어있는 교회의 몸에 관한 바오로의 이야기 역시 인간 경험을 넘어선다." Zimmermann, "Fable III. NT", 650.

16 19절의 '몸은 어디에 (있겠습니까)?'(ποῦ τὸ σῶμα;)라는 말은 '여전히 몸이라고 할 수 있겠습니까?'라는 의미로 읽을 수 있다.

17 Fee, *The First Epistle to the Corinthians*, 678는 코린토 신자들이 받은 일부 은사를 더 영예로운 것으로 간주하는 상황보다는 신자들 사이의 갈등, 곧 일부 신자들이 자신을 다른 이들에 비해 우월하다고 생각하는 그런 태도를 암시하는 것으로 본다. 그리고 이러한 태도가 연구 본문 앞에 자리한 '주님의 만찬'(11,17-34) 이야기에서 잘 드러난다고 주장한다. '가진 것 있는 사람'은 주님의 만찬에서 '가진 것 없는 사람'을 부끄럽게 하고 하느님의 교회를 업

계층화[18] 가운데 무엇을 마음에 두고 있을까? 이 둘 가운데 어느 한쪽을 강조하는 견해도 있지만, 더 넓은 의미로 읽는 것이 좋겠다. 가깝게는 '영의 은사들'을 다루는 연구 본문 전후 단락(12,4-11과 12,27-30), 조금 멀게는 '주님의 만찬' 자리에서 서로를 존중하라는 가르침을 주는 단락(11,17-34), 그리고 더 멀게는 '분파'에 관한 언급(1,10-13)도 이 우화의 배경으로 볼 수 있기 때문이다.[19] 이것을 통해, 바오로는 교회의 몸에는 중요하지 않은 '사람'이나 '은사'가 없다는 점을 강조하는 것으로 보인다.

그리고 바오로는 이러한 몸의 다양성은 하느님 자신의 설계에 따른 것이라고 말하는데('하느님께서는 당신이 원하시는 대로 각각의 지체들을 그 몸에 만들어 놓으셨습니다' 18절),[20] 여러 지체가 있는 것은 몸의 온전한 기능을 위해서만이 아니라, 하느님의 뜻이기도 하다는 말이다.[21]

이렇게 15-19절에서 교회에 관한 이해의 초점이 다양성에 놓였다면, 20절에서는 다시 일치의 개념으로 이동한다. 다양성 그 자체가 아니라, 지체들 사이의 필요한 일치 안에서 각각의 역할을 말하는 것이 바오로의 목적이기 때문이다.[22] '지체는 많지만, 몸은 하나입니다'(20절).

신여긴다(11,21-22).

18 Garland, *1 Corinthians*, 592; Dains, "Paul's Use of the Analogy of the Body of Christ", 73. 연구 본문 전후 단락에(12,4-11과 12,27-30) 비추어, 바오로가 여기에서, 개인의 서로 다른 영적인 경험을 계급 구분을 구축하는 토대로 삼아 영적 계급화를 통해 다른 사람보다 자신을 높이려는 태도를 지적하는 것으로 본다.

19 사회 계층화와 은사의 계층화 사이에는 협력관계가 성립된다는 점이 지적되기도 한다. Ciampa/Rosner, *The First Letter to the Corinthians*, 605.

20 Fee, *The First Epistle to the Corinthians*, 675.

21 Conzelmann, *1 Corinthians*, 213.

22 "Paul uses the image of the body as pagan moralists do, to suggest that differentiation does not compromise but promotes the unity of the group, so long as the interdependence of the members is recognized." Meeks, *The First Urban Christians, The Social World*

1.3. 몸의 지체들 사이의 중요성과 상호의존성(21-26절)

논의를 '다양성'에서 '일치' 쪽으로 옮기며, 바오로는 몸의 모든 지체의 중요성과 상호의존성을 강조한다. 지체들 사이의 대화가 다시 계속되는데, 몸의 윗부분에 자리한 지체, 곧 눈과 머리는 아래쪽에서 수고하는 손과 발을 무시할 수 없다. '눈이 손에 '나는 네가 필요 없다' 또는 머리가 두 발에 '나는 너희가 필요 없다'라는 말을 할 수 없습니다'(21절). 여기에서 '나는 네가 필요 없다'라는 말은 우월적이고 독립적인 태도를 보여 주는데, 이것은 코린토 교회 일부 신자들의 다른 신자들을 향한 태도를 암시한다. 눈과 머리는 은사나 사회계층 출신 등에 기인한 더 영향력 있는 신자의 지도적인 위치를, 손과 발은 특별한 은사가 없거나 노동자나 노예 출신의 영향력이 적은 신자들을 암시하는 것으로 볼 수 있다. 이러한 태도에 맞서 바오로는 자기중심적인 허영심을 지적하는 데 이 은유를 사용한다.[23]

바오로는 이때 겉으로 보이는 모습은 역할의 중요도나 실질적인 위치와 비례하지 않는다는 점을 지적한다.[24] 몸의 지체 가운데에서 '약하다고 여겨지는 것들'이[25] 오히려 '없어서는 안 될' 필수적인 부분이며(22절), 몸의 지체 가운데에서 덜 소중하다고 생각하는 것들을 '특별히 소중하게 감싸고', 점잖지 못한 지체를 아주 '점잖게 다룬다'라고 주장한다(23절). 이러한 선언을 통해 바오로는 사회에서 존경받는 사람을 존경하고 천대받는 사람을 천대하는 가치 구조와는 대조되는 집단을 묘사한다.[26] 그리고 '하느님께서는 모자란 지체에 더

---

of the Apostle Paul, 90.

23 Garland, *1 Corinthians*, 595.

24 Fee, *The First Epistle to the Corinthians*, 678-679.

25 '약하다고 여겨지는 것들'이라는 표현은 바오로가 코린토 1서 전체에 걸쳐 다루는 '강함과 약함'(1,25-27; 8,7-13; 9,22; 15,43)이라는 논의와 조응한다.

26 Garland, *1 Corinthians*, 596-597.

큰 영예를 주셨는데'(24절), 이러한 몸의 질서는, '몸에 분열이 생기지 않고'(ἵνα μὴ ᾖ σχίσμα ἐν τῷ σώματι) 지체들이 '서로 똑같이 돌보게 하기 위한 것'(τὸ αὐτὸ ὑπὲρ ἀλλήλων μεριμνῶσιν)이라고 말한다(25절). 바오로는 이렇게 몸의 질서를 자연적이 아니라 하느님의 뜻이라고 천명하는데, '모자란 지체에 더 큰 영예를 주신다'라는 개념은 권력구조를 지지하는 고전적인 몸의 이미지와 그것의 적용과는 다르다.[27]

그는 지체들 사이의 종속이 아니라 '서로를 똑같이 생각하는 것' 곧 상호 관심과 돌봄을 권고하면서, 우리가 모두 경험하는 진리 하나를 천명한다. 곧 '신체 일부가 아프거나 제대로 기능하지 못할 때 다른 부분에 영향을 미친다'라는 것이다(26절). "한 지체가 고통을 겪으면 모든 지체가 함께 고통을 겪습니다. 한 지체가 영광을 받으면 모든 지체가 함께 기뻐합니다." 여기에서 '함께 고통을 겪고(συμπάσχει) 함께 기뻐한다(συγχαίρει)'라는 말은 공동체의 각 구성원이 다른 사람의 슬픔과 기쁨을 공유하는 것을 뜻한다. '한 사람에게 나쁜 일은 모든 사람의 불행이고, 한 사람에게 유익한 것은 모든 사람의 유익'을 뜻한다.[28] 다시 말하면, 한 지체의 아픔과 기쁨은 교회 전체, 그리고 그리스도 자신의 아픔과 기쁨이기도 하다.

그런데 바오로가 여기에서 주장하는 '함께 아프고 함께 기뻐한다'라는 주제 역시 공동체를 위한 몸의 은유에서 정치적 통일과 연대를 나타내는 표준화된 고전적 정의였다.[29] 예를 들어, 플라톤은 『국가론』에서 이와 비슷한 은유를 사용한다. "한 손가락이 아플 때, 그 사람의 몸과 정신과 상호관계에 영향을 미친다. …. 몸의 모든 다른 부위도 마찬가지다. 한 부분이 아프면 고통

---

27 Collins, *First Corinthians*, 460; Conzelmann, *1 Corinthians*, 214.

28 Plummer, *First Epistle of St. Paul to the Corinthians*, 277.

29 Mitchell, *Paul and the Rhetoric of Reconciliation: An Exegetical Investigation of the Language and Composition of 1 Corinthians*, 162.

을 느끼고 한 부분이 다시 건강해지면 기쁨을 느낀다."[30] 이와는 대조적으로 그리스 도시 국가 사이의 분열 증상을 비판한 예도 있다. "… 도시 국가들은 자신의 축복보다 다른 도시 국가의 슬픔을 더 기뻐할 정도로 동정이나 연민을 느끼지 않는다."[31] 이처럼 고대 그리스 철학자들이 도시 국가 사이의 연대의 미덕을 강조하고 일치를 권고하는 배경에는, 서로 다른 사람들의 집합체인 사회에서 연대와 일치가 쉽지 않음을 간접적으로 시사해준다. 같은 문제가 신자들의 공동체에서도 일어날 수 있다. 그리하여 바오로는 코린토 교회에 상호 돌봄을 요청하며 '고통과 기쁨의 연대'를 말하는데, 신자들은 개인의 성취가 아니라 '공동체의 선'이라는 같은 관심사를 공유하고(1코린 12,7) 있기 때문이다.

그러면 여기에서 잠시 바오로가 사용한 '몸 은유'와 관련된 고대 그리스-로마 세계의 '몸 은유', 구체적으로 바오로의 은유에 영향을 미친 것으로 알려진 우화들을 살펴보겠다.

---

30 Plato, *Respublica*, 5.10.462C-D. Garland, *1 Corinthians*, 598에서 재인용. 이러한 '몸의 이미지'(body image) 사용은 기원후 2세기까지 그리스-로마 문학 작품이나 유다 문헌에서도 종종 볼 수 있다. 유다 역사가 요세푸스 역시 이렇게 기록하였다. "… 염증이 몸의 중요한 부위를 공격할 때 몸 전체가 감염되는 것처럼(… καθάπερ δὲ ἐν σώματι τοῦ κυριωτάτου φλεγμαίνοντος πάντα τὰ μέλη συνενόσει), 수도에서 발생한 선동과 난동은 지방의 무뢰한들에게 약탈할 자유를 제공하였다. …."『유다 전쟁사』 4.406: Josephus, *The Jewish War Books IV-VII*, 118. 한편 필론은 한 작품에서 "모든 세대와 모든 지역 사람들이 하나의 몸으로 간주되고 하나이며 같은 친교 안에 일치되어 평화와 질서를 추구하도록" 날마다 기도와 제사를 올리고 축복을 청하는 대사제에 관하여 말한다.『세부 규정』 3.131. Philo, VII, 558-559.

31 기원후 2세기 초 철학자이며 수사학자인 디오크리소스토모스가『연설』 4.168에서 전해 주는 이소크라테스(주전 5-4세기 고대 그리스 연설가, 수사학자)의 말이다. Mitchell, *Paul and the Rhetoric of Reconciliation*, 162에서 재인용.

2. 고대 그리스-로마 세계의 몸 은유

2.1. 메네니우스 아그리빠의 우화

바오로의 '몸 은유'에 영향을 미친 것으로 가장 잘 알려진 것은 메네니우스 아그리빠(Menenius Agrippa)의 '지체와 배의 싸움'이라는 우화(*The fable of the limb's quarrel with the belly*)다.[32] 이 우화에서 '몸의 다른 지체들은 일하지 않고 영양소만 받아먹는 '배'에 분노한다. 그래서 손과 입과 이빨은 음식을 배에 공급하지 않겠다고 모의하지만, 그 결과 영양실조로 몸 전체가 쇠약해져 건강을 잃게 된다.' 역사가 리비우스(Livy)는 이 우화를 상세하게 전해 주며, 평민들의 반란을 진정시키려고 원로원이 파견한 메네니우스 아그리빠가 메시지를 성공적으로 전했다고 설명한다.

> "그러니 배도 아무것도 하지 않고 먹고 노는 것이 아님이 분명해졌다. 배 역시 영양분을 받아먹기만 하는 것이 아니라, 몸의 다른 부분에 영양분을 공급한다. 배가 혈관에 골고루 나누어 준 소화된 음식, 곧 피로 인해 우리 몸이 생명을 유지하고 성장하도록 한 것이다. 몸의 지체들 사이의 내적 분쟁이 원로들에 대한 평

32 메네니우스 아그리빠는 기원전 5세기에 일어난 평민들의 반란을 진정시키려고 로마의 원로원이 파견한 원로다. 메네니우스의 이 우화는 퀸틸리아누스나 1세기 그리스 역사가이며 수사학자였던 할리카르나수스의 디오니시우스, 리비우스 같은 역사가와 수사학자들을 통해 빈번하게 전해졌지만, '우화 모음집'(예를 들어, 현존하는 『페데루스 우화집』*Phaedrus's fables*)에 수록되지는 않았다. 전해 주는 본문들 사이에 '머리와 지체들' 사이의 갈등 또는 '배와 지체들' 사이의 대립처럼 이야기의 구체적인 부분에서 어느 정도 차이가 나지만, 손이나 발 같은 몸의 지체가 공모하여 배에 대항한다는 점에서는 일치한다. 다양한 본문 전승과 출처에 관해서는 다음을 참조하라. Smith, "Why Paul's Fabulous Body is Missing its Belly", 147-150; Zimmermann, "The body fables in Babrius, Fab. 134 and 1 Corinthians 12", 2.

민들의 분노와 어떻게 유사한지 보여 주려고 이 이야기를 들려주어, 그(메네니우스 아그리빠)는 사람들의 마음을 사로잡았다(2.32.11-12). … 그리하여 일치와 타협이 이루어졌다"(2.33.1).[33]

2.2. 바브리우스의 우화

메네니우스 아그리빠 우화 이외에, 바오로의 것과 유사점이 제기되는 또 다른 우화는 '바브리우스의 그리스 우화 모음집'(*The Greek collection of fables by Babrius*)에 들어 있는 우화(Babrius, Fab. 134)다.[34] 이 우화 속의 뱀의 '꼬리'는 앞에서 이끌지 못하고 '머리' 뒤에서 따라가야만 하는 처지에 불만을 품고, 머리에게 자신이 주도적인 위치에서 앞장서 가고 싶다고 선언한다. 그런데 꼬리의 이러한 주장에 반격하는 쪽은 머리가 아니라, 다른 부분들(μέλη)이다. 그들은 꼬리의 말에 화를 내며, 다음과 같이 묻는다. '너는 길잡이 역할을 할 수 있는 눈이나 코도 없으면서, 어떻게 그 일을 할 수 있는가?' 그들은 '모든 생명체는 머리가 발을 이끈다'라는 일반화의 논리로 응수한다. 하지만 이들은 꼬리의 생각을 바꾸는 데 성공하지 못하고, 머리 대신 꼬리가 주도적인 위치에서 이끈다. 그 결과, 보지 못하는 꼬리가 이끄는 몸은 높은 절벽에서 떨어져 바위에 부딪히며 파멸한다.[35]

일반적으로 몸에 관련된 우화가 전하는 메시지는 정치적 상황에서 동등하지 않은 부분들이 계층구조와 복종이라는 구도 아래 협력할 수밖에 없다

33 Livy, *History of Rome* 2.32.9-12; 2.33.1: Smith, "Why Paul's Fabulous Body is Missing its Belly", 147-148; Garland, *1 Corinthians*, 594에서 재인용.

34 연구자들에 따르면 바브리우스는 기원후 1세기 또는 2세기 초의 시인이다. 바브리우스의 모음집 가운데 Babrius, Fab. 134는 몸에 관한 우화다. Zimmermann, "The body fables in Babrius, Fab. 134 and 1 Corinthians 12", 2.

35 Zimmermann, "The body fables in Babrius, Fab. 134 and 1 Corinthians 12", 3-4.

는 것이다. 이러한 점이 바브리우스의 우화에서 더 부각 된다. 위계질서와 권력구조를 명확하게 천명하고 이에 대한 어떠한 비판이나 변화를 허용하지 않는다고 할 수 있다.[36]

2.3. 메네니우스와 바브리우스 우화와 1코린 12장의 몸 은유

위에서 본 두 우화의 공통점은 당시의 사회 정치적 상황을 유지하는 것이 안정과 평화의 길이라는 점을 가르친다는 것이다. 바오로도 코린토 신자들에게 다양성을 인정하는 가운데, 교회 전체의 일치를 강조한다는 점에서는 이들 우화와 유사하다. 하지만 로마-그리스 우화와 바오로의 '교회의 몸' 은유 사이에는 아래와 같은 차이점들이 있다.

첫째, 바브리우스 우화가 만들어진 배경과 구체적인 목적을 단정할 수는 없으나, 메네니우스 아그리빠는 로마 원로들에 대한 평민의 반란을 진정시키기 위해 이 우화를 사용하였다. 그렇다면 이 우화의 목적이 사회통합이었다고 하나, 실제로는 사회의 계층구조를 보전하는 차원의 통합 또는 일치를 위한 도구로 작용한 것이다. 메네니우스 아그리빠의 우화는 상류계층을 상징하는 '배'의 변호에 초점을 두지만, 바오로는 위 곧 머리와 눈이 아래인 손과 발에 대해 갖는 오만과 편견을 비판한다(21절).[37] 계층구조에 입각한 계급의식은 '유다인이든 그리스인이든 종이든 자유인이든 모두 한 성령으로 세례를 받고 한 성령을 받아 마셨다'라는 바오로의 선언적 고백(13절)으로 설 자리를 잃는

36 "따라서 이 우화의 저자를 상류계층 출신이나 궁정 인물이라고 추정하는 연구도 있지만, 바브리우스 우화집의 구체적인 사회·역사적 배경을 특정하기는 어렵다. 다만 수사학적이며 풍자적인 본문 자체에서 그 배경을 재구성해 볼 수밖에 없다.": Zimmermann, "The body fables in Babrius, Fab. 134 and 1 Corinthians 12", 5.

37 유승원, "그레코-로마 세계의 몸 메타포와 바울의 교회 공동체 개념", 158.

다. 또한 바오로는 '약한 이들이 요긴하고 소중하다'라고 하며 높은 지위의 사람들이 자신의 존재 가치를 상대화하는 데 몸의 은유를 사용한다. 그는 고대 사회에서 노예나 하층민을 가리킬 수 있는 '약하다', '덜 소중하다'라는 표현을 반대의 논리로 사용하여(22-23절), 공동체에서 하위 계층에 속하는 약자를 중요한 위치에 둔다. 이처럼 바오로는 '하느님께서 모자란 지체에 더 큰 영예를 주신다'(24절)라고 하면서 높은 사회적 지위와 명예의 일반적인 연관성에 의문을 제기하고, 교회의 몸은 약한 이들에게 주의를 기울이고 존중할 때 진정 건강하고 튼튼하다고 믿는다.[38] 이런 점에서 메네니우스 아그리빠나 바브리우스 우화가 '권력의 안정화'를 추구한다면, 바오로의 권고는 어느 지체도 더 높은 가치나 영예를 주장할 수 없다는 점에서 '권력 비판적'이라고 할 수 있다.[39]

둘째, 메네니우스 아그리빠처럼 바브리우스의 우화가 계층구조를 확고하게 지지하는 반면에, 바오로는 교회 지체들 사이의 동등성에 기초한 다양성을 주장하는 한편,[40] 지체들 사이의 공감을 포함하는(26절) 상호 관심과 돌봄(25절)을 제안한다. 한 지체의 고통이 몸의 나머지 부분에 영향을 미치는 것은 분명한 사실이지만, 한 지체의 고통과 행운을 다른 지체가 똑같이 공유하지 않을 수 있다. 그러나 바오로는 몸인 교회를 구성하는 지체, 신자들은 그렇게 반응해야 한다고 생각한다.[41]

---

38 Witherington III, *Conflict and Community in Corinth: A Socio-Rhetorical Commentary on 1 and 2 Corinthians*, 259, 263.

39 Zimmermann, "The body fables in Babrius, Fab. 134 and 1 Corinthians 12", 7. 이와 비슷하게 Garland는 메네니우스 아그리빠의 우화와 비교해 볼 때, 바오로의 '몸 은유'는 '전복적인'(turns things upside down) 사고를 보여 준다고 한다. Garland, *1 Corinthians*, 594.

40 Ciampa/Rosner는 코린토 1서 12장에서 바오로가 자신의 논의에 사용한 '몸 은유'는 교회에 '획일성'(uniformity)을 요청하지 않는다고 말한다. "다양성 가운데 일치(unity)를 말하지, 획일성을 말하지 않는다. 개인의 완전성은 남아 있다.": Ciampa/Rosner, *The First Letter to the Corinthians*, 590.

결론적으로, 바오로가 메네니우스 아그리빠와 바브리우스의 우화를 알고 있었다면 그는 코린토 1서 12장에서 '몸 은유'를 통해 몸과 지체 사이의 긴장 관계를 자신의 논의에 맞추어 자유롭게 직조해 놓은 것이라 할 수 있다.[42]

3. 코린토 1서 연구 본문의 소결론

지금까지 살펴본 것처럼, 코린토 1서 12장에서 바오로는 몸인 교회를 구성하는 신자들 사이의 다양성과 일치 두 가지 모두를 말한다. 그는 코린토 교회 신자들 사이의 '분열' 상황에서 지체들 사이의 다양성을 인정하는 동시에, 상

---

41 Witherington III, *Conflict and Community in Corinth*, 261.

42 바리사이파 출신 유다인 바오로가 그리스-로마 역사 문헌에서 회자된 우화를 알고 있었을 것으로 보기 어렵고, 바오로의 '교회의 몸'의 은유에 메네니우스 아그리빠의 우화에 나오는 '배'에 관한 이야기가 나오지 않는다는 이유로, 메네니우스의 우화가 코린토 1서 12장의 '교회의 몸' 은유에 영향을 미쳤다고 보기 어렵다는 주장도 있다. 하지만 이에 관한 설득력 있는 반박도 있다. 바오로가 그리스-로마 우화들을 알지 못했다고 단언할 수 없다. 수사학 교육을 받았다면 학교나 사회에서 메네니우스의 '지체와 배'의 우화를 알았을 가능성이 크다. 바오로는 이 본문에서 메네니우스 우화의 다른 본문 전승에 나오는 '발'과 '손'과 '머리'를 등장시킨다. 그리고 이 지체들은 메네니우스 우화에서처럼 말하고 사고하고 독립성을 주장하기도 한다. 또한 주목할 부분은 바오로가 자신의 서간에서 '배'를 우상숭배와 파멸의 상징으로 서술하는 경향이 있다는 점이다. 다음 구절들을 참조하라. 필리피 서간에서 바오로는 그리스도의 복음에 따라 살지 않는 사람들을 향해, "그들의 끝은 멸망입니다. (그들에게) 그들의 배는 하느님이고 그들의 수치는 영광이며, 그들은 이 세상 것만 생각합니다."(3,19)라고 비판하고, 로마서에서도 분열을 일으키는 신자들을 향해 "그들은 우리 주 그리스도를 섬기는 것이 아니라 자기의 배를 섬기는 자들입니다. …."(16,18)라고 말한다. 코린토 1서 6,13도 "'음식은 배를 위하여 있고 배는 음식을 위하여 있다.' 하지만, 하느님께서는 이것도 저것도 없애 버리실 것입니다."라고 선언한다. 결론적으로 바오로의 우화가 몸의 중심적 위치로서 '배'를 언급하지 않는 것은, 몸의 영양공급이 아니라 몸의 통일성과 지체들 사이의 상호 의존이 이야기의 목적이기 때문이다. 참조: Smith, "Why Paul's Fabulous Body is Missing its Belly", 150-154.

호 관심이 필요하다고 강조한다. 이때 고대 그리스-로마 정치철학 문헌들에서 사회조직을 설명하는 '몸 은유'를 사용하여 자신의 논지를 전개한다.[43] 하지만 몸의 지체들의 다양성과 상호의존성의 강조, 약한 지체에 관한 관심과 돌봄, 고통과 기쁨의 연대라는 개념은 계층구조를 지지하며 일치를 강조하는 그리스-로마의 사상과는 다르다.[44] 이런 점에서 바오로의 독창적인 사고와 공동체 이해를 엿볼 수 있다.[45]

흥미로운 것은 바오로가 순교한 뒤 약 두 세대 뒤에 로마의 클레멘스는 코린토 공동체의 평화와 일치를 호소하며 서신을 보내는데, 여기에서 그도 '몸 은유'를 사용한다. 서간 내용을 통해 당시 코린토 교회가 여전히 갈등과 분열을 겪었음을 알 수 있다. 클레멘스는 '몸의 지체들은 혼자서는 기능할 수 없다며 모든 지체는 상호 의존적'이라는 점을 강조한다(『클레멘스의 첫째 편지』 37.5). 그러나 몸의 구원을 위해서는 각 지체가 이웃 지체에 종속되어야 한다고 말한다. 위계질서를 구체적으로 드러내지 않지만, 약한 지체들이 강한 지체에 종속되어야 함을 암시한다. '강한 지체는 약한 지체를 무시하지 말라'고 하는 한편, '약한 지체는 강한 지체를 존경해야 한다'(『1클레』 38.2)라고 하여, 강자와 약자 사이의 전통적인 관계 질서를 다시 확인해 주는 것으로 보인다.[46] 그렇다면

43 고대 정치철학 문헌들에서 사회조직을 설명하는 '몸 은유'는 그리스-로마 저술과 헬레니즘 유다 문헌에서 '분열주의와의 투쟁'(to combat factionalism)이라는 맥락에서 사용되었고, 바오로는 이것을 교회의 몸, 그리스도의 몸이라는 은유로 바꾸어 적용하였다는 연구는 다음을 보라. Mitchell, *Paul and the Rhetoric of Reconciliation*, 160-161.

44 Horsley, *1 Corinthians*, 173.

45 바오로는 로마 12,4-5에서도 코린토 1서 12장처럼 '몸 은유'를 사용하여 로마 신자들의 공동체 생활에 관하여 권고한다. '우리가 한 몸 안에 많은 지체를 가지고 있지만 그 지체들이 모두 같은 기능을 하고 있지 않듯이, 수가 많은 [우리도] 그리스도 안에 한 몸을 이루며 서로 지체가 됩니다.'

클레멘스의 '몸 은유' 사용은 당시 그리스-로마의 사상에 더 가깝다. 코린토 1서에서 신자들 사이의 다양성과 평등성을 수용하고 일치와 상호돌봄을 강조한 바오로의 공동체 개념에서 후퇴한 것이다.

지금까지 코린토 1서 12장에 나타난 바오로의 '교회의 몸 은유'와 가르침을 살펴보았다. 코린토 1서가 코린토 교회 내부의 문제를 다루었다면, 이제 살펴볼 코린토 2서 8장은 지역교회들 사이의 관계와 관련된 바오로의 가르침이다.

III. 연구 본문 2

1. 2코린 8,1-15: 그리스도인의 헌금[47]

바오로 사상에서 주된 연구 분야는 '믿음에 의한 의화'라는 구원론이고, 그의 복음 전파나 사목활동과 마찬가지로 사회적 차원에 관해서는 상대적으로 논의가 적었다.[48] 그러나 바오로가 사회적 차원을 간과하지 않았음은, 그의 서간

46 『클레멘스의 첫째 편지』에서 '부자와 가난한 이' 사이에도 이와 비슷한 관계가 설정된다. 곧 '부자는 가난한 이의 필요를 채워주고, 가난한 이는 자신의 곤궁함이 부자에 의해 채워졌기에 하느님께 감사를 올려야 한다.'(38.2): Lookadoo, "The Corinthian Body: A Post-Pauline Somatic Metaphor in its Ancient Contexts", 43에서 재인용.

47 코린토 2서 연구는 본고의 연구주제에 맞추어 필자의 연구 논문 강선남, "성경에서의 재분배: 2코린 8,15을 중심으로", 168-203을 발췌 수정 보완한 것이다.

48 바오로의 연구에서 가난의 문제가 제대로 조명되지 않았다고 지적하며, 바오로의 헌금에 관한 기존 연구에서 헌금의 사회경제적 또는 정치적 차원이 간과되었다는 주장이 있다. Ogereau, "The Jerusalem Collection as κοινωνία: Paul's Global Politics of Socio-Economic Equality and Solidarity", 362-363.

들 가운데 가장 긴 네 개의 서간(갈라 2,10; 1코린 16,1-4; 2코린 8-9장; 로마 15,25-32)에서 헌금에 관련된 가르침을 전하고 있음을 통해 알 수 있다.[49]

여기에서는 지역교회들 사이에 '궁핍을 채워주어 균형을 이루는 것'으로 헌금을 권고하는 2코린 8,1-15 본문과 15절에서 인용한 탈출 16,18을 함께 살펴볼 것이다. 코린토 본문 분석 이전에 탈출기 인용문의 배경과 그 의미, 그리고 그 해석 전승을 들여다보겠다. 이런 과정을 통해 바오로가 헌금과 관련하여 그 인용문을 어떻게 이해하고 적용하고 있는지, 그의 의도에 더 가깝게 다가갈 수 있다고 생각하기 때문이다.

1.1. 만나 이야기

만나 이야기는 탈출기 16장 이외에도 민수기 11장에 한 번 더 나온다. 민수기 본문은 이스라엘 백성이 단조로운 만나에 싫증이 나서 고기를 원하자(11,4-6), 주님께서 메추라기 떼를 보내주셨다고 이야기한다(11,31-34). 반면에 탈출기 16장에서는 메추라기와 만나가 동시에 언급되고 있으나, 주요 관심사는 만나에 있다.

---

49 갈라 2,1-10은 예루살렘 사도 회의를 회고하는 내용이다. 바오로가 베드로, 야고보, 요한과 함께 예루살렘에서 회의를 하면서, 바오로와 바르나바에게 첨부된 조건은 '가난한 이들을 기억하는 것'이었다. 베드로가 할례받은 이들에게 복음을 전하는 일을 위임받았듯이, 바오로는 할례받지 않은 이들에게 복음을 전하는 일을 위임받았다(8-9절). 그리고 바오로에게 요청된 것은 '가난한 이들을 기억하는 것'이었다(10절). 바오로에게 주어진 이러한 요청은 아마도 사도 11,27-30에서 서술하는 클라우디스 황제 때 일어난 기근으로 유다 지방의 신자들을 위해 구호 헌금을 보낸 것과 관련된 것으로 볼 수 있다. 참조: Stenschke, "The current financial cries of Europe, Paul's collection for Jerusalem and good stewardship", 98. 한편 1코린 16,1-4는 헌금에 관련된 구체적인 모금 방식과 전달경로를 언급하고, 로마 15,25-32는 바오로가 자신의 예루살렘을 위한 헌금, 곧 구제 활동에 관해 설명하며 로마 신자들의 기도를 부탁하는 내용이다.

1.2. 탈출기 16장의 만나 이야기와 해석 전승

탈출기 16장 도입 부분(1-12절)은 이스라엘 백성이 광야에서 먹을 것이 없다고 불평하였다는 내용에(2-3절), 이어서 주님이 구체적인 해결책을 주시겠다는 말씀과 이를 전하는 모세와 아론의 이야기를 서술한다(4-12절). 다음 13절부터는 주님 약속이 실현되었음을 알려주고, 메추라기를 잠시 언급한 다음 곧바로 만나 이야기에 집중한다. 이스라엘 백성이 아침 이슬이 걷힌 뒤에 나가보니, 땅에 내린 서리처럼 잔 알갱이들이 광야 위에 깔려 있었다(14절). 그들이 무엇인지 몰라 서로, '그것은 무엇인가?(מָן־הוּא)'[50] 하고 묻자, 모세가 '그것은 주님께서 너희에게 먹으라고 주신 양식'이라고 설명한다(15절). 뒤이어 만나와 관련하여 주님께서 명령하신 규정이 제시된다(16절). 각 가족의 우두머리는 '자신의 먹는 입에 따라[51] 그것을 거두어들여야 한다. 한 사람에 한 오메르씩,[52] 저마다 자기 천막에 사는 이들 수에 따라 가져가야 한다.' 그리하여 '이스라엘 자손들은 더러는 많이, 더러는 적게 거두어들였다'(17절). 그런데 그들이 거두어들인 만나를 오메르로 되어 보자, '많이 거둔 이도 남지 않고, 적게 거둔 이도 모자라지 않았다. 저마다 먹는 입에 따라 거두어들였다'(18절).

17-18절은 이스라엘 자손 가운데 만나를 많이 거둔 이도 있고 적게 거둔 이도 있었으나, 오메르로 되어 보자 많이 거둔 이나 적게 거둔 이 모두 자기

---

50 여기에서 히브리어 '마후'(מָן־הוּא)는 '만나'라는 이름의 민간어원 역할을 한다. Slayton, "Manna", 511.

51 '자신의 먹는 입에 따라'(לְפִי אָכְלוֹ)는 가족의 우두머리가 '자기 가족 구성원들을 위해 하루에 필요한 음식의 양에 따라서'를 의미한다. Houtman, *Exodus*, 340.

52 오메르는 본디 조그만 토기 그릇을 뜻하는데, 마른 곡식을 측량하는 단위이다. 오메르는 십분의 일 에파(탈출 16,36)로서, 정확한 양을 알기 어렵지만 대략 2-4리터 사이로 추측한다. Durham, *Exodus*, 225.

필요에 맞는 양이 되었다는 것이다. 이 구절에서 명확한 것은, 만나를 거두어들인 것이 먼저고 그다음에 그 양을 달아 보았다는 것이다. 그런데 그 양을 달아 보았을 때 어떻게 하여 저마다 필요한 양, 곧 한 사람에 한 오메르가 되었을까? 연구자 다수는 이 사건을 주님의 기적적인 행위로 이해한다.[53] 반면에 주님의 기적적인 개입이라는 해석에 반대하며 다음과 같이 사람들에 의한 재분배로 이해하는 견해도 있다. '만나 이야기에서 명확하게 드러나는 기적은 배고픈 이스라엘 자손이 다음 날 먹을 수 있도록 매일 밤 새로운 양식이 주어진 것이다. 그리고 그 양식은 균등하게 나누어진다면 모든 사람에게 충분한 양이었을 것이다. 이스라엘 자손들은 거두어들인 만나를 가지고 집에 돌아왔을 때, 더 많거나 부족하지 않도록 그 양을 달아보아야 했다. 그래서 어떤 사람이 너무 많은 양을 거두었으면, 다른 사람과 그것을 나눌 수 있었다. 따라서 모든 사람이 만나를 거두러 들에 나가야 했으나, 늙고 몸이 약한 사람은 젊고 건강한 사람의 도움을 받아야 했다. 젊고 건강한 사람은 똑같은 환경과 시간 동안 더 많이 거두어들일 수 있었지만, 늙고 약한 사람은 상대적으로 더 적은 양의 만나를 거두었기 때문이다.'[54]

하지만 탈출기 본문은 많이 거둔 사람과 적게 거둔 사람 사이의 재분배를 통한 만나의 균등한 공유를 명시적으로 말하지 않는다.[55] 그렇다면 이 구절은 우리에게 열린 해석 가능성을 제시한다고 할 수 있다.

---

53 마르틴 노트, 『출애굽기』, 160-161; Durham, *Exodus*, 225; Child, *The Book of Exodus*, 287; 제임스 브루크너, 『출애굽기』, 243; Barrett, *The Second Epistle to the Corinthians*, 227.

54 Houtman은 여기에서 거두어들인 만나를 달아 보는 것을 균등하지 않은 분배를 막는 방법으로 이해한다: Houtman, *Exodus*, 342-343.

55 Barclay, "Manna and the Circulation of Grace: A Study of 2 Corinthians 8,1-15", 411-412.

만나 이야기는 구약성경(신명 8,3; 시편 78,24-25; 느헤 9,15; 지혜 16,20-29)에서 '하늘 양식'으로 묘사되어, 불순종한 이스라엘의 광야 생활 동안 주님이 베풀어 주신 돌보심과 은총을 회고하는 내용에 들어온다. 이렇게 볼 때 탈출기의 만나 이야기는 단순히 과거에 있었던 기적 사건이 아니라, 하느님께 대한 이스라엘의 신뢰와 불순종, 하느님의 진노와 은총이라는 가르침 안에 자리한다.

그러면 제2성전 시대 유다교에서 만나 이야기는 어떻게 이해되었을까? 그 가운데 요세푸스가 만나에 관해 언급한 내용이 있다. 요세푸스는 만나를 '하늘에서 보내주신 선물'(οἱ μὲν χαίροντες ἐπί τοῖς ἀπ' οὐρανοῦ καταπεμφθεῖσιν αὐτοῖς διετέλουν: 3.32)이라고 하는 동시에 '하늘에서 내려온 이슬'(ἀπ' οὐρανοῦ καταφέρεσθαι τὴν δρόσον: 3.27)인 자연현상(τῆς ὥρας ἐιναι τοῦ ἔτους τὸ γινόμενον: 3.27)의 하나로 보면서, 기적적인 요소를 특별히 강조하지 않으려 한다. 그리고 만나 이야기에서 '분배'의 측면에 관심을 표명한다. 그는 이스라엘 자손이 저마다 필요한 양만큼 만나를 거두어들여야 한다는 규정을, 강자에게서 약자를 보호하는 사회적 수단('약한 사람들이 아무것도 얻지 못하거나, 강한 사람들이 더 많이 거두어들이지 않게 하는' ἵνα μὴ τοῖς ἀδυνάτοις ἄπορον ᾖ τὸ λαμβάνειν δι' ἀλκὴν τῶν δυνατωτέρων πλεονεκτούντων περὶ τὴν ἀναίρεσιν: 3.29)으로 간주한다. 그렇지만 거두어들인 만나의 양이 각자에게 필요한 만큼의 양이 되었다는 것을 인간 쪽에서의 재분배 결과로 이해하지는 않는다.[56]

이처럼 만나의 분배와 직접적으로 관련된 탈출 16,18이 인간들 사이의 재분배를 명시적으로 언급하지 않기에, 하느님의 은총이라는 범주에 넣어 이해하는 것이 일반적인 전승이었다. 그런데 바오로의 2코린 8,15에는 이와는 다른 이해가 암시되어 있다.

56 『유다 고대사』, 3.27-32. Josephus, *Jewish Antiquities I-IV*, 332-334. 참조: Kneer, *The Gospel of John*, 680; Barclay, "Manna and the Circulation of Grace", 416-417.

2. 2코린 8,1-15 본문 해석

예루살렘 사도 회의에서, 바오로에게 첨부된 조건은 '가난한 이들을 기억하는 것'이었다(갈라 2,10). 그래서 바오로는 갈라티아, 소아시아, 마케도니아 교회에서 모금한 헌금을 예루살렘 교회로 전달하면서 이 약속을 실행하였다.

2코린 8장 시작 부분에서 바오로는 마케도니아 교회 상황을 언급하며 헌금 문제를 제기한다(1-2절). '형제 여러분, 우리는 하느님께서 마케도니아의 교회들에 베푸신 은총을 여러분에게 알립니다. 큰 시련 속에서도 그들의 넉넉한 기쁨과 극심한 가난 가운데에서도 그들의 후한 인심이 넘쳐흘렀습니다.' 바오로는 여기에서 마케도니아 교회들의 '후한 인심' 곧 헌금을, 하느님께서 베푸신 '은총'(χάρις)의 표징이라고 한다.[57] 그리고 그는 코린토 교회가 이미 시작한 은혜로운 일, 곧 헌금 모금 활동을 끝낼 것을 요청하면서(6절), 예수 그리스도를 '후한 인심'의 동기부여 모범으로 삼는다(9절). "여러분은 우리 주 예수 그리스도의 은총을 알고 있습니다. 그분께서는 부유하시면서도 여러분을 위하여 가난하게 되시어, 여러분이 그 가난으로 부유하게 되도록 하셨습니다." 이 구절은 필리 2,6-11의 '그리스도 찬가'를 떠올리게 한다. 그런데 여기에서 '그리스도의 은총'은 무엇을 뜻하는가? 예수 그리스도의 육화 또는 십자가의 죽음 가운데 어느 하나를 가리키는가? 하느님의 아드님이 인간이 되신 육화의 선물인지 아니면 십자가에서의 죽음이든지 간에, 여기에서 명확한 점은 그리스도

57 8,1.6.7.19에서 'χάρις'는 구체적으로 예루살렘을 위한 헌금을 지시한다. Lambrecht, *Second Corinthians*, 136; Hughes, *The Second Epistle to the Corinthians*, 294. 바오로는 1코린 16,1-4에서는 일반적으로 헌금을 가리키는 단어 'λογεία'를 사용하였다. 그러나 2코린 8장에 와서는 헌금에 대한 코린토인들의 열정이 감소한 상황에서 사랑에 의한 자발적인 참여를 암시하며 하느님의 선물, 은총을 가리키는 'χάρις'라는 용어를 사용한다. 참조: Ogereau, "The Jerusalem Collection as κοινωνία", 363-364.

는 인간을 위하여 자신을 자유롭게 내어 주시고 하느님의 아드님이면서도 가난해지셨다는 것이다. 바오로는 '부유'와 '가난'이라는 대조 개념을 통하여 그리스도의 놀라운 낮춤과 그분의 은총을 강조한다.[58] 이렇게 그는 그리스도 사건과 헌금 모금 사이에 분명한 관련성을 암시하며, 코린토 신자들이 그리스도에게서 받은 선물('여러분을 위하여 가난하게 되시어')에 비추어서 가난한 형제들을 위한 헌금에 관심을 기울여야 한다고 말한다.[59]

이어서 바오로는 다시 코린토 교회가 시작한 그 일을 마무리 지을 것을 권고하는데(10절), 이를 통해 코린토 교회에서 예루살렘의 가난한 형제들을 위한 헌금 모금이 점차 불규칙하게 되었음을 짐작할 수 있다. 모금이 원활하게 진행되었으면 바오로가 이것을 다시 상기시킬 필요가 없었을 것이다.[60] 그렇지만 그는 코린토인들에게 자발적으로 형편에 맞게 하라고 말하며(12절), 그 일을 '균형의 문제'(ἐξ ἰσότητος)라고 설명한다(13절). '다른 이들에게는 편안함을, 여러분에게는 괴로움을 주려는 것이 아니라, 균형을 위한 것입니다'(οὐ γὰρ ἵνα ἄλλοις ἄνεσις, ὑμῖν θλῖψις, ἀλλ' ἐξ ἰσότητος). 이것은 코린토 신자들과 예루살렘의 가난한 성도들이 서로 그 위치를 바꾸는 것, 곧 코린토의 부유함과 예루살렘의 가난이 서로 바뀌는 것을 뜻하지 않는다.[61] 바오로의 목적은 불균형의 해소, 곧 '균형을 이루는 것'(γένηται ἰσότης)이다(14절). '지금 시간 여러분의 여유가 그들의 궁핍을 채워주어 (나중에) 그들의 여유가 여러분의 궁핍을 채워준다면, 그렇게 균형을 이루는 것입니다'(ἐν τῷ νῦν καιρῷ τὸ ὑμῶν περίσσευμα εἰς τὸ ἐκείνων ὑστέρημα, ἵνα καὶ τὸ ἐκείνων περίσσευμα γένηται εἰς τὸ ὑμῶν ὑστέρημα, ὅπως γένηται ἰσότης). 예루살렘 교회가 어느 때인가 풍요로워지고 코린토 교회

58 Martin, *2 Corinthians*, 263-264.

59 Lambrecht, *Second Corinthians*, 143.

60 폴 바네트, 『고린도후서 강해 - 약함 안에서의 능력』, 192-193.

61 Barrett, *The Second Epistle to the Corinthians*, 226.

가 도움이 필요한 상황이 되면, 반대 방향으로의 균형을 이루려는 노력이 실행될 것이라는 말이다.

2.1. 균형과 재분배

그러면 바오로가 여기에서 말하는 '균형'(ἰσότης)은 무엇을 뜻하는가? 그리스어 'ἰσότης'는 신약성경에서 이곳 이외에 콜로 4,1에 한 번 나오는데, 종을 소유한 주인들에게 종들을 정당하고 '공평하게' 대우할 것(Οἱ κύριοι, τὸ δίκαιον καὶ τὴν ἰσότητα τοῖς δούλοις παρέχεσθε)을 요청하는 내용에서 사용되었다. 바오로의 이 말이 '영적인 것'을 말하는지,[62] 아니면 '물질적인 것'을 뜻하는지를[63] 두고 연구자들 사이에 생각이 나뉜다. 또는 영적, 물질적이라는 이분법적 구분이 필요치 않다는 주장도 있지만, 다수의 연구자가 물질적인 '균형'으로 이해한다. 바오로가 상호 물질적인 도움을 이야기하는 것을 영적인 의미로 이해할 때, 바오로의 의도에서 벗어나는 위험에 빠질 수 있다는 것이다.[64]

한편 고대 그리스에서 'ἰσότης'는 주로 법적 용어의 성격을 지니며 정의 사

62 예를 들어, 폴 바네트는 "정확한 물질적 평균 즉 일 인당 내야 할 기부금을 억지로 할당하여 모든 사람이 경제적으로 똑같이 되도록 한다는 의미는 아니다. 그것은 마음속에 있는 영적인 평균이다."라고 주장한다. 폴 바네트, 『고린도후서 강해 - 약함 안에서의 능력』, 201. 이와 비슷하게, Martin은 이것을 물질적인 풍요와 궁핍 사이의 문제가 아니라 영적인 교환으로, 종말론적인 동기에서 나오는 이스라엘을 향한 이민족 교회의 선물이라고 본다. 헌금은 곤궁할 때의 실질적인 도움이라고 할 수 있지만, 이것은 또한 상징적인 의미를 지니고 있다고 본다. 곧 이방인 출신 그리스도인들은 유다인 출신으로 이루어진 예루살렘 교회에 존경을 표할 수 있다는 것이다: Martin, *2 Corinthians*, 256-58; 266-67.

63 Barrett는 이 구절들에서 '균형'은 공평한 처우 또는 대우에 관하여 말하고 있다고 주장한다. 그리고 바오로가 여기에서 요청하는 것은 그리스도인의 박애이고, 이는 그의 성경 인용으로 알 수 있다고 한다: Barrett, *The Second Epistle to the Corinthians*, 226.

64 Lambrecht, *Second Corinthians*, 138.

회를 위한 가장 근본적인 전제로서 생각되었다. 시민들 사이의 '공평함'을 뜻하는 이 단어를 통해, 모든 시민은 동료 시민과 동등한 권리를 지녔다고 말한다.[65] 그런데 이 용어가 복음에서는 법적인 개념이 아니라 하느님 은총의 행위를 뜻하고, 바오로는 특히 코린토 2서의 헌금 이야기에서 이 개념을 발전시켜 적용한다. 말하자면, 헌금의 목적을 '균형을 이루는 것', 곧 '동등성을 이루는 것'으로 설명한다.[66] 여기에서 또 주목할 점은 바오로의 개념이 사회적인 가치에 비례하는 동등성을 말하는 아리스토텔레스의 'ἰσότης'와는 다르다는 점이다.[67] 바오로는 모든 신자가 구원에 있어 그리스도의 은총에 똑같이 빚지고 있으므로 사회적 위치나 민족적 출신에 따라 다르지 않고 모두 동등하게 여겨지고, 이러한 동등성은 더 많이 가진 사람('여유 있는 사람')이 더 적게 가진 사람('궁핍한 사람')에게 자기 것을 줌으로써 드러나야 한다는 것이다.[68]

이렇게 바오로는 성도들을 위한 헌금을 믿는 이들이 서로 '궁핍을 채워주

65 Stählin, "ἴσος, ἰσότης, ἰσότιμος", 343, 346. 하지만 동등성 또는 공평함과 정의는 그리스 사고에서 상호포용적인 방법으로 연결되기도 하였다. 예를 들어, 아리스토텔레스는 정의를 '공평함'과 일치시켰다("τὸ δίκαιόν ἔστι τὸ ἴσον." 『니코마코스 윤리학』, 5,1). Stählin, "ἴσος, ἰσότης, ἰσότιμος", 347; Vassiliiadis, "Equality and Justice in Classical Antiquity and in Paul: The Social Implications of the Pauline Collection", 54; Ogereau, "The Jerusalem Collection as κοινωνία", 365.

66 Vassiliadis, "Equality and Justice in Classical Antiquity and in Paul", 53.

67 아리스토텔레스는 가치에 따른 동등성을 주장한다. "동등하지 않은 사람들은 동등한 몫을 가져서는 안 된다. 사람이 동등한데도 동등한 몫을 분배받지 못했거나, 서로 동등하지 않은데도 동등한 몫을 분배받았다면, 거기에 다툼과 불평이 생긴다. … 어떤 가치에 따라 이루어지는 것이 정의로운 분배라는 데는 모두가 동의하지만, 모든 사람이 같은 것을 가치로 지목하진 않는다. 민주주의자는 자유를 지니고 있느냐의 여부를, 과두정 지지자들은 부나 좋은 혈통을, 귀족정 지지자들은 미덕을 가치로 지목한다.": 아리스토텔레스, 『니코마코스 윤리학』, 180-181.

68 Witherington III, *Conflict & Community in Corinth*, 421.

어 균형을 이루는 것'이라 설명하면서, 탈출 16,18의 만나 이야기 한 구절을 인용한다(15절). '(이것은 성경에) 기록된 대로입니다. '많이 거둔 이도 남지 않았고, 적게 거둔 이도 모자라지 않았다''(καθὼς γέγραπται· ὁ τὸ πολὺ οὐκ ἐπλεόνασεν, καὶ ὁ τὸ ὀλίγον οὐκ ἠλαττόνησεν).[69] 여기에서 바오로는 구약 인용문을 통하여 '동등성'이라는 원칙을 뒷받침하는데, 코린토인들이 예루살렘의 가난한 형제들을 도와야 한다는 주장을 지지하는 말씀으로 삼은 것이다.[70] 그런데 그는 만나 이야기에서 '거두어들인 만나가 각 사람에게 넘치지도 모자라지도 않았다'라는 구절만 인용한다. 이것은 요세푸스처럼 바오로도 만나 이야기에서 분배의 측면에 관심이 있는 동시에, 탈출 16,18을 하느님의 개입으로 인한 기적적인 균등한 분배가 아니라 만나를 수확한 사람들 사이의 재분배로 이해하고 있음을 보여 준다. 이것은 13-14절에서 균형에 관해 말한 다음, 곧바로 '(성경에) 기록된 대로입니다.'라고 하면서 탈출기 구절을 인용하고 있는 데에서 알 수 있다. 탈출 16,18을 수확한 사람들 가운데에서 필요 이상 수확한 사람이 더 적게 수확한 사람에게 자신의 것을 나누어 주는 것으로 읽은 것이다.[71]

3. 코린토 2서 연구 본문의 소결론

만나 이야기는 주님의 돌보심으로 이스라엘 백성 모두 충분히 하루의 양식을 먹을 수 있었음을 전해 준다. 그리고 그들이 거두어들인 만나가 남지도 않고

69 참조: 칠십인역 성경 탈출 16,18 '… οὐκ ἐπλεόνασεν ὁ τὸ πολύ καὶ ὁ τὸ ἔλαττον οὐκ ἠλαττόνησεν …'. 코린토 인용문은 약간의 어순 변경과 원급 사용(ὁ τὸ ὀλίγον) 이외에 칠십인역 본문과 일치한다.

70 바오로는 여기에서 자신의 권고(15,8)에 권위를 부여하기 위해서라기보다는, 그것을 예증하기 위해 구약성경을 사용한다. 그러나 그 예증은 그 자체로 권위를 지닌다. Barrett, *The Second Epistle to the Corinthians*, 227.

71 Barclay, "Manna and the Circulation of Grace", 419.

부족하지도 않았다는 것은, 주님의 은총으로 공동체의 안녕이 깨지지 않도록 그들 사이의 균형이 이루어졌음을 말해준다.[72] 그리고 바오로는 코린토 교회에 헌금을 권고하면서 만나를 수확한 사람들 사이의 균등한 재분배로 이해한 탈출 16,18을 인용한다.[73]

그런데 '서로의 궁핍을 채워주어 균형을 이루라'는 바오로의 헌금 권고를 '이상적인 사회주의적' 개념으로 이해할 수 있을까? 대다수 학자는 헌금에 나타난 바오로의 생각을 사도 2,44-45처럼 초대교회 그리스도인들이 '자발적으로 자신의 것을 공동으로 소유하는' 공동체 정신과는 다르다고 본다. 바오로가 권고하는 헌금은 개인의 소유를 인정하면서, 도움을 줄 수 있는 사람이 도움이 필요한 사람과 자신의 것을 나누는 것이다.[74] 다양성과 개인의 고유성을 인정하는 동시에 다른 공동체의 궁핍에 연대하며 서로에게 관심과 돌봄을 표현하라는 것이다. '어떤 그리스도인도 동료 그리스도인이 고통을 받거나 굶주리고 있을 때 가만히 있을 수 없고, 그렇게 해서는 안 된다'라는 원칙에 바오로의 생각이 자리한 것으로 볼 수 있다. 또한 바오로는 이러한 재분배는, 일방적인 것이 아니라 쌍방향의 것이라고 설명한다(14절). 우리는 모두 어떤 때에는 나의 소유를 다른 사람과 나눌 수 있을 정도로 풍요롭지만, 궁핍하여 다른

---

72 Fritschel, "Exodus 16 as an Alternative Social Paradigm", 38.

73 "바오로에게 헌금의 목적은 '동등성'을 이루는 것으로, 사회적 행동의 목적이 된다. 헌금의 궁극적인 목적은 동등한 분배와 물질적인 부를 공유하는 사회적 이상을 인식하는 것이다. 그래서 그는 헌금에 관한 자신의 주요한 신학적 주장을 탈출기 16,18을 인용하며 결론짓는다.": Vassiliadis, "Equality and Justice in Classical Antiquity and in Paul", 57.

74 '이상적인 상태는 모든 물질이 공적 재산이 되거나 공적으로 집행되는 것이 아니라 자유롭게 주고받음에 의해 이루어지는 동등성이다.' 참조: Hughes, *The Second Epistle to the Corinthians*, 306-307; 황봉환은 사도행전의 "사도들은 사유의 재산과 소유물을 사회주의 그리고 공산주의 경제원리가 채택한 국가 소유나 공동 소유를 가르친 일이 없다."라고 주장한다. 황봉환, "초대교회 안에서 실천된 헌금과 분배 관계에 대한 신학적 평가", 93.

사람이 그것을 채워주어야 할 때도 있다.[75] 이러한 상호 역동성, 곧 서로를 생각하는 상호 관심과 돌봄이 공동체의 구성 요소라는 점이 바오로의 헌금 권고 본문에 나타난다.[76]

IV. 마치는 말

코린토 1서와 2서 연구 본문을 함께 살펴본 결과 다음과 같은 점들을 알 수 있었다.

첫째, 코린토 1서 연구 본문에서 바오로는 '몸 은유'를 사용하여 분열 상황에 놓인 코린토 교회에 가르침을 전한다. 바오로가 사용한 '몸 은유'는 당시 그리스-로마 정치철학에서도 널리 알려진 수사법이었지만, 사도는 이를 그리스도의 몸인 교회에 독창적으로 적용하였다. 그리고 코린토 2서 연구 본문에서는 헌금을 권고하는 문맥에서 탈출기의 만나 이야기 한 구절을 인용하여 자신의 주장을 뒷받침하는데, 여기에서도 바오로의 고유한 성경 해석과 적용을 볼 수 있었다. 이처럼 바오로는 자신의 논지에 맞추어 당대의 보편적인 은유 사용과 구약성경 인용을 통해 그리스도의 공동체 개념을 제시하였다.

75 "바오로는 코린토인들이 가지고 있는 것이 모두 하느님에게서 받은 것임을 강조하기 위해 구약성경을 인용하며, 그들의 소유를 자신들을 위해서 간직해서는 안 된다고 말한다. 예루살렘 교회의 성도들이 어려운 처지에 있기 때문이다. 탈출기 16장의 만나 이야기에서 볼 수 있듯이, 하느님 백성 모두에게 필요한 양식이 있어야 한다. 따라서 코린토인들은 이제 할 수 있는 도움을 베풀어야 하는데, 이것이 바로 하느님께서 코린토인들에게 그 시기에 더 많은 것을 주신 이유이다.": Bella, "2 Corinthians", 776.

76 Barclay, "Manna and the Circulation of Grace", 423–425.

둘째, 코린토 1서에서 신자들의 다양성을 존중하는 가운데 일치와 상호 관심을 요청하는 것은 코린토 2서에서 코린토와 예루살렘 교회의 고유한 상황을 존중하는 가운데 서로를 돌보라는 권고의 말과 같다고 할 수 있다. 곧 동등한 주체로서 서로의 필요에 부응하는 것이 '균형을 이루는 것'이고, 그것의 가시적인 형태 하나가 헌금이다.

셋째, 바오로는 코린토 1서에서 몸을 이루는 지체인 신자들은 '함께 고통을 겪고 함께 기뻐한다'라고 선언하며 연대하는 그리스도교 공동체의 특성을 알려준다. 한편 코린토 2서에는 '고통'이나 '기쁨'의 연대라는 말이 명시적으로 나오지 않지만, 코린토 교회가 예루살렘 교회의 '궁핍'을 생각하고 그것을 채워주는 행위는 '고통을 함께 겪는 것'으로 해석할 수 있다. 또한 서로의 궁핍을 채워주어 균형을 이룰 때 '고통과 기쁨을 함께하는' 공동체의 모습을 떠올릴 수 있을 것이다.

넷째, 두 본문에 나타난 바오로 권고의 토대는 그리스도에게서 찾을 수 있다. 함께 성령을 경험한 그리스도의 몸으로서의 교회가 바라보아야 할 표상(表象)은, 하느님의 아드님으로 부유하시면서도 우리를 위해 자신을 낮추어 가난하게 되신 그리스도다.

다섯째, 본 논문은 연구주제를 '고통'의 문제로 제한하지 않고 '고통과 기쁨의 연대'로 확장하였다. 한 지체의 고통이나 기쁨을 다른 지체가 쉽게 공유하지 않는다. 우리 공동체에서도 강한 자의 기쁨과 약한 자의 고통이 서로 평행선을 달리고, 때로 다른 이의 고통에는 어렵지 않게 참여하지만 다른 이의 행운을 쉽게 기뻐하지 못하는 것이 다수의 정서일 수 있다. 하지만 상호공감과 연대가 없는 공동체는 건강하지 않은 집단이고, 바오로가 생각하는 그리스도 공동체는 '고통뿐만 아니라 기쁨도 함께한다.' 그래서 그것이 지금 우리 공동체가 실천하기에 힘쓸 가르침일 것이다.

V. 참고 문헌

성경

BIBLIA HEBRAICA STUTTGARTENSIA, W. Rudolph et H.P. Rüger (ed.) (Stuttgart 1984).

Septuagint Göttingensis Vol. II,1, Exodus, J. William Wevers (ed.) (Göttingen Vandenhoeck & Ruprecht 1991).

The Greek New Testament, Nestle - Aland (28th ed.) (Stuttgart 2012).

고전 문헌

아리스토텔레스, 『니코마코스 윤리학』, 박문재 옮김 (현대 지성 2022).

Josephus, F., *The Jewish War Books IV-VII*, Trans. by H. ST. J. Thackeray (Cambridge Reprint 1990).

__________, *Jewish Antiquities I-IV*, Trans. by H. ST. J. Thackeray (Cambridge Reprint 1991).

Philo, VII, Trans. by F.H. Colson, M.A. (Cambridge Reprint. 1984).

일반 문헌

Barclay, J.M.G., "Manna and the Circulation of Grace: A Study of 2 Corinthians 8,1-15", J.R. Wagner & A.K Grieb & C.K. Rowe (eds.), *Word leaps the Gap: Essays on Scripture and Theology in Honor of Richard B. Hays* (Grand Raphids 2008), 409-426.

Baden, J.S., "The Original Place of the Priestly Manna Story in Exodus 16", *ZAW* 122 (2010), 491-504.

Barrett, C.K., *The Second Epistle to the Corinthians* (Peabody 1973).

Bella, P., "2 Corinthians", G.K. Beale & D.A. Carson (eds.), *Commentary on the New Testament Use of the Old Testament* (Grand Rapids 2007), 753-784.

Brookins, T.A., "Paul and the Ancient Body Metaphor: Reassessing Parallels", *Journal for the Study of Paul and His Letters* 6/1 (2016), 75-98.

Campbell, J.Y., "Koinonia and its Cognates in the NT", *JBL* 51 (1932), 352-380.

Child, B.S., *The Book of Exodus* (Philadelphia 1974).

Ciampa, R.E., Rosner, B.S., *The First Letter to the Corinthians* (Grand Rapids 1999).

Collins, R.F., *First Corinthians* (Collegeville 2020).

Conzelmann, H., *1 Corinthians*, Trans. by J.W. Leitch (Philadelphia 1975).

Durham, J.I., *Exodus* (Waco 1987).

Dains, B., "Paul's Use of the Analogy of the Body of Christ - With Special Reference to 1Corinthians 12", *The Evangelical Quarterly* 50 :2 (1978), 71-78.

Ellis, E.E., *Paul's Use of the Old Testament* (Grand Rapids 1957).

Fee, G.D., *The First Epistle to the Corinthians* (Grand Rapids 2014).

Fritschel, A., "Exodus 16 as an Alternative Social Paradigm", *Currents in Theology and Mission* 41: 4 (2014), 35-38.

Furnish, V.P., *II Corinthians* (New York 1984).

Garland, D.E., *1 Corinthians* (Grand Rapids 2003).

Geller, S.A., "Manna and Sabbath: A Literary-Theological Reading of Exodus 16", *Interpretation* 6 (2005), 5-16.

Hays, R.B., *First Corinthians* (Louisville 1997).

Hickling, C.J.A., "Paul's Use of Exodus in the Corinthian Correspondence", R. Bieringer (ed.), *The Corinthian Correspondence* (Leuven 1996), 367-376.

Horrell, D., "Paul's Collection: resources for a materialist theology", *Epworth Review* 22: 2(1995), 74-83.

Horsley, R.A., *1 Corinthians* (Nashvill 1998).

Houtman, C., *Exodus* (Peeters-Leuven 2006).

Hughes, P.E., *The Second Epistle to the Corinthians* (Grand Rapids 1962, Reprint 1992).

Kim Youg Suk, *Christ's Body in Corinth: The Politics of a Metaphor* (Minneapolis 2008).

Kneer, C.S., *The Gospel of John* (Peabody 2003).

Lookadoo, J., "The Corinthian Body: A Post-Pauline Somatic Metaphor in its Ancient Contexts", *Korea Presbyterian Journal of Theology* 54: 4(2022), 33-59.

Lambrecht, J., *Second Corinthians* (Collegeville 1999).

Martin, R.P., *2 Corinthians* (Waco 1986).

Matera, F.J., *II Corinthians* (Louisville 2003).

Meeks, W.A., *The First Urban Christians, The Social World of the Apostle Paul* (New Haven/London 1983).

Mitchell, M.M., *Paul and the Rhetoric of Reconciliation: An Exegetical Investigation of the Language and Composition of 1 Corinthians* (Westminster 1991).

Ogereau, J. M., "The Jerusalem Collection as κοινωνία: Paul's Global

Politics of Socio-Economic Equality and Solidarity", *NTS* 58: 3(2012), 360-378.

Plummer, A., *First Epistle of St. Paul to the Corinthians* (Edinburgh 1978).

Propp, W.H.C., *Exodus 1-18* (New Haven & London 1999).

Slayton, J.C., "Manna" (Anchor Bible Dictionary 4: New York 1992), 511.

Smith, D.L., "Why Paul's Fabulous Body is Missing its Belly: The Rhetorical Subversion of Menenius Agrippa's Fable in 1Corinthians 12.12-30", *JSNT* 41: 2(2018), 143-160.

Stählin, G., "ἴσος, ἰσότης, ἰσότιμος", *TDNT* Vol. 3 (Grand Rapids 1974), 343-355.

Stenschke, C., "The current financial cries of Europe, Paul's collection for Jerusalem and good stewardship", *European Journal of Theology* 21/2(2012), 97-99.

Theissen, G., *The Social Setting of Pauline Christianity: Essays on Corinth* (Eugene 2004).

Vassiliadis, P., "Equality and Justice in Classical Antiquity and in Paul: The Social Implications of the Pauline Collection", *St. Vladimir's Theological Quarterly* 36 (1992), 51-59.

Wedderburn, A.J.M., "Paul's Collection: Chronology and History", *NTS* 48:1 (2002), 92-110.

Wright, N.T., *Paul and the Faithfulness of God* (Minneapolis 2013).

Witherington B., III., *Conflict & Community in Corinth, A Scocio-Rherotical Commentary on 1 and 2 Corinthians* (Grand Rapids 1995).

Zimmermann, R., "The body fables in Babrius, Fab. 134 and 1 Corinthians 12: Hierarcic or democratic leadership in crisis management?", *HTS Theological Studies* 77: 4(2021), 1-7.

_______________, "Fable III. NT", C.M. Furey, J.M. LeMon, B. Matz, T. Chr. Römer, J. Schröter, B. Dov Walfish et al. (eds.), *Encyclopedia of the Bible and its Reception* vol. 8 (De Gruyter 2014), 650-651.

강선남, "성경에서의 재분배: 2코린 8,15을 중심으로", 『신학전망』 195 (2016), 168-203.

마르틴 노트, 『출애굽기』 한국신학연구소 옮김 (한국신학연구소 1981).

제임스 브루크너 지음, 『출애굽기』, 김귀탁 옮김 (성서 유니온 출판사 2015).

폴 바네트, 『고린도후서 강해 - 약함 안에서의 능력』, 정옥배 옮김 (한국기독학생회출판부 2002).

왕인성, "바울의 헌금 사역에 대한 사회-문화적 접근. - 바울, 예루살렘 교회, 바울서신 수신자들과의 관계성을 중심으로", 『신약논단』 14: 4(2007), 1085-1119.

유승원, "그레코-로마 세계의 몸 메타포와 바울의 교회 공동체 개념", 『신약논단』 7 (2000), 149-166.

최영숙, "화해를 향한 바울의 몸짓 - 예루살렘 초대교회를 위한 구제헌금", 『신학논단』 18:4 (2011), 1103-1143.

테렌스 E. 프레다임, 『출애굽기』, 강성열 옮김 (한국장로교출판사 2001).

황봉환, "초대교회 안에서 실천된 헌금과 분배 관계에 대한 신학적 평가", 『로고스경영연구』 3:2 (2005), 91-96.

송혜경

에즈라 4서의 고통 이해

I. 서론

이 논문은 구약 외경 에즈라 4서의 '고통' 개념을 살핀다. 기원후 100년경에 만들어진 에즈라 4서가 고통 문제를 어떻게 바라보고 풀어나가는지 그리고 그 현대적 의미는 무엇일지 알아볼 것이다.

1. 연구 배경 - 유다교 전통의 고통 이해

고통의 문제는 인류 역사와 함께하는 문제다. 어느 시대, 어느 민족, 어느 장소에서건 고통을 피할 수 있었던 사람은 없을 것이다. 고통은 성경 전체를 관통하는 문제이기도 하다. 낙원 상실의 고통을 다룬 창세기에서부터 고통에 대한 성찰의 정점에 도달한 욥기, 그리고 두 번째 죽음의 고통을 이야기하는 요한 묵시록에 이르기까지 '고통'은 성경 본문에서, 명시적 혹은 암묵적으로 줄곧 이야기된다.

고통은 성경 바깥의 유다교 문학에서도 비중 있게 다뤄진다. 기원후 70년 예루살렘 멸망이라는 민족적 비극을 마주한 저자에 의해 집필된 에즈라 4서는 당대 유다인들이 겪었던 고통의 깊이를 짐작케 한다. 약 2000년 전에 만들어진 '아주 오래된' 작품이지만 고통 문제에 있어서만큼은 전혀 낡지 않은 시각을 제시하고 있다. 고통에 대한 '오래 되었으나 새로운' 성찰이 현대인에게도 울림을 준다는 판단에서 '에즈라 4서의 고통 이해'를 연구 주제로 정했다. 그런데 에즈라 4서의 고통 이해는 유다교 전통과 역사 안에서 나온 오랜 숙고의 결과물이므로, 에즈라 4서 고통 개념의 배경이 되는 '유다교 전통의 고통 이해'를 먼저 살펴보겠다. 에즈라 4서를 유다교 전통과 역사에서 분리하여 읽는다면 그 의미를 제대로 파악하지 못한다는 판단에서다.

유다교 전통의 고통 이해는 구약성경과 그리스-로마 시대 비-정경 문학으로 나누어 살피겠다.

1.1. 구약성경

사이먼슨(Simundson)은 고통에 대한 구약성경 저자들의 숙고와 성찰을 기원전 586년 바빌론 유배를 기준으로 나누어 소개한다.[1]

1.1.1. 유배 이전

사이먼슨에 따르면 유배 이전의 '고통' 개념은 네 가지 특징으로 요약된다. 첫째, 유배 이전에는 고통이 "죄의 결과"라는 개념이 가장 우세했다. 이는 모세오경, 유배 이전의 예언서들, 신명기계 역사서들에서 공통적으로 확인된다.

둘째, 이 본문들은 고통과 관련하여 '공동체 의식' 또는 '연대 의식'을 강하게 내세운다. 그리하여 개인의 고통보다는 인류 전체 또는 이스라엘 백성 전체의 공동운명과 연대성에 초점을 맞춘다. 의인이나 무죄한 어린이도, 계명을 지키지 않은 이스라엘 백성이 져야 하는 멸망의 고통에서 배제되지 않는다는 것이다.

셋째, 하느님은 "이 세상에서 정의를 실현"하시는데, 이를 위해 백성의 "원수들을" 이용하기도 하신다고 한다. 계약을 위반한 예루살렘을 처벌하시려고 "하느님이 바빌론을 불러들이신다"는 관점이다. 이러한 시각의 저변에는 "인간의 고통에 하느님도 일정한 지분이 있다"는 생각이 깔려 있다. 하지만 그러한 고통과 처벌을 유발한 궁극적 원인은 인간의 죄라는 데는 변함이 없다.

넷째, 유배 이전에도 '응보' 개념이 고통에 대한 유일한 답은 아니었다. 장애를 일으키신 분이 하느님이시라고 하는 탈출 4,11에는 고통이 인간의 죄 때

1 Simundson, "Suffering", 219-224.

문만은 아니라는 관점이 함축되어 있다. 이 구절이 고통의 원인을 상세히 설명하지는 않으나 고통을 죄와 직접 연결하지 않는다는 점은 분명하다. 나아가 신명 8,1-5은 고통이 인간에게 유익을 가져다주기도 한다는 관점을 내포한다. 고통은 인간을 "가르치고", "시험하고", 아들처럼 "훈련"시킨다는 것이다.

1.1.2. 유배 시대 이후

사이먼슨은, 유다교 전통의 고통 개념이 기원전 586년 바빌론인들에 의한 예루살렘의 몰락과 유배로 대전환점을 맞이했음을 주목한다.[2] 그는 유배 이후 문학에서 발견되는 고통 개념의 변화를 여섯 가지로 요약한다.[3]

첫째, "응보 개념이 개개인의 삶에도 적용되기 시작했다." 한 개인이 고통을 당한다면 그 고통은 타락한 공동체나 인류 때문이 아니라 그 사람 자신이 초래한 일이라는 관점이다. 사이먼슨에 따르면 욥의 친구들에게서 발견되는 태도, 곧 개인의 고통은 그 사람 본인 탓이라는 생각이 에제 18장과 예레 31,29-30에서도 발견된다.[4] 이러한 태도는 고통 원인의 '개인화'라고 부를 수 있을 것이다.

둘째, "'고통은 처벌'이라는 개념을 넘어 고통 안에서 구원하는 힘을 읽어내려는 노력들이 생겨났다." 이사 52,13—53,12, 타자를 위해 고통을 짊어지는 종의 이야기가 대표적인 사례다.

셋째, "하느님의 부당하심에 저항"하고 불평하는 태도의 증가이다. 이스라엘 백성이 멸망의 운명을 받은 것은 마땅한 일이지만 의인들과 어린이들, 여성들이 악인들만큼 때로는 그들보다 더 많은 고통을 당하는 것은 부당하다는

2 욥기가 만들어진 것도 바빌론 유배 이후라는 것이 거의 정설로 받아들여지고 있다.

3 Simundson, "Suffering", 223-224.

4 Simundson, "Suffering", 223.

관점이다. 사이먼슨은 이러한 태도가 하바 1,12-13, 애도 시편들, 욥의 연설, 예레미야의 고백, 코헬렛 등에서 확인된다고 한다.

넷째, 고통을 "악의 세력"과 연관 짓는 경향의 증가다. 악마가 직접 고통을 일으킨다는 생각, 혹은 악마가 인간으로 하여금 고통을 유발시키는 행위를 하도록 유혹한다는 생각이다. 사이먼슨이 주목하듯 고통을 사탄과 연관 짓는 시도는 욥기 1—2장, 1역대 21장, 즈카 3장에서 찾아볼 수 있다.

다섯째, "정의가 마침내 성취되는 장으로서 먼 미래"를 바라보게 되었다. 악의 세력의 지배를 받는 이 세상에서 고통은 예외적 사건이 아니라 일상이 되었으며 그에 대한 응보는 "먼 미래"의 마지막 때에 이루어진다는 것이다. 이러한 사고에서 "마지막 때"는 역사의 일부이지 역사를 넘어선 때가 아니다. 하느님이 역사에 개입하시어 "새로운 시대"를 역사 안으로 가져오시리라는 것이다. 최종적 응보의 때가 오기 전에 죽은 의로운 이들은 다시 살아나서 합당한 상을 받게 된다고 한다(다니 12,1-2).

여섯째, 고통을 "모호성", "신비"의 영역으로 남겨두려는 시도들도 있었다. 사이먼슨이 지적하듯, 욥기에서 욥은 (의인의) 고통의 원인을 "답변되지 않은 질문"으로 남겨두고 그와 더불어 살아가기로 결심한 듯 보인다. 사이먼슨은 또 애도에서 찬양으로 넘어가는 애도 시편들도 "고통에 대한 지성적 딜레마"의 해답을 찾기보다는 하느님과 자신의 관계를 유지해나가는 쪽으로 마음을 정한 사람들을 반영한다고 한다.[5]

1.2. 그리스-로마 시대 비-정경 문학

그리스-로마 시대 비-정경 문학은 고통의 딜레마에 대한 유배 이후 시대의 접근법을 계승한다. 구약 외경, 쿰란 문헌, 라삐 문헌 등 그리스-로마 시대 비-정

5 Simundson, "Suffering", 224.

경 문학(기원전 300년-기원후 200년)은 당대 유다인들의 고통에 대한 성찰이 고통의 '기원'을 찾는 일에 초점을 맞추었음을 보여준다. 이러한 접근법은 대개 고통을 죄/악과 연결하고, 죄/악의 기원을 탐구함으로써 고통의 궁극적 기원을 찾는다. 그러한 접근은 종종 악의 기원으로서의 사탄 개념으로 이어졌다. 우리가 당하는 고통이 궁극적으로 악마의 작용에 기인한다는 입장이다. 고통의 기원을 사탄에게서 찾은 최초의 (현존하는) 유다교 작품은 기원전 4-3세기에 만들어진 에녹 1서, 특히 16—36장이다.[6] 선하신 하느님이 만드시고 '보기에 좋다'고 선포하신 이 세상에 악과 고통이 존재하는 것이 악마 때문이라는 것이다. 고통의 기원을 악마/사탄에게서 찾는 시도는 희년서, 아담과 하와의 생애, 2에녹 29,1-4 등의 구약 외경과 공동체 규칙서(1QS 3.18-21), 전쟁 두루마리(1QM 13.10-12), 다마스쿠스 문서(CD 4.12-19) 등의 여러 쿰란 문헌에서 이어진다.[7]

고통은 죄의 결과, 처벌의 일환이라는 전통적 생각도 여전히 이어졌다. 사실 유다교 전통에서 고통은 벌이라는 개념이 전면적으로 부정된 적은 없는 듯하다. 기원전 1세기에 저술된 솔로몬의 시편(2,1-18)이나 기원후 100년경에 저술된 바룩 2서(15,6)에도 예루살렘의 멸망이 백성의 죄에 대한 벌이라는 생각이 반영되어 있다.[8] 이러한 관점은 이스라엘 백성이 당하는 고통이 정당한 고통이라는 생각을 함축한다.

고통의 기원은 악마에게 있다는 생각이나 고통은 죄에 대한 벌이라는 생각에는 고통이 악, 나쁜 것이라는 시각이 전제되어 있다.[9] 그런데 그리스-로마

6 에녹 1서 해제와 본문은 송혜경, 『구약 외경 1』, 68-160 참조.

7 이에 대해서는 송혜경, 『사탄 악마가 된 고발자』를 참조하라.

8 솔로몬의 시편 해제와 본문은 송혜경, 『구약 외경 1』, 166-243을, 바룩 2서 해제와 본문은 송혜경, 『구약 외경 2』, 162-334을 참조할 수 있다.

9 이러한 관점이 극대화되어 나타나는 것이 2-3세기 그리스도교 영지주의라고 볼 수 있다. 가령 요한의 비전에서 모든 고통과 악은 이 세상의 창조주 하급신에게서 비롯되는 것으로 그

시대 작품 가운데 고통이 반드시 악하기만 한 것, 그래서 무슨 방법을 써서든 피해야 하는 것이라는 관점에 의문을 제기하는 작품들도 있었다. 지은 죄가 없어도 고통은 일어날 수 있고, 또 그것이 반드시 재앙이라고 말할 수는 없다는 것이다. 이 부류의 작품들은 고통을 훈육과 수련 또는 대속 수단으로 보면서 고통의 선성과 긍정적 측면을 부각시킨다. 고통의 긍정성을 강조한 작품으로는 1-2세기 구약 외경 욥의 유언을 꼽을 수 있다. 욥기에 바탕을 두고 새로 쓴,[10] 이 작품에서 고통은 우리에게 닥친 불가피한 재앙이 아니라 인간이 드높은 곳에 도달하기 위해 선택한 능동적 훈련과정으로 묘사된다. 머멜스타인은, 100-150년 사이에 저술된[11] 욥의 유언에서 욥은 고통에 짓눌린 영혼이 아니라 고통을 겪되, 신앙으로 시련의 시기를 이겨나가는 사람임에 주목한다.[12] 특히 욥의 유언에서는 하느님이 직접 욥에게 고통을 제안하시면서,[13] 욥이 "훈련하는 운동선수처럼, 고통을 인내하여 화관을 받게 될 것"이라고 말씀하신다(욥의 유언 4,10).[14] 그리고 욥은 하느님의 제안을 수락하면서 하느님이 자기에

려진다. 본디 '영'으로서 천상계에 속했던 우리가 하급신의 창조물인 육체에 갇힘으로써 온갖 고통과 숙명에 지배당한다는 것이다. 이 세계관에서 '고통'은 하급신 창조주가 인류를 지배하기 위한 수단들 가운데 하나로 여겨진다.

10 쉘러에 따르면 욥의 유언은 본디 그리스어로 쓰였으며 칠십인역 욥기에 기대어 만들어졌다: Schaller, "Das Testament Hiobs und die Septuaginta-Übersetzung des Buches Hiob", 377–406.

11 존 J. 콜린스는 욥의 유언 저술 시기를 기원전 100년에서 기원후 150년경까지로 넓게 잡는다: J.J. Collins, *Between Athens and Jerusalem: Jewish Identity in the Hellenistic Diaspora*, 241.

12 Mermelstein, "Emotional Responses to Suffering in the Testament of Job", 1. Begg, "Comparing Characters: The Book of Job and the Testament of Job", 437–439도 참조.

13 욥의 유언 37,3-4에서 고통과 재앙을 보내는 자가 사탄이 아니라 하느님이심이 재차 강조된다.

14 이 논문에 제시된 욥의 유언 인용문은 Bible Works가 제공하는 그리스어 본문을 우리말로

게 주시려는 모든 것을 받아들일 준비가 되어 있다고 선언한다(7,13). 결국 욥은 자기에게 닥친 모든 고통을 통해 "인내하는 이성"을 얻었으며(21,4), 극심한 고통 속에서 인내함으로써 고통에 승리했다(27,5)고 한다. 이처럼 욥의 유언에서는 고통이 벌이 아니라 영광의 화관을 받기 위한 훈련과 시련이라는 관점이 전면에 부각된다.[15]

마카베오 가문의 순교를 다룬 1세기 외경 마카베오기 4권도 고통의 긍정적 측면을 부각시킨다.[16] 여기서 고통은 무엇보다 하느님께 도달하는 방법으로 제시된다. 마카베오 일가의 고통과 순교는 하느님께 도달하는 능동적인 훈련, 거룩한 투쟁이라는 것이다.[17] 나아가 4마카 17장은, 순교자들의 고통과 죽음이 백성의 속량을 가져왔다는 관점, 곧 대속적 고통에 대한 믿음을 드러낸다.[18] "거룩한 섭리는, 경건한 이들의 피(αἷμα)와 그들의 죽음의 속죄

옮긴 것이다. 욥의 유언 전문(영어 번역)은 Spittler, "Testament of Job", 829-868을 참조할 수 있다.

15 고통을 영광의 화관을 받기 위한 시련으로 제시하는 욥의 유언은 욥의 자녀들의 죽음에 대해서도 욥기와 다르게 서술한다. 욥의 자녀들이 죽은 것은 사실이나 그들은 창조주에 의해 하늘로 들어올려져서 영광을 누리고 있다는 것이다(욥의 유언 39,12—40,6). 자녀들이 욥의 영광을 위한 일방적 희생제물은 아니었다는 의미다.

16 학자들은 마카베오기 4권의 저술 시기를 기원전 63년 폼페이우스의 예루살렘 침공 때부터 하드리아누스 황제 재임기(117-138년)까지 비교적 넓게 잡는다. 앤더슨은, 확실성을 담보할 수는 없지만 기원후 18-55년 사이를 저술 시기로 잡는 비커만의 의견이 설득력 있다고 판단한다: Anderson, "4 Maccabees", 533-534. 비커만의 저술 시기 산정은 Bickermann, "The Date of Fourth Maccabees", 266-271을 참고할 수 있다.

17 Smith, "Suffering and Glory: Studies in Paul's Use of the Motif in the Light of Its Early Jewish Background", 40-41. Tabb, *Suffering in Ancient Worldview: Luke, Seneca, and 4 Maccabees in Dialogue*, 6에서 재인용.

18 대속 또는 대리적 속죄(vicarious atonement) 개념은 타인의 죄를 대신 짊어져 속죄하는 관념으로 대속적 고통과 대속적 죽음을 아우른다. '대속적 고통'의 정의는 Geyser-Fouchè/Munengwa, "The Concept of Vicarious Suffering in the Old Testament", 4-5 참조.

(ἱλαστήριον)를 통해 재앙 입은 이스라엘을 구하였다(διασῴζω)"(4마카 17,22)는 것이다.[19] 순교자들의 대속적 고통을 강조하는 기조는 4마카 17,1부터 18,5까지 이어진다.[20] 70년 이전에 만들어진 몇몇 쿰란 문헌(1QS 9.3-5; 4Q541)과[21] 1-2세기 탄나임 시대 라삐 문학(*y. Sanhedrin* 11:5; *Sifre Deuteronomy* 333; *t. Sotah* 10:1)에서도 대속 개념이 발견된다.[22] 그리스-로마 시대 유다인들에게 '대속적 고통과 대속

---

19 이 논문에 제시된 마카베오기 4권 인용문은 Bible Works가 제공하는 그리스어 본문을 우리말로 옮긴 것이다. 마카베오기 4권 전문(영어 번역)은 Anderson, "4 Maccabees", 531-564을 참조할 수 있다.

20 Shir, "Death as Atonement in 4 Maccabees" (https://weekly.israelbiblecenter.com/death-atonement-4-maccabees 검색일 2025/06/20).

21 쿰란 문헌에서 대리적 속죄 개념을 지지하는 단서들이 발견된다. 특히 1QS 9.3-5에는 공동체가 죄를 속죄하고 희생제물이 된다는 언급이 있는데, 이는 공동체적 속죄라는 독특한 개념을 시사한다. 한편 '자신의 세대 전체의 죄를 속죄할' 종말론적 인물을 묘사하는 4Q541 9.2-7은 한 개인이 공동체의 죄를 대신하여 속죄 행위를 수행한다는, 공동체적 속죄 개념과는 차별화되는 사상을 표현한다. 쿰란 문헌에 나타난 '대리적 속죄' 개념은 Kim, "The Concept of Atonement in the Qumran Literature and the New Covenant", 98-111. (https://digitalcommons.liberty.edu/lts_fac_pubs/347 검색일 2025/06/23); Betz, "Servant Tradition of Isaiah in the Dead Sea Scrolls", 40-56을 참조하라. 고통 및 대속 개념을 담은 쿰란 문헌과 이에 대한 연구 현황은 구글 제미나이Gemini 2.5 Pro(2025/08/27 세션)와 Perplexity AI(2025/08/27 세션)를 보조 도구로 사용하여 파악하였다. 이 과정에서 생성된 분석 결과는 필자의 검토를 거쳤으며 학문적 책임은 최종적으로 필자가 진다. 자세한 내용은 https://blog.naver.com/bibleworld-s/223985492906; https://blog.naver.com/bibleworld-s/223985488640 참조.

22 탄나임 시대 라삐 문헌에서는 대속 개념이 주로 의인이나 순교자의 고통과 죽음 또는 중재적 행위를 통해 표현된다. 의인들의 고난과 죽음이 공동체 전체의 죄를 대신한다는 생각(*y. Sanhedrin* 11:5; *t. Sotah* 10:1)이나 조상들과 예언자들이 이스라엘을 위해 생명을 바쳤다는 생각들(*Mekhilta Pischa* 1:19)이 그 예들이다. 탄나임 시대 라삐 문학의 대속 개념에 대한 연구는 Kim, "The Concept of Atonement in Early Rabbinic Thought and the New Testament Writings", 121-129. (https://digitalcommons.liberty.edu/lts_fac_pubs/248 검색일 2025/06/20); Boyarin, *Dying for God: Martyrdom and the Making of Christianity and*

적 죽음'은 낯선 개념이 아니었던 것이다.

고통을 메시아 시대/새 시대의 도래와 연결 짓는 시도도 계속되었다. 마지막 때가 되면 지금 고통을 겪고 있는 의인들에게 기쁨과 평화의 새 세상이 열리리라는 것이다. 바룩 2서(15,8)나 솔로몬의 시편(3,12)이 이 관점을 표방한다.

이런 식으로 그리스-로마 시대 유다인들은 다양한 각도에서 고통 문제에 접근하여 깊은 성찰과 반성을 이끌어내었다. 에즈라 4서도 그 대열의 한가운데에 서 있었다.

2. 본문 선정과 연구 현황

이 논문의 주 자료는 기원후 70년의 예루살렘 멸망을 배경으로 100년경에 저술된 구약 외경 에즈라 4서다. 로마인들에 의한 예루살렘의 몰락은, 기원전 586년의 사건처럼 유다인들의 고통 개념에 대전환점을 가져왔다. 민족적 대참사를 마주한 유다인 저자들은 고통 문제에 천착하여 그 어느 때보다도 심도 깊은 성찰을 이루었다. 1세기 유다인들의 고통에 대한 성찰은 에즈라 4서, 바룩 2서, 바룩 3서, 바룩 4서, 아브라함의 묵시록 등 다양한 구약 외경을 통해 확인된다.[23]

Judaism; Kraemer, *Responses to Suffering in Classical Rabbinic Literature*; Boustan/Reed, "Blood and Atonement in the Pseudo-Clementines and the Story of the Ten Martyrs", 332-364을 참조하라. 대속(대속적 고통, 대속적 죽음) 및 대속자 개념을 담은 탄나임 시대 라삐 문헌과 이에 대한 연구 현황은 구글 제미나이Gemini 2.5 Pro(2025/08/22 세션)와 Perplexity AI(2025/08/26 세션)를 보조 도구로 사용하여 파악하였다. 이 과정에서 생성된 분석 결과는 필자의 검토를 거쳤으며 학문적 책임은 최종적으로 필자가 진다. 상세한 내용은 https://blog.naver.com/bibleworld-s/223985517005 참조.

23 Jones, *Jewish Reactions to the Destruction of Jerusalem in A.D. 70: Apocalypses and Related Pseudepigrapha*, 18-38 참조.

이 작품들 가운데 에즈라 4서를 주 본문으로 선택한 이유는 무엇보다 이 작품이 고통에 대해 깊이 그리고 다각적으로 접근하고 있어서다. 에즈라 4서는 하느님의 정의 문제(곧 신정론)부터 고통에 대한 개인의 책임 문제에 이르기까지 고통과 관련한 다양한 주제들을 폭넓게 다루고 있다.

에즈라 4서가 고통 문제를 심도 있게 다룬다는 것은 다른 학자들도 주목하는 바다.[24] 그런데 에즈라 4서를 연구하는 학자들의 초점은 대개 고통 자체에 맞춰져 있지 않으며, 고통을 신정론, 종말론, 악의 원인 같은 더 넓은 주제의 한 요소로서 다룬다.[25] 따라서 에즈라 4서의 '고통' 개념 자체에 집중한 논문이나 단행본은 찾기가 어려우며 그마저도 대부분 고통의 특정 측면만 부각시킨 경우이다. 그리고 에즈라 4서의 고통 이해를 포괄적으로 다룬 사례는 거의 없다.[26]

24 Berthelot, "Is God Unfair? The Fourth Book of Ezra as a Response to the Crisis of 70 C.E.", 88-89.

25 Goldenberg, "Early Rabbinic Explanations of the Destruction of Jerusalem", 517-525; Kirschner, "Apocalyptic and Rabbinic Responses to the Destruction of 70", 27-46; Berthelot, "Is God Unfair? The Fourth Book of Ezra as a Response to the Crisis of 70 C.E.", 73-89; Boccaccini, "The Evilness of Human Nature in 1 Enoch, Jubilees, Paul, and 4 Ezra", 63-82; Barker, "Determinism and Moral Agency in 4 Ezra", 241-267. (https://pmc.ncbi.nlm.nih.gov/articles/PMC12166969/ 검색일 2025/05/26); Du Rand, "Theodicy and Apocalyptic Eschatology in 4 Ezra", 224-236; Stone, *Fourth Ezra: a commentary on the book of Fourth Ezra*, 35-36; Gore-Jones, *When Judaism Lost the Temple: Crisis and Response in 4 Ezra and 2 Baruch*; Willett, *Eschatology in the Theodicies of 2 Baruch and 4 Ezra* 참조.

26 에즈라 4서의 고통 개념에 대한 연구 현황 및 문헌 비교 작업에는 구글의 제미나이Gemini pro 2.5(2025/8/22 접속)와 퍼플렉시티Perplexity AI(2025/08/22 접속)를 보조 도구로 사용하였다. 이 과정에서 생성된 분석안은 필자의 검토와 수정을 거쳤으며 학문적 책임은 최종적으로 필자가 진다. 상세한 내용은 https://blog.naver.com/bibleworld-s/223985570398 참조. 에즈라 4서에 대한 연구 현황은 Hogan, "Introduction and History of Scholarship on 4 Ezra", 1-40 참조.

3. 연구 목표와 방법

이 논문은 에즈라 4서의 고통 문제 자체에 집중하여 저자가 이 문제를 어떻게 다루는지 살피는 것을 목표로 한다. 유다교 전통 안에서 에즈라 4서 저자가 고통 개념을 다른 신학적 주제들과 어떻게 결합시키고 심화시켜 나가는지 확인할 것이다.

연구 방법으로는, 에즈라 4서 고통 개념의 역사적 배경(=작품 배경)을 살핀 다음 고통에 관한 성찰을 언어적/주제적 측면에서 접근하여 탐색할 것이다. 먼저, 저자가 어떤 단어와 표현을 써서 고통을 묘사하는지 살펴본 다음(언어적 접근), 주제별로 나누어 살필 것이다(주제적 접근). 후자에서는 고통을 연상시키는 특별한 단어나 표현에 국한하지 않고 고통과 연관된 주제를 중심으로 본문을 분석하고 그 의미를 도출할 것이다. 논의의 전개에는 사이먼슨이 제시한 유배 이후 고통 개념의 6가지 특성을 나침반으로 삼을 것이다.

에즈라 4서의 고통 개념에 대한 선행 연구를 포괄적으로 파악하고 동시대 유다교 문헌의 고통 개념과 비교하기 위해 인공지능(AI) 도구를 보조적으로 활용하였다([표 1] 참조). AI 도구를 활용하여 주요 학자와 핵심 문헌을 신속하게 식별하였으며, 이는 기존 연구의 방대한 양을 효율적으로 탐색하는 데 기여하

[표 1] **AI 활용 상세 내역**

연구 단계	활용 AI 도구	수행한 구체적인 작업	활용 날짜 및 세션
문헌 검토 및 선행 연구 파악	Google Gemini 2.5 Pro; Perplexity AI	에즈라 4서의 고통 개념 관련 주요 학자 및 논문 검색	2025-08-22 세션
문헌 상호 참조 및 맥락 분석	Google Gemini 2.5 Pro; Perplexity AI	쿰란 문헌의 고통 및 대속 개념 연구 현황 파악	2025-08-27 세션
문헌 상호 참조 및 맥락 분석	Google Gemini 2.5 Pro; Perplexity AI	탄나임 시대 라삐 문학의 대속 개념 연구 현황 파악	2025-08-22 세션; 2025-08-26 세션

였다. AI가 제시한 모든 문헌과 정보는 필자의 검토와 수정을 거쳐 최종 논증에 반영되었다. 본 논문의 학술적 논증은 오직 필자의 해석과 분석에 기반한다. 따라서 논문의 최종 내용에 대한 학문적 책임은 전적으로 필자에게 있다.

II. 본론: 에즈라 4서의 고통 이해

1. 에즈라 4서와 작품 배경

1.1. 에즈라 4서

에즈라 4서(4Ezra)는 라틴어 불가타 성경에 실린 에스드라스 4서(4Esdras) 3—14장에 해당하며, 에즈라 묵시록(Apocalypse of Ezra)이라고도 알려져 있다.[27] 살라티엘 에즈라에게 계시된 일곱 개의 환시로 이루어진 에즈라 4서는 100년경 유다인 저자에 의해 아람어 또는 히브리어로 저술되었으리라 추정된다.[28] 저자는 묵시문학적 환시와 해석, 질문과 응답 등의 문학 장치를 이용하여 고통과 관련한 신학적 주제들을 역동적으로 전개해 나간다. 현재 히브리어·아람어 본문은 전해지지 않으며, 현존하는 역본 가운데 라틴어 역본과 시리아어 역본이 가장 높은 평가를 받는다. 여기서 인용하는 에즈라 4서 본문은 시리아어 역본을 우리말로 옮긴 것이며『구약 외경 2』에 실려 있다.[29]

---

27 현대 학자들은 대부분 불가타 4에스드라스 3—14장만 '4에즈라'(4Ezra)라고 부르고 1—2장은 에즈라 5서(5Ezra), 15—16장은 에즈라 6서(6Ezra)라고 부른다: Widow, *The Origin of the Hebrew Bible: An Analysis of Josephus and 4 Ezra*, 87-88.

28 Metzger, "The Fourth Book of Ezra", 520 참조.

29 에즈라 4서 우리말 번역과 해제는 송혜경,『구약 외경 2』, 12-159 참조.

1.2. 작품 배경

에즈라 4서의 작중 배경은 기원전 586년 바빌론에 의한 예루살렘 몰락과 유배이지만 실제 배경은 기원후 70년 로마인들에 의한 예루살렘 성전의 붕괴와 몰락이다.[30] 유다인들에게 이 사건은, 기원전 586년 유다 왕국의 멸망과 유배에 버금가는 대재앙이었다. 기원후 66년에 발발한 유다인들의 대-로마 항쟁이 4년 만에 실패로 끝나면서 예루살렘은 초토화되었고 성전은 불타서 잔해만 남았다.[31] 헤로데가 시작한 성전 증축 공사가 마무리된 지 채 몇 년도 지나지 않은 시기였다. 이때 수많은 유다인들은 죽거나 로마로 끌려갔으며 남은 유다인들도 예루살렘을 떠나야 했다. 요세푸스에 따르면 이때 죽은 유다인이 백십만 명,[32] 살아남은 자들 가운데 노예로 끌려간 수가 구만 칠천에 달했다고 한다(『유다 전쟁사』 6.420).[33] 헤써(Hezser)는 『유다 전쟁사』 3.539-540을 인용하여, 베스파시아누스 장군이 갈릴래아 호수 연안의 타리케아를 점령했을 때 유다인들 가운데 나이 들고 약한 자들은 처형하고 건강한 30,000명 이상의 청년은 노예로 팔았다고 한다.[34] 그리고 그의 아들 티투스 장군은 야포 함락 당시

---

30 Jones, *Jewish Reactions to the Destruction of Jerusalem in A.D. 70: Apocalypses and Related Pseudepigrapha*, 18-38 참조.

31 이 시기에 예루살렘이 참혹하게 파괴된 것은 고고학적 발굴 결과로도 증명되었다: Weksler-Bdolah, *Aelia Capitolina-Jerusalem in the Roman period: in light of archaeological research*, 3.

32 로마인 역사가 타키투스에 따르면, 70년 로마의 티투스 장군이 예루살렘을 함락할 당시 파스카 축제 기간이라 도성 안에 사람들이 평소보다 훨씬 많았다고 한다. 예루살렘 주민과 반란군들뿐 아니라 이스라엘 각지와 외국에서 온 순례자들이 합세하여 도성 전체가 북적였다는 것이다. 타키투스는 당시 유다인 사망자 수를 육십만으로 추정한다(『역사』 5.13.1).

33 Harris, "Towards a Study of the Roman Slave Trade", 122; Hezser, "The Social Status of Slaves in the Talmud Yerushalmi and in Graeco-Roman Society", 96 참조.

34 Hezser, "The Social Status of Slaves", 96.

모든 장정들을 죽이고 2,130 명의 여자와 어린이들을 노예로 잡아갔다고 한다(『유다 전쟁사』 3.304-305).[35] 유다인들이 겪은 비극에 병자와 노인과 여성과 어린이도 예외가 되지 않았던 것이다. 요세푸스가 제시한 숫자들은 다소 과장되었겠지만[36] 엄청난 수의 유다인들이 죽거나 노예로 끌려간 것은 분명하다. 그 이후 예루살렘은 로마 군단의 주둔지로 전락하여 130년 하드리아누스 황제가 방문할 때까지 수십 년 동안 폐허로 남아 있었다고 한다(카시우스 디오, 『로마사』 69.2).[37] 예루살렘 멸망으로 유다인들은 성전 없는 백성이 됨으로써 종교적 측면에서도 풀기 어려운 문제에 봉착했다. 그들은 성전의 상실과 함께 희생 제사와 그에 수반된 속죄 방법마저 잃어버렸다. 그동안 백성의 삶과 종교의 구심점 역할을 하던 성전과 희생 제사 없이 그들이 과연 하느님 백성의 정체성을 유지할 수 있을지 장담하기 어려웠다. 사실 백성의 존속 자체가 위험에 부쳐진 시기였다.

에즈라 4서가 저술된 시기가 바로 이런 비극과 혼란의 시간, 절망과 암흑의 시간이었다. 에즈라 4서는 이 시간을, 성전이 무너지고 제사와 예배가 사라진 시간, 청년이 노예로 끌려가고 여자들이 명예를 잃은 "애도의 때"로 묘사한다(10,8-23). 저자는 몰락한 백성의 일원으로서, 그리고 고통당하는 한 개인으로서 그 누구보다 깊이 고통 문제에 파고들고 고통에 대해서 그 누구보다 깊이 그리고 끈질기게 질문한다. 에즈라 4서를 통해 고통을 회피하지 않고 정면으로 마주한 이에게서 나오는 깊은 성찰을 엿볼 수 있다.

---

35 Hezser, "The Social Status of Slaves", 96.

36 헤써도 요세푸스가 제시한 숫자에는 회의적인 반응을 보인다: Hezser, "The Social Status of Slaves", 96.

37 제1차 유다 항쟁과 그 결과에 대해서는 Berlin/Overman (eds.), *The First Jewish Revolt. Archaeology, History, and Ideology*. 1차 항쟁에 대한 현대 학자들의 연구 현황은 Goodman, "Current Scholarship on the First Revolt", 15-24 참조.

2. 에즈라 4서의 고통 개념

2.1. 언어적 접근

에즈라 4서는 '고통의 책'이라고 이름 붙여도 될 만큼 고통과 관련된 단어들이 다양하고 빈번하게 사용된다. 고통을 표현하는 대표적인 단어로는 ܚܫܐ (*hasho*), ܐܘܠܨܢܐ(*ʾulchono*), ܬܫܢܝܩܐ(*tashniqo*), ܥܩܬܐ(*ʿoqto*), ܐܒܠܐ(*ʾeblo*), ܬܢܚܬܐ(*tenahto*), ܥܡܠܐ(*ʿamlo*) 등을 꼽을 수 있다. 에즈라 4서 저자는 고통, 슬픔, 괴로움, 고난, 고초, 애도 등을 가리키는 다양한 유의어들을 사용하여 이 세상에서 겪는 현실적 고통과 죽음 이후에 받게 될 처벌로서의 고통을 세밀하게 표현한다.[38] 이는 저자가 고통 문제에 얼마나 깊이 천착했는지 보여준다. 고통을 묘사하는 어휘를 담은 [표 2]와 [표 3]에는(다음쪽 참조) 대표 명사만 수록했지만 동사 형태로 쓰인 경우도 포함된다. 세상에서 겪는 고통([표 2])과 생전 또는 사후에 처벌로서 받는 고통([표 3])은 따로 구분하였다. 사용 빈도수가 높은 단어부터 차례로 실었다.

표에서 알 수 있듯이, 에즈라 4서는 고통에 관한 묘사와 표현이 매우 풍부하다. 고통과 관련된 단어의 종류와 사용 횟수만 보아도 저자가 고통 문제에 어느 정도로 진심인지 짐작하기 어렵지 않다. 삶이 곧 고통이라는 자각에서 이 작품이 나왔다고 볼 수 있을 정도다. 저자는 고통의 기원과 이유부터 그 의미를 묻는 대목에 이르기까지 다양한 맥락에서, 고통과 관련된 어휘를 자유자재로 사용하면서 고통 문제를 심도 깊게 성찰해 나간다. 이제 에즈라 4서의 고통 이해를 주제별로 나누어 살펴보겠다.

---

38 에즈라 4서에서 ܬܫܢܝܩܐ, ܐܒܠܐ, ܥܩܬܐ, ܬܢܚܬܐ, ܐܘܠܨܢܐ, ܥܡܠܐ 등은 세상에서 겪는 고통과 사후에 겪는 고통을 모두 표현한다.

[표 2] **이 세상에서 겪는 고통을 표현하는 단어들**

단어(대표 명사)	구절	뜻
ܬܫܢܝܩܐ *tashniqo*	7,64; 7,67; 7,72; 7,99	고통, 괴로움
ܐܒܠܐ *ʾeblo*	7,65; 8,16; 10,6; 10,8(2); 10,9; 10,11(2); 10,12; 10,39(2); 10,49	슬픔, 애도
ܥܩܬܐ *ʿoqto*	7,117; 9,38; 9,40; 10,7; 10,8; 10,39; 10,50	슬픔, 괴로움
ܬ(ܐ)ܢܚܬܐ *tenahto*	4,27; 7,12; 9,38; 9,41	괴로움, 탄식
ܐܘܠܨܢܐ *ʾulchono*	4,42; 5,21; 9,45; 14,33	고통, 고초
ܥܡܠܐ *ʿamlo*	5,35; 7,12	고통
ܚܫܐ *hasho*	3,22; 4,12; 5,34; 7,12; 8,15	고통, 고난, 괴로움, 아픔
ܟܐܒܐ *keʾbo*	3,1; 8,54; 10,20; 10,24; 10,50	슬픔, 괴로움
ܟܘܪܗܢܐ *kurhono*	4,27; 7,12; 8,53	질병, 아픔, 고통
ܡܘܟܟܐ *mukoko*	9,41; 10,7	고통, 비참
ܒܝܫܬܐ *bishto*	10,15; 10,20	재앙
ܠܐܘܬܐ *leʾuto*	5,35; 7,12	고통, 고난

[표 3] **생전/사후 처벌의 맥락에서 고통을 표현하는 단어들**

단어(대표 명사)	구절	뜻
ܬܫܢܝܩܐ *tashniqo*	12,26; 13,37(2)	고통 (이방민족이 받을 벌)
ܬܫܢܝܩܐ *tashniqo*	7,36; 7,38; 7,47; 7,66; 7,75; 7,80; 7,84; 7,86; 7,93; 7,99(2); 7,117; 8,59	고통(사후처벌)
ܐܒܠܐ *ʾeblo*	7,99; 13,17	슬픔(사후처벌)
ܥܩܬܐ *ʿoqto*	7,80; 13,17	괴로움(사후처벌)
ܬܢܚܬܐ *tenahto*	7,80; 7,99	괴로움(사후처벌)
ܐܘܠܨܢܐ *ʾulchono*	7,96	고통(사후처벌)
ܥܡܠܐ *ʿamlo*	7,96	수고(사후처벌)
ܟܐܒܐ *keʾbo*	8,54	고통(벌)

2.2. 주제별 접근: 고통에 대한 다각적 성찰

논의를 전개하는 데 나침반 역할을 한 것은 '사이먼슨이 제시한 유배 이후 고통 개념의 여섯 가지 특징'이다.[39] 에즈라 4서 본문을 이 여섯 가지 특징에 비추어 읽으면서 다른 문헌들과의 유사점과 차이를 도출할 것이다. 이로써 에즈라 4서가 계승·발전시킨 전통적 고통 개념은 무엇인지, 그리고 저자가 찾아낸 고유한 성찰은 무엇인지 탐색할 것이다. 주제 중심의 연구이므로 논의 전개 순서와 에즈라 4서 본문의 순서는 다를 수 있다.

2.2.1. 고통의 직시: 현실과 보편성

에즈라 4서는 예루살렘의 몰락을 접한 에즈라의 고통과 혼란에서 출발한다. 에즈라가 시온의 고통에만 집중하지는 않지만 성찰의 시작점은 단연 시온의 고통이다.

a. 시온의 고통

에즈라 4서는 고통을 회피하지 않고 정면으로 마주한다. 저자는 황폐해진 시온(예루살렘)과 번영하는 바빌론(로마)을 비교하며 하느님의 정의에 대해 울분을 토한다. 이는 사이먼슨이 지적한, 유배 이후 고통 개념의 셋째 특성, 곧 "하느님의 부당함에 저항"하고 원망하는 태도를 상기시킨다.

> 3,1 우리 도성이 무너진 지 삼십 년째 되던 해에, 에즈라라고도 하는 나 살라티엘은 바빌론에 있었다. 나는 내 침상에 누워 괴로워하고 있었다. 마음속에서 여러 생각들이 오락가락하였다. 2 내가 시온의 황폐함과 바빌론 주민들의 부유함을 보았기 때문이다. 3 그리고 나의 영은 몹시 동요하였고 나는 지극히 높으신 분

39 Simundson, "Suffering", 223-224 참조.

께 거센 말로 말씀드리기 시작하였다. … [28] “혹시 바빌론의 주민들이 더 낫게 행동했습니까? 당신께서 시온을 버리신 것이 그래서입니까? [29] … 제 마음이 몹시 흔들렸습니다. [30] … 당신께서 당신 백성은 멸망시키시고 당신을 미워하는 자들은 남겨두셨기 때문입니다.

에즈라의 항의를 부른 역사적 사건은 로마인들에 의한 예루살렘 성전의 파괴와 몰락이다. 시온의 고통은 4에즈 9,38—10,24에서 외아들을 잃은 여인의 고통에 빗대어진다. 에즈라는, 식음을 전폐한 채 애도하며 울고 있는 여인을 환시로 보는데 이때 에즈라는 그녀를 향해 시온이 고통당하고 있다면서 아들 하나 때문에 괴로워하는 그녀를 경각시킨다.

[10,7] “우리 모두의 어머니 시온이 깊은 슬픔(ܥܩܬܐ)과 엄청난 고통(ܡܘܟܟܐ) 속에 널브러져 있다. [8] 지금은 애도(ܐܒܠܐ)의 때이며 우리 모두가 탄원하며 애도(ܐܒܠܐ)하고 있다. 그런데 너는 아들 하나 때문에 괴로워하고(ܥܩܬܐ) 있느냐?”

시온이 깊은 슬픔과 고통 속에 널브러져 있다는 것이다. 시온의 고통은 조금 뒤에 더 구체적으로 묘사된다.

[10,21] 보라, 너는 보지 않았느냐? 황폐해진 우리의 성소들, 내팽개쳐진 우리의 제단들, 파괴된 우리의 성전, [22] 멈춰진 우리의 예배, 중단된 우리의 찬송, 추락한 우리의 영광, 꺼져버린 우리의 등불, 유린된 계약 궤, 더럽혀진 우리의 성물들, 오염된 우리의 이름, 멸시당한 우리의 귀족들, 불태워진 우리의 사제들, 유배된 레위인들, 더럽혀진 우리의 처녀들, 명예 잃은 우리의 여자들을! 우리의 환시가들은 끌려갔고 우리의 성도들은 흩어졌다. 우리의 젊은이들은 노예가 되었고 우리의 용사들은 기진하였다. [23] 시온의 봉인에 일어난 일보다 더 심한 일이 무엇이

냐? 시온은 그 영광의 봉인을 상실한 채 우리를 미워하는 자들의 손에 넘어갔다!

성소와 제단이 파괴되고 예배와 찬송이 멈춘 백성, 명예 잃은 여자들과 흩어진 성도들, 노예가 된 젊은이들과 기진한 용사들 등 집단적 외상의 경험으로 표현되는 시온의 고통은 추상적인 고통이 아니라 매우 구체적이고 현실적인 고통이다. 에즈라는 이 고통의 현실을 회피하거나 외면하지 않고 있는 그대로 직시한다. 이러한 태도는 고통은 회피의 대상이 아니라 직시의 대상임을 알려준다.

b. 인류의 고통

현실이 고통스러운 것은 이스라엘 백성의 문제만이 아니다. 이를 인지하는 에즈라는 이스라엘의 고통을 넘어, 모든 인간이 이유도 모른 채 고통 속에 살아가는 현실을 언급하면서 고통을 '인류 보편의 문제'로 확장한다.

4,12 "우리가 생겨나지 않았더라면 더 좋았겠습니다.[40] 우리는 생겨나서 불경 속에 살아가고 고통(ܚܫܐ)을 겪고 있습니다. 그러고도 우리가 왜 고통(ܚܫܐ)을 겪고 있는지 알지 못합니다!"

이 세상 삶은 고통이라는 것은 우리엘 천사의 입을 통해서도 발설된다. "이 세상은 많은 질병(ܟܘܪ̈ܗܢܐ)과 탄식(ܬܐܢܚܬܐ)으로 가득 차 있다"는 것이다(4,27). 우리엘은 또 지금은 불경의 시대인데 그 이유는 처음에 아담에게 악의 씨가 뿌려졌고 그 씨가 지금까지 악의 열매를 맺고 있기 때문이라고 한다. 그리고 그 상황은 '그날', 곧 '타작 철'이 올 때까지 계속된다고 한다(4,30). "얼마

40 예레 20,14; 2바룩 10,6("행복하다, 태어나지 않은 사람! 혹은 태어났으나 죽은 사람!") 참조.

안 되는 우리의 해들이 악하기만" 하다(4,33)는 에즈라의 말에는 이 세상, 이 시대가 고통과 불경, 악의 시대라는 인식이 반영되어 있다. 이 세상 삶 자체가 고통이라는 생각은 4에즈 7장에서도 분명히 드러난다.

> 7,11 사실 나는 그들을 위해 세상을 만들었다. 그러나 아담이 내 계명을 어겼을
> 때, 창조된 만물도 유죄가 되었다. 12 이 때문에 그들에게 지금 이 세상의 입구들
> 이 좁아졌다. 그리고 그것들은 슬픔, 고통, 많은 위험들, 엄청난 노고, 질병, 고난
> 으로 가득 차 있다.

4에즈 7,11-12은 하느님께서 창조하신 세상이지만 인간이 계명을 어김으로써 고통과 고난으로 가득 차게 되었다고 한다. 저자는 이러한 현실의 고통 말고도 인류 대다수가 마지막 심판 이후에 겪게 될 고통도 있다고 한다(7,47). 이에 에즈라는 공감과 연민의 '우리'로써 인류의 고통을 대변하며 하느님 앞에 탄식한다.

> 7,67 "우리가 산다는 것이 무슨 이득입니까? 이토록 고통(ܬܫܢܝܩܐ)을 당한다면!
> 68 사실 태어난 모든 이가 죄로 더럽혀졌으며 불경으로 가득합니다. 그들의 타락
> 이 그들을 짓누르고 있습니다."

'우리'가 지금 현재도, 그리고 마지막 때에도 이토록 큰 고통을 당해야 한다면 도대체 산다는 것이 무슨 이득이냐는 항의의 말이다. 이런 식으로 에즈라 4서는 이 세상 삶뿐 아니라 마지막 때조차도 대다수 인간에게는 고통으로 경험된다는 생각, 곧 '고통의 시간적·공간적 보편성'을 반영한다. 고통은 의인이든 악인이든 상관없이 모든 시대 모든 이가 겪게 되는 인류 공통의 문제, 인간의 공통된 숙명이라는 것이다.

2.2.2. 고통의 의미: 벌을 넘어 신비로

에즈라 4서는 고통의 의미에 대해서도 숙고한다. 저자는 고통은 죄악에 대한 벌이라는 구약성경의 개념을 기본적으로 인정한다. 이 생각은 이스라엘이 바빌론보다, 또는 의인들이 악인들보다 고통을 더 당하는 이유를 묻는 에즈라의 질문에서 드러난다. 4에즈 3,28-36에서 에즈라는 이스라엘이 다른 민족들보다 나았다고 주장한다. 이스라엘이 죄지은 것은 부정할 수 없으나 그 죄가 다른 백성들보다 심하지 않았다는 것이다. 그리고 이스라엘 백성만큼 하느님의 계명을 잘 지킨 백성은 없다고 주장한다. 다른 백성들보다 하느님의 계명을 잘 지키고 다른 백성들보다 죄를 덜 지은 이스라엘 백성이 더 많은 고통을 겪는 것은 부당하다는 주장이다. 이 주장은 사이먼슨이 지적한, 유배 이후 고통 개념의 셋째 특성, 곧 "하느님의 부당함에 저항"하고 원망하는 태도를 연상시킨다. 사실 저항적 태도는 에즈라 4서 전반에 흐른다.[41] 이스라엘 백성이 죄 많은 다른 백성보다 더 큰 고통을 겪는 것이 부당하다는 주장에는, 고통은 죄에 대한 처벌이라는 개념이 전제되어 있다. 고통이 벌이라는 개념은 7,72에도 나타난다. 고통의 이유를 율법과 계명에 대한 불충으로 제시하는 대목이다.

> 7,72 바로 그 때문에 땅의 주민들이 고통을 당할 것이다. 그들은 자기들 안에 이성이 있는데도 불의를 저질렀으며, 계명들을 받았으나 그것들을 지키지 않았다. 그리고 자기들에게 맡겨진 율법을 거부했다.

계명을 지키지 않고 율법을 거부한 결과가 고통이라는 것이다. 이처럼 에

41 가령 "5,28 그런데 이제, 주님! 왜 그 하나를 많은 이들에게 넘기셨습니까? 왜 그 한 뿌리를 다른 많은 뿌리들보다 더 불명예스럽게 만드셨습니까? 그리고 왜 유일한 당신 소유를 많은 이들 사이에 흩으셨습니까? 29 그리고 왜 당신 계명에 저항했던 자들이 당신의 계약을 믿었던 이들을 짓밟았습니까?"

즈라 4서가 고통은 죄에 대한 벌이라는 구약성경의 개념을 계승한다는 것은 분명하다. 하지만 여기서 멈추지는 않는다.[42] 저자는 고통과 악을 긴밀히 연결지으면서도 둘을 근본적으로 구분하기도 한다. 고통과 악 사이에 반드시 인과관계가 성립하지는 않는다는 것이다. 이는 고통의 이유를 묻는 에즈라에게 우리엘 천사가 전한 하느님의 답변에 반영되어 있다. 4장에서 우리엘은 에즈라에게 '자기가 내놓는 세 비유 가운데 하나를 풀이하면 하느님의 길'을 알려주겠다고 말한다. 우리엘이 제시한 비유는 이렇다.

> 4,5 "가서 불의 무게를 재 보아라. 아니면 바람의 스아를 측정해 보아라. 아니면 지나간 날을 다시 내게 불러와 보아라!"

에즈라가 이 요청을 실현할 사람은 아무도 없을 것이라고 하자 우리엘은 이렇게 말한다.

> 4,10 "너는 너와 함께 성장한 그것들을 이해하지 못한다. 11 그러니 너의 그릇이 어떻게 지극히 높으신 분의 길을 이해할 수 있겠느냐? 사실 주님의 길은 불가해한 것으로 창조되었다. 그리고 멸하는 세상의 멸하는 것은, 불멸하시는 분의 길을 깨달을 수 없다."

---

42 버트로트에 따르면, 에즈라 4서는 이민족에 의해 이스라엘 백성에게 닥친 불운과 재앙은 회개를 불러일으키기 위해 하느님이 계획하신 일이라는 기존 관념에 도전한다. 70년 예루살렘의 몰락은 하느님이 기획하신 벌이 아니라는 것이다. 버트로트는 에즈라 4서가 고통은 죄에 대한 처벌 또는 회개를 불러일으키기 위한 하느님의 설계라는 전통적 설명에 도전한다고 주장한다: Berthelot, "Is God Unfair? The Fourth Book of Ezra as a Response to the Crisis of 70 C.E.", 88.

결국 주님의 길은 불가해한 것이며, 필멸의 존재가 불멸하신 분의 길을 이해할 수 없다는 것이다. 이 답변은 '고통은 죄에 대한 벌'이라는 기존 개념에 도전한다.[43] 이는 사이먼슨이 지적한, 유배 이후 고통 개념의 둘째 특성 및 여섯째 특성과 연관된다. 4에즈 4,11-12에서 "고통은 처벌"이라는 개념을 넘어(둘째 특성), 고통을 "모호성"과 "신비"의 영역으로 남겨두려는 시도(여섯째 특성)가 엿보인다. 우리는 고통의 이유를 알 수 없다는 것, 적어도 고통은 벌이라고 단정 지을 수 없다는 것이다. 이 생각은 4에즈 5장에서도 반복된다. 5장에서 에즈라는 선택받은 백성이 왜 고통을 받는지 다시 묻는데 이번에도 에즈라는 주님의 판단을 알 수 없다는 답변이 주어진다. 이어지는 말은, 고통이 신비의 영역임을 재확인한다.

> 5,36 "아직 오지 않은 사람들을 세어 보아라. 흩어진 빗방울들을 모아 보아라. 시든 꽃들을 다시 피워 보아라. 37 잠겨 있는 창고들을 열어 보아라. 그리고 그것들 안에 갇혀 있는 바람들을 꺼내 보아라. 지금까지 네가 본 적이 없는 얼굴들의 형상을 보여 다오. 아니면 소리의 형상을 내게 보여 다오. 그러면 네가 보게 해달라고 청한 시간과 고난에 대해 설명해 주겠다."

에즈라가 이 물음에 아무도 답하지 못할 것이라고 하자 우리엘을 통해 하느님 말씀이 전해진다. "앞에서 내가 말한 것들 가운데 단 한 가지도 네가 할 수 없는 것처럼, 너는 내 심판도, 내가 내 백성에게 선포한 사랑의 끝도 알지

43 사람이 눈이 먼 것은 그 누구의 죄 때문도 아니며 하느님의 일이 드러나기 위해서라는 예수님 말씀에서도 비슷한 관점이 엿보인다(요한 9,2-3). 이 말씀은 고통을 죄나 악의 결과로 여기는 이들의 생각을 뒤집는다. 고통은 반드시 부정적인 것이 아니며 긍정적인 것이 될 수 있음을, 적어도 고통은 죄악의 귀결이라는 예단은 금물이라는 것이다. 이 구절들은 고통을 중립적 시선에서 바라볼 필요성을 말하고 있다.

못한다"는 것이다(5,40). 이스라엘과 인류의 고통 앞에 탄식하는 에즈라에게 하신 "이스라엘 때문에 많이 괴로워했느냐? 혹, 그를 만드신 분보다 네가 더 그를 사랑했느냐?"는 말씀(5,33)이나, "내 피조물을 네가 나보다 더 사랑할 수는 없다"는 말씀(8,47)도 비슷한 의미를 전달한다. 고통의 이유는 궁극적으로 신비의 영역, 하느님의 영역에 속한다는 것이다. 이 관점은 고통을 죄의 결과로만 보는 시각에 경종을 울린다. 적어도 모든 고통이 필연적으로 죄의 결과라고 말할 수는 없다는 것, 고통의 궁극적 이유는 근본적으로 인간의 이해를 넘어서는, 신비의 영역이라는 것이다. 이처럼 에즈라 4서도 욥기처럼 고통을 죄와 분리시키는 시도를 보여준다. 고통과 재앙이 반드시 계명 불이행의 결과 또는 죄의 결과가 아니라는 것이다. 저자는 고통의 궁극적 이유를 분명히 제시하지 않음으로써 이 문제를 하느님의 영역으로 남겨둔다.

2.2.3. 고통의 긍정적 측면

4에즈 7장에서는 고통에 긍정적인 측면이 있다는 생각을 드러낸다. 고통은 넓은 바다로 들어가기 위해 지나야 하는 협소한 입구, 도성을 상속받기 위해 통과해야 하는 위험 가득한 길이라는 것이다. 넓은 바다로 들어가려면 좁은 강어귀를 지나야 하고 험난하고 가파른 곳의 도성을 상속받으려면 가는 길에 놓인 모든 위험을 통과해야 한다는 것이다(7,3-9). 4에즈 7,14에도 비슷한 생각이 반영되어 있다.

> 7,14 "살아 있는 이들이 좁고 험난한 곳을 통과하지 않으면 자기들을 위해 마련된 것들을[44] 얻지 못할 것이다."

44 1코린 2,9: "어떠한 눈도 본 적이 없고 어떠한 귀도 들은 적이 없으며 사람의 마음에도 떠오른 적이 없는 것들을 하느님께서는 당신을 사랑하는 이들을 위하여 마련해 두셨다."

좁고 험난한 곳을 통과해야만 자기를 위해 마련된 것들을 얻을 수 있다는 말에는, 고통이 더 나은 것을 얻는 통로가 된다는 뜻이 담겨 있다. 고통은 그저 죄에 대한 벌이기만 한 것이 아니라 그 자체로 긍정적 역할을 한다는 것이다. 고통은 더 나은 것을 상속받기 위한 시련의 과정으로 여기는 이 관점은[45] 사이먼슨이 지적한, 유배 이후 고통 개념의 둘째 특성, 곧 "고통 안에서 구원하는 힘을 읽어내려는 노력"과 관련된다. 에즈라 4서 저자가 '고통은 처벌'이라는 생각을 넘어서서 그 안에서 '고통을 통한 성장'이라는 긍정적 의미를 찾았음을 알 수 있다.

2.2.4. 고통과 새 시대의 연결

에즈라 4서에서 고통은 새 시대와 연결되기도 한다. 곧 현재의 고통은 불의해 보일지라도, 메시아가 도래하고 '새 시대'가 열리면 하느님의 정의가 온전히 실현될 것이라는 종말론적 희망이 제시된다. 이는 사이먼슨이 지적한, 유배 이후 고통 개념의 다섯째 특성과 연결된다. 에즈라 4서 저자가 "정의가 마침내 성취되는 장으로서 먼 미래"를 바라본다는 것이다. 4에즈 7,16에서 천사는 "너는 무엇 때문에 마음속으로 미래의 일은 생각하지 않고 현재의 일만 생각했느냐?"면서 에즈라에게 미래를 향해 시각을 넓힐 것을 촉구한다. 그리고 현재의 고통에 대한 물음에 새 세상, 새 시대를 마련해두셨다는 하느님의 대답이 주어진다. 4에즈 7,26-44에 따르면, 새 시대는 메시아의 도래와 함께 시작하여 단계별로 진행된다. 악행에서 해방된 "남은 자들"을 기쁘게 할 메시아 시대(7,26-28)가 400년간 지속된 뒤 메시아를 비롯한 모든 사람이 죽고 온 세상은 태초의 침묵으로 돌아간다. 그리고 이레 동안의 침묵이 끝나면 잠들어 있

45 고통은 더 나은 것을 위한 시련과 훈련이라는 관점은 욥의 유언, 마카베오기 4권, 솔로몬의 시편 등에서 공통적으로 발견된다.

던 '새 세상'이 깨어나며 죽은 모든 이들이 일어나고 '심판'이 이어진다. 그리고 '고통의 구덩이'와 '안식의 처소', '게헨나의 불구덩이'와 '환희의 낙원'이 출현하여 악인은 고통의 구덩이로, 의인은 환희의 낙원으로 들어간다.

메시아 시대와 새 시대, 심판, 게헨나와 낙원의 선포에 담긴 의미는 하느님의 정의는 반드시 실현되고야 만다는 것이다.[46] 우리가 행한 그 어떤 일도 (좋은 일이든 나쁜 일이든) 결코 사라지지 않으며, 하느님의 정의는 이 세상, 이 시대라는 시공간의 한계를 넘어서서 반드시 실현된다고 한다. 하느님의 정의가 실현될 새 시대에는 의인에게는 지금의 고통이 기쁨으로, 악인에게는 지금의 기쁨이 고통으로 반전될 것이다(7,26-44). 저자는, 메시아와 새 시대에 대한 종말론적 희망을 전하면서 고통 앞에 무너지지 말고 하느님과 그 계명에 충실할 것을 호소한다. 고통 가득한 현재이지만 그 시간을 이겨낸 "남은 자들"에게는 모든 것이 바로 잡히고 부당한 고통이 해소될 메시아 시대와 환희의 새 시대가 열린다는 것이다.

2.2.5. 고통의 기원: 악한 마음

에즈라 4서는 고통의 기원에 대한 성찰도 빼놓지 않는다. 저자는 고통과 악의 기원을 외부의 존재가 아닌, 각 개인의 내면에서 찾는 독창적인 관점을 제시한다. 보카치니(Boccacini)의 관찰대로, 고통과 악의 기원을 에녹 1서는 타락한 천사에게서, 바오로 사도는 아담에게서 찾는다면, 에즈라 4서는 각 개인의 '악한 마음'에서 찾는다.[47] 악의 원인이—타락한 천사이든 아담이든—우리 바깥이나 타자가 아니라 우리 안에 있다는 관점이다. 악의 기원이 우리 안

46 이는 신정론 문제와 연결된다. 에즈라 4서의 신정론은 Thompson, *Responsibility for Evil in the Theodicy of IV Ezra*; Du Rand, "Theodicy and Apocalyptic Eschatology in 4 Ezra", 224-236에서 상세히 다룬다.

에 있다는 관점에는, 악이 유발하는 고통도 우리 안에서 유래함이 암시되어 있다. 이 주제는 사이먼슨이 지적한, 유배 이후 고통 개념의 넷째 특성, 곧 고통을 "악의 세력"과 연결하는 경향과 관련된다. 에즈라 4서가 고통의 기원을 우리의 "악한 마음"에서 찾지만 고통의 기원을 악과 연결한다는 점에서는 비슷하다. 악의 기원 문제는 4에즈 3장에서 직접적으로 다뤄진다.

> 3,21 먼저 아담이 악한 마음(ܠܒܐ ܒܝܫܐ)을 품고서 잘못을 저지르고 압도당했습니다. 그에게서 태어난 이들도 마찬가지였습니다. 22 그리고 고통(ܟܐܒܐ)이 그들 가운데 머물렀습니다. 악의 뿌리와 함께 율법이 백성의 마음에 있었지만 선은 멀어지고 악은 가까이 다가왔습니다. … 26 그들(다윗 이후 세대)은 아담과 그 후손들이 하던 짓을 하나도 빠짐없이 다 저질렀습니다. 그들도 악한 마음(ܠܒܐ ܒܝܫܐ)을 품고 있었기 때문입니다.

아담부터 시작하여 모든 인간이 '악한 마음'을 품고서 악을 저지름으로써 고통이 그들 가운데 머물렀다는 것이다. '악한 마음'(ܠܒܐ ܒܝܫܐ, *lebo bisho*)을 불가타 4에스드라스에서는 cor malignum이라 읽는데 이 또한 '악한 마음' 또는 '나쁜 마음'이라는 뜻이다. '악한 마음'은 3,22에서 '악의 뿌리/악한 뿌리' ܥܩܪܐ ܒܝܫܐ (*ʻeqoro bisho*), 7,92에서 '악한/나쁜 생각' ܡܚܫܒܬܐ ܒܝܫܬܐ (*mahshabto bishto*)이라 일컬어지기도 한다. 어떻든 에즈라 4서가 고통의 기원을 '악한 마음'에서 찾는 것은 분명하다.

물론 에즈라 4서가 악의 시초로서 아담을 언급하기도 한다(3,21). 그러나

47 에즈라 4서는 고통을 불러온 '악'의 원인을 "악한 마음"에서 찾는다는 것은 Boccaccini, "The Evilness of Human Nature in 1 Enoch, Jubilees, Paul, and 4 Ezra", 63-82, 특히 72-73을 보라.

바오로 사도(1코린 15,21-22; 로마 5,12-14)와 달리 아담과 후손들 사이에 인과관계를 설정하지는 않는다. 그저 아담이 시간적으로 먼저 악한 마음을 품었으며 그 후손들도 마찬가지였다는 논리다. 아담이 계명을 어김으로써 죽음이 선언되었다고 하는 4에즈 3,7이나 홍수 시대 사람들에게도 아담에게처럼 죽음이 왔다고 하는 3,10에서도 아담과 그 후손 사이에 정확한 인과 관계가 성립된다고 보기는 어렵다. "한 사람을 통하여(δι' ἑνὸς ἀνθρώπου) 죄가 세상에 들어왔고 죄를 통하여 죽음이 들어왔"다는 로마 5,12나 "죽음이 한 사람을 통하여 왔"고, "아담 안에서 모든 사람이 죽는"다는 1코린 15,21-22과 비교하면 4에즈 3장의 독특성은 더 뚜렷해진다. 에즈라 4서는 아담이 시초이긴 하지만, 그의 죄가 후손에게 전해진다는 인과관계보다는, 모든 인간이 각자 자신의 '악한 마음' 때문에 아담처럼 죄를 짓고 고통을 겪는다는 점(유비)을 강조한다.

에즈라 4서가 악의 기원을 우리의 '악한 마음'에서 찾는다는 것은 7장에서도 분명히 드러난다. 악한 마음 때문에 우리가 죽음과 멸망의 길을 걷게 되었다고 하는 대목이다.

> 7,48 "우리 안에 악한 마음(ܠܒܐ ܒܝܫܐ)이 있습니다. 그것이 우리를 그분에게서 벗어나게 만들었습니다. 그리고 우리를 파멸로 이끌었으며 죽음의 길을 우리에게 보여주었습니다. 그리고 그것은 우리에게 멸망의 길을 알려 주고 우리를 생명에서 멀어지게 만들었습니다. 소수에게가 아니라 존재하는 거의 모든 사람들에게 그렇게 하였습니다."

고통과 멸망의 책임은 외부가 아닌 우리 내부에 있다는 것이다. "존재하는 거의 모든 사람"이 생명에서 멀어졌다는 4에즈 7,48은 1코린 15,21-22과 또 다른 차이를 보인다. 바오로 서간은 어떤 인간도 죄를 피할 수 없다고 하지만 4에즈 7,48은 극소수는 죄를 피할 수 있음을 암시한다.[48] 에즈라 4서에서 죄를 피할 가능성이 인정되는 것은 아담과 후손의 죄 사이에 선후/유비 관계가 있을 따름, 인과 관계는 없는 것으로 제시되는 점과 관련 있다. 극소수는 아담과 달리 악한 마음을 이기고 생명의 길에 들어설 수 있다는 것이다.

새 시대를 묘사한 4에즈 6,26-27도 '악한 마음'이 문제임을 간접적으로 드러낸다. 그때에는 '마음'(ܠܒܐ)이 변화되어 '다른 정신' ܡܕܥܐ ܐܚܪܢܐ(= sensus alius)으로 바뀔 것이며[49] 악은 사라지고 속임수는 제거될 것이라고 한다.

> 6,26 "… (그때) 땅의 주민들은 마음이 변화되어 다른 정신으로 바뀔 것이다.[50] 27 악은 사라지고 속임수는 제거될 것이기 때문이다. 28 믿음은 피어나고 부패는 정복될 것이다. 그리고 오랫동안 열매를 내지 않던 진리가 마침내 그 모습을 드러낼 것이다."

고통과 악의 원인은 우리 '악한 마음'에 있는데, 다가올 시대에는 그 마음이 변화되어 다른 정신으로 바뀔 터이므로 더 이상 악과 고통이 없는 세상이 되리라는 것이다.

여기서 한 가지 짚고 넘어갈 사항이 있다. 에즈라 4서는 악한 마음이 왜 생겨났는지는 언급하지 않는다. 그저 악한 마음의 존재를 인정하고 그것 때문에 죄악과 고통이 생겨났다고 말한다. 이와 함께 저자는 하느님께서 '악한 마음'을 없애지 않으셨다는 말도 한다.

---

48 버트로트도 이 차이를 인지한다: Berthelot, "Is God Unfair? The Fourth Book of Ezra as a Response to the Crisis of 70 C.E.", 88.

49 '정신'이라 옮긴 시리아어 ܡܕܥܐ는 ܝܕܥ(알다)에서 파생한 단어로서 '정신, 이성, 지성, 이해' 등을 의미한다. 시리아어 성경 페쉬타에서 그리스어 νοῦς가 종종 ܡܕܥܐ라 옮겨진다(로마 1,28; 1코린 14,14).

50 1코린 15,51-52; 필리 3,21; 로마 12,2 참조.

3,20 "당신께서는 그들에게서 악한 마음을 없애지는 않으셨습니다. 당신의 율법이 그들 안에서 열매를 맺게 만들려는 것이었습니다."

하느님이 '악한 마음'을 없애지 않으신 이유가 "율법이 그들 안에서 열매를 맺게 만들려는 것"이라 설명하는 이 구절은, 악한 마음을 이겨내고 선을 선택하는 과정 자체에 가치와 의미를 부여한다. 그리고 인간에게 선과 악 사이에서 선을 택할 수 있는 자유가 선사되었음을 함축한다. 아울러 '악한 마음'조차 긍정적 기능이 있다는 성찰을 드러낸다.[51]

2.2.6. '개인의 책임'과 '대속적 고통의 부정'

고통과 악의 기원을 각 개인의 내면에서 찾는 점에서 유추할 수 있듯이 에즈라 4서 저자는 개인의 자유와 선택을 크게 강조한다. 인간에게는 자유가 주어졌으며 인간은 그 자유를 행사하여 자신의 길을 선택한다는 것이다. 그리고 그 선택에는 책임이 따르고 그 책임은 다른 누구도 아닌 자신이 오롯이 져야 한다는 생각이다.[52] 이 주제는 사이먼슨이 지적한, 유배 이후 고통 개념의 첫째 특성, 곧 고통은 각 개인의 책임이라는 관점과 관련된다. 이 관점은 '자

51 고통의 원인을 외부의 사탄이 아닌 인간 내면의 '악한 마음'으로 규정하는 것은, 단순히 고통의 기원에 대한 설명에 그치지 않고 인간의 도덕적 행위 능력과 책임을 정립하기도 한다. 악의 근원이 외부에 있다는 관점은 인간이 외부의 유혹에 취약한 수동적인 존재로 전락시킬 수 있는 반면, 에즈라 4서가 제시하는 '악한 마음' 관점은 인간에게 악을 극복할 수 있는 도덕적 주체성을 부여한다. 이는 개개인의 선택과 자유의지(hiruto)를 중시하는(2.2.7 항목 참조) 에즈라 4서의 핵심 논지와도 부합한다.

52 에즈라 4서에 따르면, 멸망은 사람들의 잘못된 선택에 따라오는 결과다. 이를테면, "7,129 이것이 살아생전에 모세가 백성에게 말한 길이다. 모세가 그들에게 말하였다. '보라! 그분께서 오늘 너희 앞에 생명과 죽음, 선과 악을 내놓으셨다. 그러니, 너희는 생명을 선택하여라. 너희와 너희 후손이 살 것이다.' 130 그러나 그들은 반항하며 그의 말을 듣지 않았다. 그 뒤에 온 예언자들의 말도, 심지어 그들과 이야기한 나의 말도 듣지 않았다."

유' ܚܐܪܘܬܐ(*hiruto*)를 선사받은 이들이 스스로 하느님을 거부했다고 하는 대목에서 암시되어 있다(8,56-60).

> 8,56 "그들은 자유를 선사받고서 지극히 높으신 분을 거부하였다. 그들은 율법도 몹시 하찮게 여겼으며 그분의 길을 소중히 여기지 않았다. 57 그리고 그분의 거룩한 이들을 짓밟았다. 58 그들은 마음속으로 '하느님은 없다' 하고 말하였다. 사실 그들은 자기들이 반드시 죽는다는 것을 잘 알고 있었다."

인간은 하느님으로부터 자유를 선사받았는데 스스로 하느님을 거부하는 쪽을 선택했다고 한다. 여기서 "자유"(freedom, liberty)라고 옮긴 ܚܐܪܘܬܐ는, 누구에게도 예속되지 않은 상태, 자유의지로 선택할 수 있는 상태를 가리킨다.[53] 에즈라 4서는 또 하느님은 사람들의 멸망을 바라지 않으셨으나 피조물인 그들이 축복을 거절했다고 한다(8,59-60). 그리고 사는 동안 하느님을 알아보지 못한 자들, 자유가 있는데도 하느님 율법을 무시한 자들은 죽음 뒤에 벌을 받을 것이라고 한다.[54]

> 9,10 "사는 동안 내가 그들에게 베풀었는데도 나를 알아보지 못한 모든 자들, 11 그리고 자유가 있었는데도 내 율법을 무시한 자들, 12 자기들에게 인내의 기회가 열려 있었는데도 그것들을 생각하지 않고 무시한 자들은 죽음 뒤에 벌을 받으면서 깨달을 것이다."

자유로 하느님을 거부한 자들은 그에 합당한 벌을 받으리라는 것이다. 심

---

53 Smith, *A Compendious Syriac Dictionary*, 122.

54 인간이 지성이 있는데도 불의를 저질렀음을 꾸짖는 4에즈 7,72도 비슷한 생각을 전한다.

판의 준엄함을 보여주는 이 표현들은 자유를 부각시킴과 동시에 인간의 잘못된 선택이 돌이킬 수 없는 결과를 가져옴을 역설한다.[55]

에즈라 4서가 개인의 자유와 선택을 중시하는 것은 다른 대목에서도 드러난다. 4에즈 7,21-24은, 하느님께서 인간에게 어떻게 살아야 하는지 가르쳐 주셨는데 사람들 스스로 그분께 반항하며 그분의 길을 걷지 않았다고 한다. 인간에게는 '이성'(ܡܕܥܐ)이[56] 있으며 '계명들'과 '율법'도 부여받았음에도 사람들이 스스로 불경의 길을 선택했다고도 한다(7,72).

> 7,72 … 자기들 안에 이성(ܡܕܥܐ)이 있는데도 그들은 불의를 저질렀으며, 계명들을 받았는데도 그것들을 지키지 않았고 그들에게 맡겨진 율법을 거부하였다.

에즈라 4서에 따르면, 인간에게는 자유와 이성이 주어졌으며 인간 스스로 악을 선택했다. 모든 악행은 인간이 자기 의지로 선택한 능동적 행위이지 타자의 조종에 의한 수동적 행위들이 아니라는 것이다. 인간의 선택과 책임을 중시하는 태도는 중재 기도나 대속적 고통이 불가능하다는 주장으로 이어진다.

중재 기도나 대속적 고통의 가능성 문제는 사이먼슨이 지적한, 유배 이

55 에즈라 4서에 따르면, 마지막 심판 때에는 다른 이의 중재가 불가능하며 모든 이가 자기가 산 그대로 상벌을 받게 된다. 모든 이가, 의로운 삶을 살았든 불의한 삶을 살았든, 자기 인생의 책임을 자기가 오롯이 지게 된다는 뜻이다. 이러한 생각은 에제 18장과 예레 31,29-30에 이미 표명되어 있다. 한마디로, "그날에 그들은 더 이상 이렇게 말하지 않을 것이다. '아버지가 신 포도를 먹었는데 자식들의 이가 시다.' 오히려 인간은 저마다 자기가 지은 죄로 말미암아 죽고, 신 포도를 먹은 사람은 모두 제 이만 실 것이다"(예레 31,29-30). 2바룩 85,12도 참조하라: "(그곳에서는) 아버지들의 기도도 없고 예언자들의 청원도 없으며 의인들의 도움도 없습니다."

56 '이성'이라 옮긴 시리아어 ܡܕܥܐ는 ܝܕܥ(알다)에서 파생한 단어로서 '이성, 정신, 지성, 이해' 등을 의미한다. 그리스어 νοῦς에 해당한다.

후 고통 개념의 둘째 특성, 곧 "고통 안에서 구원하는 힘"을 읽어내려는 노력과 관련된다. 이는 이사 52,13—53,12에 반영된 문제, 곧 타자의 고통을 대신 짊어질 수 있는가, 대속적 고통이[57] 가능한가의 문제다. 에즈라 4서는 대속적 고통과 대속자 자체를 인정하지 않는다. 이는 심판의 날에 타인을 위해 중재 기도를 드릴 수 있는지 묻는 에즈라의 질문에서 잘 드러난다(7,102-103). 의인이 악인을 위해, 아버지가 아들을 위해, 아들이 아버지를 위해 탄원할 수 있느냐는 것이다.

> 7,102 "심판의 날에 의인들이 불의한 자들을 위해 간청할 수 있는지요? 혹은 그들이 저들을 위해 지극히 높으신 분께 탄원할 수 있는지요? 103 아버지가 자기 아들들 대신, 아들들이 자기 아버지들 대신, 형제들이 자기 형제들 대신, 친척이 그 친척들 대신, 친구가 그 친구들 대신 그럴 수 있는지요?"

심판의 날에 타인의 중재 가능성이 있는지 여부에 대한 답은 7,104-105에서 알려진다. 그때에는 다른 이의 중재가 전적으로 불가능하다는 것이다.

> 7,104 "사실 지금 아버지가 자기 아들을, 아들이 자기 아버지를, 주인이 자기 종을, 친구가 자기 절친한 친구를, 자기 대신 아프라고, 혹은 대신 자라고 혹은 대신 먹으라고, 혹은 대신 치료받으라고 보낼 수 없다. 105 이처럼 나중에 그날에도, 다른 사람을 대신하여 아무도 탄원할 수 없을 것이다. 누구도 자기 짐을 다른 사람 위에 지울 수도 없을 것이다. 모두가 각자 자기의 의로움 또는 불의의 짐을 질 것이다."

57 Geyser-Fouchè/Munengwa, "The Concept of Vicarious Suffering in the Old Testament", 1-8.

이 대목은 중재와 대속의 가능성을 전면 부정한다. 심판의 날에는 아버지가 아들을 위해, 친구가 친구를 위해 기도하거나 대신 벌을 받을 수 없으며 모두가 각자의 의로움 또는 불의의 짐을 질 것이라고 한다.[58] 이에 에즈라는 중재기도를 올린 구약의 인물들을 예로 들면서 왜 심판 날에는 중재가 불가능한지 묻는다. 곧 과거에는 아브라함, 모세, 여호수아, 사무엘, 다윗, 솔로몬, 엘리야, 히즈키야 등의 의인들이 불의한 자들을 위해 탄원했는데, 왜 나중에는 그럴 수 없느냐는 것이다(7,106-111).[59] 이에 대한 주님의 답변은 간단하다. 그저 마지막 때에는 심판의 결과를 바꿀 수 있는 방법이 없다는 것이다.

> 7,115 "그때에는 심판에서 굴복당한 자에게 자비를 베풀 수 없고, 심판에서 승리한 이에게 해를 끼칠 수도 없다."

심판 때에는 타인을 위해 짐을 대신 져줄 수도, 심지어 타인을 위해 탄원할 수조차 없으며 어떻게 해도 심판 결과를 바꿀 수 없다고 한다. 이처럼 에즈라 4서는 대속적 고통을 인정하지 않고, 타인의 짐을 대신 지는 대속자도 인정하지 않는다. 각자의 삶은 처음부터 끝까지 각자의 책임이라는 것이다. 이 점은 이사 53장이나 신약성경과 확연한 대조를 이룬다. 신약성경에서 예수 그리스도는 대속자로서, 그리고 그분의 수난과 죽음은 대속적 고통과 죽음으로 그려진다. 예수 그리스도는 이사 53장의 고난 받는 주님의 종처럼 우리 죄를 대신하여 십자가 죽음을 당하신 분, 고통과 죽음을 통해 우리를 속량하신 분이시

58 이러한 관점은 인간 개개인의 선택과 책임을 다룬 에제 18장; 예레 31,29-30과 같은 선상에 있다.

59 "이처럼, 부패가 증가하고 불의가 팽배해진 때 의인들이 불의한 자들을 위해 탄원했습니다. 그렇다면, 주님 왜 나중에는 그렇게 할 수 없습니까?"(4에즈 7,111).

라는 것이다.[60] 에즈라 4서와 비슷한 시기에 만들어진 마카베오기 4권,[61] 쿰란 문헌(1QS 9.3-5; 4Q541),[62] 탄나임 시대 라삐 문학(*y. Sanhedrin* 11:5; *Sifre Deuteronomy* 333; *t. Sotah* 10:1)에서 종종 대속 개념이 나타나는 것(각주 22 참조)과도 대조적이다. 학자들은, 이런 문헌들이 기원전 167년 안티오코스 4세 때 일어난 마카베오 항쟁, 그리고 기원후 66-70년 1차 유다항쟁(네로-베스파시아누스 황제 재임), 그리고 133-135년 바르 코크바 항쟁(하드리아누스 황제 재임) 때 목숨을 잃은 의인들을 순교자로 칭송하면서 그들의 고통과 죽음을 백성의 죄를 속죄하는 대속적 죽음으로 여겼음에 주목한다.[63]

반면 에즈라 4서는 앞에 언급한 유다교 문헌들이나 신약성경과 달리 대속의 가능성을 전적으로 부정한다. 같은 맥락에서 메시아에 의한 대속도 부정

---

60 마르 10,45; 마태 20,28; 히브 9,12; 로마 3,24-25; 5,9-11.17-19; 2코린 5,21; 1티모 2,6 등이 대속과 대속자 개념을 드러낸다. 신약성경의 대속 개념은 Morris, *The Atonement: Its Meaning and Significance* 참조. 학자들은 신약성경의 대속 신학은 구약성경(이사 53장의 주님의 종; 레위 16장의 속죄 예식)과 헬레니즘 시대 유다교 문학에 영향을 받은 것으로 본다: Hengel, *Atonement: The Origins of the Doctrine in the New Testament*, 3. Kim, "The Concept of Atonement in Early Rabbinic Thought and the New Testament Writings", 117에서 재인용. (https://digitalcommons.liberty.edu/lts_fac_pubs/248 검색일 2025/06/20). Geyser-Fouchè/Munengwa, "The Concept of Vicarious Suffering in the Old Testament", 1-8도 비슷한 의견이다.

61 앞의 '그리스-로마 시대 비-정경 문학' 항목을 참조하라. 4마카 6,27-29에서 엘레아자르는 율법을 위하여 목숨을 바친다면서 당신 백성에게 자비를 베풀어달라고 기도한다. 그리고 "나의 피는 그들을 위한 정화(καθάρσιος)가 되게 해주시고, 그들의 목숨을 대신하여(ἀντίψυχος) 나의 목숨을 받아주소서" 하고 하느님께 기도한다(6,29).

62 각주 21 참조. 김진태는 다마스쿠스 문서(CD 3.18), 공동체 규칙서(1QS 3.6-10)를 비롯한 쿰란 문헌의 대속 개념을 새 계약과 연관시켜 연구한다: Kim, "The Concept of Atonement in the Qumran Literature and the New Covenant", 98-111 참조.

63 Kim, "The Concept of Atonement in Early Rabbinic Thought and the New Testament Writings", 121-124 참조.

한다. 에즈라 4서가 제시하는 메시아는 대속이나 속죄와는 아무런 관련이 없다. 여기서 메시아는 이방 세력을 처단한 뒤 '남은 자들'을 해방시킬 인물, 악인을 심판하고 정의를 실현할 '전사-심판관-임금' 메시아(4에즈 11—13장)이지 백성이나 개인 또는 인류의 죄를 속죄하는 인물은 아니다.[64] 에즈라 4서가 메시아의 죽음을 이야기할 때에도 그의 죽음을 대속이나 속죄와 연결시키지는 않는다. 그저 메시아가 악행에서 해방된 "남은 자들"을 400년 동안 기쁘게 한 다음 죽을 것이며 이어서 태초의 침묵과 새 시대가 열릴 것이라고 말할 따름이다(7,28-30).[65] 에즈라 4서에서 메시아의 죽음은 새 시대의 시작으로 가는 길목에 일어나는 일로 제시될 따름, 그의 죽음을 희생이나 대속으로 여길 근거는 없다. 사실 그리스도교 이전의 (현존하는) 유다교 본문에서 '대속적 고통'과 대속자를 인정하는 예(4마카 17장 등)는 있어도 '고난 받는 메시아'나 '대속적 메시아' 개념이 명백히 드러나는 예는 없다. 버미스(Vermes)의 말대로 "메시아의 수난도 메시아의 죽음과 부활도 1세기 유다교 신앙에 속하지는 않았다"는 것이다.[66] 대속적 메시아를 인정하느냐 그렇지 않으냐는 유다교와 그리스도교를 가르는 핵심 요소 가운데 하나였던 셈이다.

---

64 이는 솔로몬의 시편이나 바룩 2서의 메시아도 마찬가지다. 구약 외경 솔로몬의 시편 17—18편, 바룩 2서가 제시하는 메시아도 다윗 가문의 전사-임금 메시아로서 죄를 대속하는 인물이 아니라 외세의 지배로부터 이스라엘을 해방시키고 정의와 평화의 시대를 여는 인물이다. 에즈라 4서, 바룩 2서, 솔로몬의 시편이 제시하는 전사-임금 메시아는 십자가 죽음을 통해 인류의 죄를 대속하는 신약성경의 예수 그리스도(=메시아)와 뚜렷한 대조를 이룬다.

65 "[7,28] 그 다음 내 아들 메시아가, 그와 함께 있는 이들과 같이 나타날 것이다. 그리고 남은 자들을 사백 년 동안 기쁘게 할 것이다. [29] 그 해들이 지난 뒤에는, 내 아들 메시아가 죽을 것이다. 사람의 숨을 지닌 모든 이가 그러할 것이다. [30] 그리고 세상은 이레 동안 태초의 침묵으로 돌아갈 것이다. …"

66 Vermes, *Jesus the Jew*, 38. 에어만도 비슷한 의견이다: Ehrman, *Jesus: Apocalyptic Prophet of the New Millennium*, 218. 한편, 크놀은 쿰란에서 발견된 몇몇 찬가 단편들, 가령 『감사 시편』 단편들(4QHodayota, 4QHodayote)과 『전쟁 두루마리』(4Q491 11.1) 등이 메시아적

대속적 고통과 대속자 자체를 인정하지 않는 점에서 에즈라 4서는 다른 동시대 유다교 문헌이나 신약성경과 뚜렷이 구별된다. 에즈라 4서가 대속적 메시아는 물론 대속과 대속자 자체를 부정하는 것은 저자가 개인의 자유와 선택을 강조하는 사실과 무관하지 않다. 인간에게는 스스로 선을 선택할 자유와 이성이 주어져 있으므로 자기 행동에 대한 책임은 자기에게 있고 그 책임을 대신 해줄 대속자는 없다는 것이다.

2.2.7. 죽음 이후의 고통

에즈라 4서는 우리가 이 세상에 사는 동안 겪는 현실적 고통뿐만 아니라 죽음 이후의 고통에 대해서도 이야기한다. 악인들의 죽음 이후, 더 정확히는 죽음 직후부터 마지막 심판 때까지의 중간 상태가 고통으로 표현되는 것이다. 유다교 전통에서 죽음 이후를 고통의 언어로 표현한 것은 기원전 4세기의 에녹 1서가 최초였다.[67] 그 뒤 그리스-로마 시대의 다양한 비-정경 문학에서 죽음 이후가 고통으로 묘사된다(에즈라 4서; 바룩 2서; 바룩 3서 등).[68] 에즈라 4서에서 중간 상태의 고통은 특히 7장, 사후 처벌의 맥락에서 다뤄지는데, 이때 사용

인물을 "고난 받는 종" 이미지로 그린다고 주장한다. 그가 추종자들을 위해 고통을 받고 그들의 죄를 대속하는 인물로 묘사된다는 것이다. 이 본문들에서 메시아의 죽음이 백성의 속량 과정의 일부로 제시된다는 주장이다: Knohl, *The Messiah Before Jesus: The Suffering Servant of the Dead Sea Scrolls*, 8 참조. 하지만 크놀의 주장은 대다수 사해 문서 연구자들의 동의를 얻지 못한다: J.J. Collins, *The Scepter and the Star: the Messiahs of the Dead Sea Scrolls and Other Ancient Literature*, 123. 크놀이 논거로 채택한 본문들이 너무 단편적이라 다르게 해석될 여지가 많고, 고난 받는 종으로 제시된 인물이 메시아라고 단정하기도 어렵다. 그리고 그 인물이 겪는 고통이 단순히 정화의 의미를 지닌 것인지 타인의 죄를 대속하는 의미인지도 논란의 여지가 있다: 같은 책 123-126 참조.

67 1에녹 22,11은 악인들의 영혼은 중간 상태 동안 구렁에서 고통(μάστιξ)과 고문(βάσανος)을 당한다고 한다.

68 이에 대해서는 송혜경, "구약 외경의 죽음 이후"를 보라.

[표 4] **사후 처벌의 맥락에서 사용된 고통 관련 단어들**

단어(대표 명사)	구절	뜻
ܬܫܢܝܩܐ *tashniqo*	7,36; 7,38; 7,47; 7,66; 7,75; 7,80; 7,84; 7,86; 7,93; 7,99(2); 7,117; 8,59	고통
ܐܒܠܐ *ʾeblo*	7,99; 13,17	슬픔
ܥܩܬܐ *ʿoqto*	7,80; 13,17	괴로움
ܬܢܚܬܐ *tenahto*	7,80; 7,99	괴로움
ܐܘܠܨܢܐ *ʾulchono*	7,96	고통
ܥܡܠܐ *ʿamlo*	7,96	수고

된 단어들은 이 세상의 고통을 묘사할 때와 비슷한 단어들이다([표 4]). 하지만 죽음 이후의 고통은 이 세상의 고통과 달리 물리적·육체적 고통으로 그려지지 않는다. 4에즈 7,80-87에서 죽음 이후의 고통은 영적·정신적 고통으로 그려진다.

4에즈 7,81-87에서 죽음 이후에 악인들, 곧 하느님의 길을 자유의지로 선택하지 않은 사람들이 겪을 고통은 일곱 길로 소개된다.

> 7,81 첫째 길은, 그들이 지극히 높으신 분의 율법에 저항했기 때문이다. 82 둘째 길은, 이제는 그들이 구원받기 위해 회개할 수도, 선행을 할 수도 없다는 것이다. 83 셋째 길은, 그들이 믿음을 간직한 이들을 위해 마련되어 있는 상급을 보는 것이다. 84 넷째 길은, 마지막 때에 그들에게 닥칠 미래의 고통을 알고 이해하는 것이다. 85 다섯째 길은, 큰 안식 안에서 천사들에 의해 보호 받고 있는 다른 영혼들의 보고들을 보는 것이다. 86 여섯째 길은, 자기들을 위해 준비되어 있는 고통을 보는 것이다. 87 일곱째 길, 앞에 언급된 다른 모든 길들보다 더 엄청난 이 길은, 그들이 수치 속에서 쇠락하고, 혼란 속에서 파괴되며 지극히 높으신 분의 영광을 보고 두려움 속에서 시들어 가는 것이다.

악인들의 영혼이 죽음 이후에 받게 되는 첫째 고통은, 그들이 하느님의 율법에 저항했다는 사실 자체라고 한다. 둘째 고통은 그들에게 더 이상 회개와 선행의 기회가 없다는 사실이라고 한다. 셋째부터 여섯째는 의인들의 운명(상급)과 자신들의 운명(고통)을 보고 비교함으로써 생기는 고통이고, 마지막이자 가장 심한 고통은 "그들이 수치 속에서 쇠락하고, 혼란 속에서 파괴되며 지극히 높으신 분의 영광을 보고 두려움 속에서 시들어 가는 것"이라고 한다. 결국 "사는 동안 그분 앞에서 죄를 지었"던 그들은 죽음 직후부터 고통을 받다가 "마지막 때에 그분 앞에서 심판을 받을 것"이라고 한다(7,87).

반면에 "지극히 높으신 분의 길을 지킨 이들"(7,88), "그 모든 시간 동안 위험을 무릅써가며 자기들에게 율법을 주신 분의 율법을 완벽하게 지켰"던(7,89) 사람들의 영혼은 죽음 이후에 일곱 가지 길로 기쁨을 누린다고 한다.

> 7,92 첫째 길은, 그들이 자기들과 함께 형성된 나쁜 생각(ܡܚܫܒܬܐ ܒܝܫܬܐ)을 물리치려고 많은 노력을 기울이며 애썼기에, 그것이 그들을 생명에서 죽음으로 인도하지 못하는 것이다. … 98 일곱째 길, 앞에 언급된 다른 모든 길들보다 더 엄청난 이 길은, 그들이 이제는 거리낌 없이 자랑하고 용감하게 나서며 부끄러워하지 않는다는 것이다. 그리고 사는 동안 자기들이 섬겼던 분의 얼굴을 지체 없이 보리라는 것이다.

첫째 기쁨은 그들이 '나쁜 생각' ܡܚܫܒܬܐ ܒܝܫܬܐ(*mahshabto bishto*)을[69] 물리치려고 애썼다는 사실, 그리하여 그것이 그들을 죽음으로 인도하지 않는다

69 '나쁜 생각'으로 옮긴 ܡܚܫܒܬܐ ܒܝܫܬܐ는 '악한 생각'으로도 옮길 수 있다. 다른 곳에서 악과 고통의 기원을 가리킬 때 쓰인 '악한 마음' ܠܒܐ ܒܝܫܬܐ(*lebo bishto*)과 동의어로 쓰였다.

는 사실 자체이고, 마지막이자 가장 큰 기쁨은 그들이 이제는 거리낌 없이 자랑하고 용감하게 나서며 부끄러워하지 않는 것, 그리고 하느님의 얼굴을 보리라는 사실이라고 한다. 결국 그들은 죽음 직후부터 기쁨을 누리다가 마지막 때에는 그분에게서 영광과 상급을 받게 될 것이라고 한다(7,79). 죽음 이후에 겪을 악인의 고통과 의인의 기쁨은 진정한 고통이 무엇이고 진정한 기쁨이 무엇인지 알려 준다. 하느님 계명을 지키지 않고 두려움 속에 시들어가는 것이 진짜 고통이라면 하느님 계명을 지키고 그분을 보는 것이 진짜 기쁨이라는 것이다.

III. 결론

'사이먼슨이 제시한 유배 이후 고통 개념의 여섯 가지 특징'을[70] 나침반 삼아 에즈라 4서의 고통 이해를 살펴보았다. 이를 통해 에즈라 4서 저자가 유다인들의 전통적 고통 개념을 계승·발전시킴과 동시에 고통과 관련하여 자신만의 독특한 성찰을 이끌어내기도 했음을 확인할 수 있었다([표 5] 참조). 또한 에즈라 4서를 통해 그리스-로마 시대 유다인들의 고통에 대한 성찰이 얼마만한 깊이에 이르렀는지 짐작할 수 있었다.

에즈라 4서의 고통 이해 개관

에즈라 4서는 '고통의 교과서'라고 불러도 될 만큼 고통과 관련한 다양한 문제를 폭넓게 성찰한다. 고통을 연상시키는 단어와 표현도 풍부하고 고통과

70 Simundson, "Suffering", 223-224 참조.

[표 5] **에즈라 4서의 고통 관련 주제와 그 위상**

주제	에즈라 4서의 입장	유다교 전통 내 위치 및 비교
고통의 직시	시온의 고통과 인류 보편의 고통을 인정하고 직시함	고통을 삶의 필연적 요소로 보는 인류 보편적 시각과 일치
고통의 의미	단순한 '벌'을 넘어 인간이 이해할 수 없는 '신비'의 영역으로 제시	유배 이후 고통 개념(욥기)의 계승 발전. 비슷한 시도가 비-정경 전반에서 나타남
고통의 긍정성	고통을 더 나은 것을 얻기 위한 시련, '성장을 위한 길'로 인식	유배 이후 고통 개념의 계승 발전. 욥의 유언; 4마카 등에서 나타나는 고통의 긍정적 측면과 맥을 같이함
고통과 새 시대의 연결	메시아 시대와 새 시대를 통해 현재의 고통이 해소되고 정의가 실현될 것을 희망	유배 이후 고통 개념의 계승 발전. 바룩 2서 등 동시대 묵시문학의 종말론적 희망과 유사
고통의 기원	각 개인의 내면에 있는 '악한 마음'에서 기원을 찾음	에즈라 4서 고유의 독창적 성찰 (비교: 1에녹; 2에녹; 희년서; 아담과 하와의 생애; 공동체 규칙서는 악마가 고통의 기원, 바오로 서간은 '아담'이 고통의 기원)
대속적 고통	대속적 고통과 대속자의 존재를 전면 부정. 개인의 선택과 책임을 강조.	에즈라 4서의 가장 독특한 성찰 (비교: 4마카; 라삐 문헌; 쿰란 문헌; 신약성경은 대속적 고통과 대속자 인정)
대속적 메시아	대속적 메시아 부정	'대속적 메시아 개념'를 부정하는 것은 그리스-로마 시대 비-정경 문학과 맥을 같이 함. 대속적 메시아는 신약성경 고유의 개념
죽음 이후의 고통	악인들이 겪는 영적·정신적 고통을 상세히 묘사	에녹 1서 이후 그리스-로마 시대 비-정경 문학에서 나타나는 사후 세계관을 계승. 죽음 이후의 고통 개념은 신약성경과도 공유

관련된 주제도 깊고 다양하다. 에즈라 4서의 고통 이해는 다음과 같이 개관할 수 있다.

1. 에즈라 4서는 고통의 현실을 회피하거나 외면하지 않고 있는 그대로 직시하고 인정한다. 저자는 백성의 고통, 그 고통을 바라보는 에즈라 개인의 고통, 나아가 전 인류의 고통을 제시하면서 인간이 왜 그런 고통을 겪어야 하는지 그리고 그 의미는 무엇인지 질문한다.
2. 에즈라 4서는 고통은 죄에 대한 벌이라는 전통적 개념을 인정하면서도 그 개념에 도전하기도 한다. 고통이 반드시 죄에 대한 벌이라고는 말할 수 없으며, 고통의 이유는 신비의 영역, 피조물을 사랑하시는 하느님의 영역으로 남겨두어야 한다는 것이다. 이는 우리가 이 세상에서 마주하는 고통 가운데 정당한 고통도 부당한 고통도 없다는 의미, 혹은 적어도 우리가 고통을 두고 정당성과 부당성을 함부로 판단해서는 안 된다는 의미를 전달한다.
3. 고통이 죄의 결과물이라는 생각에 갇히지 않게 되면서 저자는 고통의 긍정적 측면을 부각시키기도 한다. 때로는 고통이 하느님의 유산을 받기 위한 훈육과 시련이기도 하다는 관점이다. 이 관점은 사람이 주도적으로 고통을 선택하는 경우도 있음을 함축한다. 모든 고통의 성격이 획일적이지는 않으며, 싸워 없애야 하는 고통도 있고 우리에게 도움이 되는 고통도, 때로는 반드시 필요한 고통도 있다는 것이다.
4. 고통과 새 시대를 연결하는 시도도 엿보인다. 의인이 더 고통 받는 현실이 불의해보여도 하느님의 정의는 반드시 실현되며 현재의 고통이 해소될 그 시기는 죽음 이후 혹은 새 시대가 될 수도 있다는 것이다.
5. 에즈라 4서는 고통의 기원을 각 인간의 내면에 있는 '악한 마음'에서 찾는다. 고통이 타락한 천사의 탓도, 아담의 탓도 아니라 각 개인의 '악한 마음' 때문이라는 것이다. 악과 고통의 궁극적 기원을 각 개인의 내면에서 찾는

것은 에즈라 4서 고유의 특징이다.

6. 같은 맥락에서 고통은 각 개인의 책임이라는 생각이 부각된다. 하느님은 인간에게 자유와 이성을 주셨으며, 인간은 그것을 사용하여 스스로 악을 선택했으므로 그 결과에 대한 책임이 그 개인에게 있다는 것이다. 이러한 생각은 고통과 책임이 자유와 선택의 이면 또는 결과일 수 있음을 암시한다.

7. 개인의 선택과 책임을 강조하는 에즈라 4서는 대속적 고통도, 타인을 위해 대신 짐을 지는 대속자도 인정하지 않는다. 이것이 에즈라 4서의 가장 독특한 점이다. 다른 외경이나 라삐 문헌, 쿰란 문헌이 대속적 고통과 대속적 죽음을 인정하는 반면 에즈라 4서는 이를 전혀 인정하지 않는다. 이런 맥락에서 에즈라 4서가 제시하는 메시아는 대속자로서의 역할과 거리가 멀다. 에즈라 4서의 메시아는 이방인을 처단하고 이스라엘 백성을 해방시킬 해방자, 전사-임금, 악인들의 심판자 메시아이지 예수 그리스도처럼 인간의 죄를 대신해서 고통과 죽음을 당하는 대속적 메시아가 아니다. 이 점은 신약성경을 제외한 다른 그리스-로마 시대 유다교 문헌들과 비슷하다. 에즈라 4서가 대속적 메시아는 물론 타인의 중재와 대속 가능성까지 부정하는 점은 신약성경 및 다른 비-정경 문학의 대속 신학과 확연한 대조를 이룬다.

8. 고통은 우리가 이 세상에서 겪는 것만이 아니라고 한다. 죽음 뒤에도 고통을 겪는데, 이 죽음 이후의 고통이야말로 우리가 참으로 피해야 할 고통이며 진정한 고통임이 암시된다. 그리고 그 고통은 우리가 하느님 뜻대로 살지 않았다는 사실 자체이며, 그리하여 두려움 속에 시들어가는 것이라고 한다. 반대로 하느님의 길을 걷는 것 자체가 기쁨이며 그 기쁨은 하느님을 보는 기쁨으로 이어질 것이라고 한다.

에즈라 4서가 21세기 현대인들에게 주는 의미

에즈라 4서는, 기원후 70년 예루살렘 멸망이라는 절망적인 역사 속에서 이스라엘 백성이 겪어야 했던 현실의 고통(현대 심리학 용어로 '집단적 외상' 또는 '집단 트라우마')을 정면 돌파하면서 고통에 대한 시대를 뛰어넘는 성찰을 내놓는다. 저자는 우리가 겪는 고통이 반드시 악하기만 한 것이 아니라고, 고통이 성장을 위한 길이 될 수 있다고, 심지어 고통을 일으키는 '악한 마음'조차도 계명의 열매를 맺을 수 있는 기회가 된다고 말한다. 그리고 악하기만 한 고통은 죽음 이후의 고통임을 암시하면서, 하느님이 주신 이성과 자유를 잘 사용하고 악한 마음을 잘 다스려서 하느님의 길을 택할 것을 독려한다. 예루살렘의 멸망으로 가족과 땅을 비롯한 삶의 터전뿐 아니라 성전과 속죄의 방법까지 잃어버린 백성에게 에즈라 4서는 다른 누군가 또는 다른 어떤 것에서가 아니라, 하느님의 율법과 자기 자신 안에서 길을 찾으라고 말한다. 모든 것을 잃었어도, 성전과 제사가 없어도, 내 죄를 대신해 고통을 당할 대속자가 없어도, 하느님이 주신 자유와 이성과 율법을 통해, '남은 자'로서 그리고 하느님 백성으로서 살아갈 수 있다는 것이다. 그리고 그렇게 하여 미구에 다가올 메시아 시대와 새 시대에 동참할 것을 역설한다.

심리학과 의학계에서 신앙과 종교가 외상 후 회복 탄력성(Resilience)을 높이며 심지어 외상 이전보다 더 나은 단계로 성장(Growth)시키는 데 기여한다는 통계 및 연구 결과들이 보고되고 있다.[71] 외상과 고통에 압도당하지 않고 다시 일어서서 앞으로 나아가는 능력이 크다는 것이다. 이 능력은 고통에 담

71 Fayaz, "Role of religion in posttraumatic growth among population exposed to armed conflict: a systematic review", 455-469. (https://doi.org/10.1080/13674676.2023.2237909 검색일: 2025/09/01); Henson/Truchot/Canevello, "What promotes post traumatic growth? A systematic review", 100195 (https://doi.org/10.1016/j.ejtd.2020.100195 검색일: 2025/09/01) 참조.

긴 절대자의 뜻을 찾을 수 있어서이고, 고통이 파멸로 가는 길이 아니라 성장으로 가는 길, 성장을 위한 고통과 아픔일 수 있음을 믿어서임을 에즈라 4서가 보여주고 있다.[72]

에즈라 4서가 말하는 '고통을 통한 성장'은 최근의 심리학 연구에서 강조되는 '외상 후 성장'과 정확히 맞닿아 있다. 외상 후 성장은 심리학자 리처드 테데스키와 로렌스 캘훈이 1990년대에 제시한 개념으로, 충격적이고 심각한 외상 사건을 경험한 후 이에 대처하는 과정에서 일어나는 긍정적인 심리적 변화를 의미한다.[73] 인지심리학자 카우프만에 따르면 20세기 말부터 심리학자들이 외상 후 성장(Post-Traumatic Growth, PTG)을 본격적으로 연구하기 시작했다. 이 현상의 특징은 외상 이전의 수준으로 단순 회복(Resilience)하는 것을 넘어서, 기존의 수준을 뛰어넘는 질적인 성장(Growth)을 지향한다는 점이다. 회복탄력성이 고통을 겪은 뒤 본래 상태로 돌아오는 힘을 의미한다면, 외상 후 성장은 이전보다 훨씬 더 나은 사람이 되는 '성장'에 초점을 맞춘다. 이 개념은 오랫동안 외상 자체에 초점을 맞추었던 심리학계에 새로운 흐름을 가져왔다고 한다. PTG 연구자들은 '무엇이 사람을 망가뜨리는가'가 아니라, '무엇이 사람을 성장시키는가'에 대한 질문을 던지며 고통과 상실을 겪은 사람들에게 희망과 긍정의 메시지를 전달한다.[74] 에즈라 4서가 하고 있는 일이 바로 '외상 후

72 이는 하늘이 큰일을 맡기기 전에 반드시 고통과 역경을 준다는 맹자(孟子)의 '천강대임(天降大任)론'과도 일맥상통한다. 이 이론은 『맹자』, "고자" 하편 15장에 나온다. 맹자는 순(舜)과 부열(傅說), 공자(孔子) 등을 예로 들며, 하늘이 큰 사명을 맡기실 때에는 반드시 먼저 그 사람의 마음을 괴롭히고, 뼈와 힘줄을 고통스럽게 하고, 몸을 굶주리게 하며 하는 일마다 뜻대로 되지 않게 하는데, 이는 인내를 길러서 전에는 해낼 수 없던 일을 해낼 수 있게 만들기 위함이라고 한다: 박재희, 『3분 고전 2』, 146-147 참조.

73 스콧 배리 카우프만/캐롤린 그레고어, 『천재 보고서』, 260.

74 Infurna/Jayawickreme, "Fixing the Growth Illusion: New Directions for Research in Resilience and Posttraumatic Growth", 1-7 참조.

성장'을 설파하고 독려하는 일이다. 고통을 직시하고 그것을 넘어서 '살아남고 회복하고 성장하라'고 독려하는 에즈라 4서는 현대 심리학자들보다 훨씬 먼저 '외상 후 성장'을 숙고했다고 말할 수 있다. 에즈라 4서가 그리스도교 신앙의 핵심 요소인 '대속적 메시아'를 부정하는데도 교부들의 사랑을 받고 라틴어 성경 불가타에도 한 자리를 차지하게 된 이유,[75] 그리고 21세기를 살아가는 현대인들에게도 울림을 주는 이유는 바로 이처럼 에즈라 4서가 시대를 초월하여 인간의 회복과 성장에 대한 깊은 통찰을 보여 주기 때문일 것이다. 외상 후 성장이 "고대와 현대의 지혜"임을 언급한 카우프만의 말에서[76] 짐작되듯이 고대 유다교 및 그리스도교 고전에서 '외상 후 성장'의 사례와 지혜를 찾는 시도들이 학제 간 연구에서 이루어지고 있다.[77] 에즈라 4서도 그러한 시도들에 훌륭한 자료가 될 수 있을 것이다. 그리하여 고통의 시간을 살아가는 이들의 '외상 후 생존과 성장'에 에즈라 4서가 작은 도움이 되기를 희망한다.

75 Stone, *Fourth Ezra*, 1-2; 43 참조.

76 스콧 배리 카우프만/캐롤린 그레고어, 『천재 보고서』, 260.

77 Carr, *Holy Resilience: The Bible's Traumatic Origins*; Aharon/Yehuda, "Post Traumatic Growth" (https://inner.org/post-traumatic-growth/ 검색일: 2025/08/28); Harper/Pargament, "Trauma, Religion, and Spirituality: Pathways to Healing", 349-367.

IV. 참고 문헌

외경

마카베오기 4권, H. Anderson, "4 Maccabees", J.H. Charlesworth, *The Old Testament Pseudepigrapha Vol. 2* (New York 1985), 531-564.

바룩 2서, 송혜경, 『구약 외경 2』 (한님성서연구소 2023), 162-334.

솔로몬의 시편, 송혜경, 『구약 외경 1』 (한님성서연구소 2022), 166-243.

에녹 1서, 송혜경, 『구약 외경 1』 (한님성서연구소 2022), 68-160.

에즈라 4서,

송혜경, 『구약 외경 2』 (한님성서연구소 2023), 12-159.

B.M. Metzger, "The Fourth Book of Ezra", J.H. Charlesworth (ed.), *The Old Testament Pseudepigrapha vol. 1* (New York 1983), 516-559.

욥의 유언, R.P. Spittler, "Testament of Job", J.H. Charlesworth (ed.), *The Old Testament Pseudepigrapha vol. 1* (New York 1983), 829-868.

쿰란 문헌

『공동체 규칙서』, F.G. Martínez, E.J.C. Tigchelaar (eds.), *The Dead Sea Scrolls, Study Edition Vol. 1* (Leiden 1997), 68-99.

『레위의 아포크리폰』(4Q541), F.G. Martínez, E.J.C. Tigchelaar, *The Dead Sea Scrolls Study Edition* (Translations) (New York 1998).

라삐 문헌

y.Sanhedrin (https://www.sefaria.org/texts 검색일: 2025/08/26).

t.Sotah (https://www.sefaria.org/texts 검색일: 2025/08/26).

Sifre Deuteronomy (https://www.sefaria.org/texts 검색일: 2025/08/26).

고전 문헌

요세푸스, 『유다 전쟁사』, B. Niese (ed.), *Flavius Josephus, De bello Judaico libri vii* (Greek); A.M. William Whiston (ed.), *Flavius Josephus, The Wars of the Jews* (English). (https://www.perseus.tufts.edu/hopper/text?doc=J.+BJ+1.1).

카시우스 디오, 『로마사』, E. Cary, H.B. Foster (eds.), *Cassius Dio Cocceianus, Dio's Roman History* (New York. 1914-). (http://www.perseus.tufts.edu/hopper/searchresults?q=cassius+dio).

타키투스, 『역사』, C.D. Fisher (ed.), *Cornelius Tacitus, Historiae* (Latin). (http://www.perseus.tufts.edu/hopper/searchresults?q=Tacitus).

일반 문헌

Aharon, Z., Yehuda, S., "Post Traumatic Growth" (inner.org 2019) (https://inner.org/post-traumatic-growth/ 검색일: 2025/08/28).

Barker, D., "Determinism and Moral Agency in 4 Ezra", *Journal for the Study of the Pseudepigrapha 34.4* (2025), 241-267 (https://pmc.ncbi.nlm.nih.gov/articles/PMC12166969/ 검색일 2025/05/26).

Begg, C., "Comparing Characters: The Book of Job and the Testament of Job", W.A.M. Beuken (ed.), *The Book of Job* (Leuven 1994), 433-445.

Berlin, A.M., Overman, J.A. (eds.), *The First Jewish Revolt. Archaeology, History, and Ideology* (London 2002).

Berthelot, K., "Is God Unfair? The Fourth Book of Ezra as a Response to the Crisis of 70 C.E.", A. Lange, K.F.D. Römheld, M. Weigold, *Judaism and Crisis. Crisis as a Catalyst in Jewish Cultural History* (2011), 73-89.

Betz, O., "Servant Tradition of Isaiah in the Dead Sea Scrolls", *Journal for Semitics 7.1* (1995), 40-56.

Bickermann, E.J., "The Date of Fourth Maccabees", *Studies in Jewish and Christian History (2 vols)* (Leiden 2007), 266-271.

Boccaccini, G., "The Evilness of Human Nature in 1 Enoch, Jubilees, Paul, and 4 Ezra", M. Henze, G. Boccaccini (eds.), *Fourth Ezra and Second Baruch : reconstruction after the fall* (Leiden 2013), 63-82.

Boustan, R.S., Reed, A.Y., "Blood and Atonement in the Pseudo-Clementines and the Story of the Ten Martyrs", *Hen 30* (2008), 332-364.

Boyarin, D., *Dying for God: Martyrdom and the Making of Christianity and Judaism* (California 1999).

Carr, D.M., *Holy Resilience: The Bible's Traumatic Origins* (New Haven 2018).

Collins, J.J., *The Scepter and the Star: the Messiahs of the Dead Sea Scrolls and Other Ancient Literature* (New York 1995).

__________, *Between Athens and Jerusalem: Jewish Identity in the Hellenistic Diaspora* (Grand Rapids 2nd 2000).

Crenshaw, J.L., *Defending God: Biblical Responses to the Problem of Evil* (New York 2005).

Cruz-Villalobos, L., *Keys of Posttraumatic Coping. Resilience, Posttraumatic*

Growth, Religious Coping, and Second Corinthians (Maule 2020). (https://www.researchgate.net/publication/342900714_Keys_of_Posttraumatic_Coping_Resilience_Posttraumatic_Growth_Religious_Coping_and_Second_Corinthians_2020 검색일: 2025/05/29).

Ehrman, B.D., *Jesus: Apocalyptic Prophet of the New Millennium* (Oxford 2001).

__________, *God's Problem. How the Bible Fails to Answer Our Most Important Question: Why We Suffer* (New York 2009).

Fayaz, I., "Role of religion in posttraumatic growth among population exposed to armed conflict: a systematic review", *Mental Health, Religion & Culture 26.5* (2023), 455-469 (https://doi.org/10.1080/13674676.2023.2237909 검색일: 2025/09/01).

Freedman, D.N. (ed.), *The Anchor Bible Dictionary. Vols. 1-6* (New York 1992).

Geyser-Fouchè, A.B., Munengwa, T.M., "The Concept of Vicarious Suffering in the Old Testament", *HTS Theological Studies 75.4* (2019), 1-8.

Goldenberg, R. "Early Rabbinic Explanations of the Destruction of Jerusalem", *JJS 33.2* (1982), 517-525.

Goodman, M., "Current Scholarship on the First Revolt", A.M. Berlin, J.A. Overman (eds.), *The First Jewish Revolt. Archaeology, History, and Ideology* (London 2002), 15-24.

Gore-Jones, L., *When Judaism Lost the Temple: Crisis and Response in 4 Ezra and 2 Baruch* (Brepols 2020).

Griggs, R., "Apocalyptic Experience in the Theodicy of 4 Ezra", C. Keith,

L.T. Stuckenbruck (eds.), *Evil in Second Temple Judaism and Early Christianity* (Tübingen 2016), 282–298.

Haas, C., "Job's Perseverance in the Testament of Job," M.A. Knibb, P.W. Van der Horst (eds.), *Studies on the Testament of Job* (Cambridge 1989), 117–154.

Harris, W.V., "Towards a Study of the Roman Slave Trade", *Memoirs of the American Academy in Rome 36* (1980), 117–140.

Harper, A.R., Pargament, K.I., "Trauma, Religion, and Spirituality: Pathways to Healing", K.E. Cherry (ed.), *Traumatic Stress and Long-Term Recovery* (Baton Rouge 2015), 349–367.

Hengel, M., *Atonement: The Origins of the Doctrine in the New Testament*, J. Bowden (tr.) (Philadelphia 1981).

Henson, C., Truchot, D., Canevello, A., "What promotes post traumatic growth? A systematic review", *European Journal of Trauma & Dissociation 5.4* (2021), 100195 (https://doi.org/10.1016/j.ejtd.2020.100195 검색일: 2025/09/01).

Henze, M., Boccaccini, G. (eds.), *Fourth Ezra and Second Baruch : reconstruction after the fall* (Leiden 2013).

Hezser, C., "The Social Status of Slaves in the Talmud Yerushalmi and in Graeco-Roman Society", P. Schaefer (ed.), *The Talmud Yerushalmi and Graeco-Roman Culture Vol. 3* (Mohr 2002), 91–138.

Hogan, K.M. "Introduction and History of Scholarship on 4 Ezra", K.M. Hogan, *Theologies in Conflict in 4 Ezra* (Leiden 2008), 1–40.

Infurna, F.J., Jayawickreme, E., "Fixing the Growth Illusion: New Directions for Research in Resilience and Posttraumatic Growth",

Current Directions in Psychological Science 28.2 (2019), 1-7.

Jones, K.R., *Jewish Reactions to the Destruction of Jerusalem in A.D. 70: Apocalypses and Related Pseudepigrapha* (Leiden 2011).

Keith, C., Stuckenbruck, L.T. (eds.), *Evil in Second Temple Judaism and Early Christianity* (Tübingen 2016).

Kim, J., "The Concept of Atonement in the Qumran Literature and the New Covenant", *Jounal of Greco-Roman Christianity and Judaism 7* (2010), 98-111 (https://digitalcommons.liberty.edu/cgi/viewcontent.cgi?article=1377&context=lts_fac_pubs 검색일 2025/06/20).

______, "The Concept of Atonement in Early Rabbinic Thought and the New Testament Writings", *Jounal of Greco-Roman Christianity and Judaism 2* (2001-2005), 117-145 (https://digitalcommons.liberty.edu/lts_fac_pubs/248 검색일 2025/06/20).

Kirschner, R. "Apocalyptic and Rabbinic Responses to the Destruction of 70", *HTR 78.1-2* (1985), 27-46.

Kittel, G., Bromiley, G.W., Friedrich, G. (eds.), *Theological dictionary of the New Testament Vols. I-X* (HTM Digital Version; Grand Rapids 1964).

Knohl, I., *The Messiah Before Jesus: The Suffering Servant of the Dead Sea Scrolls* (Berkely 2000).

Kraemer, D., *Responses to Suffering in Classical Rabbinic Literature* (New York 1995).

Mermelstein, A., "Emotional Responses to Suffering in the Testament of Job", *Association for Jewish Studies Review* (2024) (https://repository.yu.edu/items/15a12bdd-75f7-4c61-88a2-63313f74e7c6 검색일:

2025/05/28).

Morris, L., *The Atonement: Its Meaning and Significance* (Downers Grove 1984).

Du Rand, J., "Theodicy and Apocalyptic Eschatology in 4 Ezra", *Ekklesiastikos Pharos 89.1* (2007), 224-236.

Schaller, B., "Das Testament Hiobs und die Septuaginta-Übersetzung des Buches Hiob", *Biblica 61* (1980), 377-406.

Shir, P., "Death as Atonement in 4 Maccabees" (https://weekly.israelbiblecenter.com/death-atonement-4-maccabees 검색일: 2025-06/20).

Simundson, D.J., "Suffering", *Anchor Bible Dictionary vol. 6* (New York 1992), 219-225.

Smith, C.M., "Suffering and Glory: Studies in Paul's Use of the Motif in the Light of Its Early Jewish Background" (PhD thesis, University of Sheffield 1988).

Smith, P. (ed.), *A Compendious Syriac Dictionary: Founded upon the Thesaurus Syriacus of R. Payne Smith* (Winona Lake 1998).

Stone, M.E., *Fourth Ezra: a commentary on the book of Fourth Ezra* (Minneapolis 1990).

Tabb, B.J., *Suffering in Ancient Worldview: Luke, Seneca, and 4 Maccabees in Dialogue* (LNTS 569; London 2017).

Thompson, A., *Responsibility for Evil in the Theodicy of IV Ezra* (Missoula 1977).

Vermes, G., *Jesus the Jew: A Historian's Reading of the Gospels* (Philadelphia 1981).

Weksler-Bdolah, S., *Aelia Capitolina-Jerusalem in the Roman period: in light of archaeological research* (Leiden 2019).

Widow, J.C.O., *The Origin of the Hebrew Bible: An Analysis of Josephus and 4 Ezra* (Leiden 2019), 87-88.

Willett, T.W., *Eschatology in the Theodicies of 2 Baruch and 4 Ezra* (Sheffield 1989).

스콧 배리 카우프만, 캐롤린 그레고어, 『천재 보고서』, 안종희 옮김 (필름 2025).

박재희, 『3분 고전 2』 (작은 씨앗 2013).

송혜경, 『구약 외경 1』 (한님성서연구소 2022).

______, 『구약 외경 2』 (한님성서연구소 2023).

______, 『사탄 악마가 된 고발자』 (한님성서연구소 2022).

______, "외경의 질문들 1", 『말씀터』 139호 (한님성서연구소 2021).

______, "구약 외경의 죽음 이후", 정태현 외, 『죽음 이후』 (한님성서연구소 2024).

강지숙

'고통'의 의미
— 탄나임 시대 랍비들의 고통에 대한 성찰

차례

1. 서문

사람은 누구나 태어나면서부터 죽을 때까지 원하지도 않고 예측하지도 못한 고통을 경험한다. 일반적으로 '고통'이라고 부르는 것은 대부분 피할 수 없는 것들이고, 그렇게 닥친 고통을 우리는 종종 불의한 것으로 여기게 된다. 고통에 대해 규명하는 것은, 인류 공동체의 문제이자 역사와 문화를 초월한 주제이며, 다양한 종교와 여러 시대에 걸친 오랜 고민이었다.

구약성경의 저자들과 랍비 유다교의 스승들 역시 고통의 의미를 질문하고 그 목적을 숙고하며, 고통이 하느님의 계획에 부합하는 것인지 설명하고자 노력하였다. 이 세상에 고통이 존재한다는 것은 전능하시고 자비로우신 하느님의 본성과는 모순되는 것인데, 한편 선과 악, 의인과 죄인이 함께 공존하는 이 세상에서, 정의로우신 하느님이시라면 의인들에게는 보상을 주시고 죄인들에게는 합당한 고통으로 심판하셔야 하기에, 고통은 상충된 속성을 지닌 난해한 주제이기도 하다. 이 난해한 주제를 성서 종교의 토대 위에 마련된 랍비 유다교에서는 어떻게 다루었는지 이 글에서 살펴보고자 한다.

1.1. 구약성경 저자들의 고통 이해[1]

구약성경은 나약한 인간 존재의 특성 가운데 하나로 고통을 이해하였다. 가장 대표적인 고통에 대한 해석은 '하느님의 징벌'이라는 개념이다. 성경 저자들은 고통을 하느님 진노의 표시로서, 하느님께 불경한 죄, 율법과 전통을 어

1 Kraemer, *Responses to Suffering in Classical Rabbinic Literature*, 6, 18-36; Schwarzschild "Suffering", 291-292; Rabinowitz, "Reward and Punishment", 269-270; Humbert, "The Old Testament and the Problem of Suffering", 115-135 참조.

긴 죄의 결과로 이해하였다. 곧 죄 때문에 고통을 불러왔고 그 고통이 죄에 상응하는 형벌이라는 것이다. 모세오경을 비롯한 구약성경 곳곳에서 '죄와 벌' 개념의 고통을 접할 수 있다(창세 3장; 레위 26장; 민수 12장; 16장; 신명 28장; 판관 2장; 2사무 11—12장; 2열왕 17장 등).

그다음으로는 '속죄와 정화'의 의미로 고통을 이해하였다(레위 26,41-43; 이사 22,12-14 등). 갚아야 할 죗값이며 하느님께 용서를 청하는 수단으로, 하느님은 속죄를 통해서 이스라엘과의 약속을 기억하시고 고통 받는 백성을 회복시키신다고 믿었다. 인간이 고통을 피하기 위해 죄를 삼가도록 이끄는 교훈적 의미가 담겨 있다. 이집트에서 이스라엘 백성이 겪은 종살이의 시련은 아브라함에게 약속하신 예정된 운명이었고(창세 15,13-14) 하느님 백성이 되는 과정이었기에, 이는 징벌도 심판도 아닌 속죄와 정화, 구원이 목적이었다.

한편 무고한 이의 고통과 악인의 번영이라는 부조리를 '보상과 심판'이라는 개념으로 설명하였다(시편 73,12-20; 92,8.10; 이사 2장; 하바 2장; 말라 3장; 다니 12장 등). 미래의 어느 시점에는 정의가 실현되어 악인들이 심판받고 의인들이 완전한 보상을 받는다는 종말론적 의미의 고통이다. 고통을 미래의 정의 실현과 연결하여 세상의 도덕적 불균형에 대처하고자 한 것이다.

그런데 구약성경 저자는 이스라엘 백성에게 주어지는 고난을 잔인하거나 가혹한 것으로 여기기보다는 하느님 사랑의 표시이자 특별한 관심으로 보기도 하였다. 곧 당신 백성을 시험하고 단련하는 '훈육과 사랑'의 고통이다(창세 22장; 신명 8,5.16; 잠언 3,12; 아모 3,2; 2마카 6,12 등).

그 밖에도 구약성경에서는 의인들이 다른 이의 죄를 대신하여 짊어지는 '대속'의 고통(이사 40—55장), 욥처럼 내기의 대상이 되어 겪는 '신비'한 고통, 그리고 아무 의미 없고 헛된 것으로 여기는 '회의론'적인 고통을(코헬렛) 다루고 있다. 아울러 고통에 대한 부정적 반응인 '불평과 고발'의(하바 1,2-4.13; 예레 12,1-4; 시편 10장; 73,3-14; 욥기 등) 내용도 담고 있다.

1.2. 연구 개요

고대 랍비 전통에 따른 고통의 의미와 해석에 관한 연구들을 소개하면 다음과 같다. 먼저 랍비들은 '신정론'의 신학적인 면에 집중하지 않았고 오히려 개인에게 닥친 고통에 어떻게 대처해야 하는지 실용적인 문제에 몰두했다. 랍비들에게는 하느님이 왜 이런 고통을 허락하셨는지 고민하는 것보다 고통을 겪는 사람들의 삶에서 고통이 의미하는 바가 무엇인지를 이해하는 것이 더 중요했다는 것이다.[2] 곧 랍비들은 '하느님의 정의'나 '악'과 같은 문제를 철학적으로 다루지는 않고, 총체적인 악이 아닌 인간의 고통에 우선적으로 집중하여 고유한 인간 경험이라는 차원에서 고통을 이해했다고 주장한다.[3]

의인의 고통이라는 주제를 지역별로 팔레스타인 문헌과 바빌론 문헌, 시대별로 탄나임의 견해와 아모라임의 견해를 비교한 연구에 따르면, 팔레스타인 본문들은 극도로 보수적이고 무고한 이들이 고통 받는다는 것을 잘 인정하지 않은 것에 비해, 바빌론 탈무드에서는 정당하지 않은 고통이 있음을 인정하였다. 아울러 탄나임의 해석을 아모라임 문헌에 반영하면서도 초기 자료에 없는 설명을 덧붙여 기록하였다고 고찰한다.[4]

한편 성전 멸망에 대한 묵시 문헌과 랍비 문헌의 반응을 다룬 연구에서는, 미드라시 작품인 애가 라바를 외경과(바룩 2서, 에즈라 4서) 비교하였다.[5] 또한 제2성전이 파괴된 뒤의 현인들과 성전의 관계를 랍비들의 사고에 비추어 조명한 연구에 따르면, 야브네의 현인들이 중단된 성전 예배를 인간의 활동으로 대체

2 Schwartz, "The Meaning of Suffering", 444.

3 Kraemer, *Responses to Suffering in Classical Rabbinic Literature*, 8-9.

4 Elman, "The Suffering of the Righteous in Palestinian and Babylonian Sources", 315, 338.

5 Kirschner, "Apocalyptic and Rabbinic Responses to the Destruction of 70", 30.

하려고 애쓰면서 점차 랍비들의 가르침의 위상이 높아지게 되었고, 미슈나와 탈무드가 그들의 홍보 수단 역할을 했다고 밝힌다.[6]

바르 코크바 항쟁의 실패까지 겪고 순교한 랍비 아키바에 관해 다룬 논문에서는, 그가 고통과 죄와 형벌 사이의 연관성을 해소하고, 고통이 인간에 대한 하느님의 사랑의 표시가 아니라 하느님에 대한 인간의 가장 높고 고귀한 봉사임을 보여 주었다는 것에 주목한다.[7] 한편 랍비 아키바와 신정론을 다룬 논문에서는, 그가 고통과 악의 문제에 대해 정해진 공식을 가지고 있지 않았고 고통의 성격과 정도와 상황에 따라 다르게 반응했음을 관찰하였다.[8]

1.3. 시대 배경과 연구 목적

랍비 문헌이 워낙 방대하여, 이 글에서는 예루살렘 함락과 성전 파괴(기원후 70년), 제2차 유다 항쟁의 실패(135년)를 겪은 탄나임 시대로 범위를 제한한다.[9] 이 시대는 헤로데 통치 초기인 힐렐과 샴마이 랍비가 활약한 시기에 시작되어 랍비 유다 하나시가 미슈나를 편찬한 기원후 200년까지, 약 200년 동안의 기간을 가리킨다. '탄나임'은[10] 스승으로부터 배운 것을 반복, 암기하여 전수하는 사람들을 말한다.

탄나임 랍비들이 활동한 시기에는 내부와 외부 모두 긴장과 위기의 시대

---

6 Rosenfeld, "Sage and Temple in Rabbinic Thought After the Destruction of the Second Temple", 464.

7 Sanders, "R. Akiba's View of Suffering", 350.

8 Becker, "Rabbi Akiba and Theodicy", 53.

9 랍비 유다교의 시대 구분은, '주곳 시대, 탄나임 시대, 아모라임 시대, 사보라임 시대, 게오님 시대, 리쇼님 시대, 아하로님 시대' 등으로 나뉜다.

10 '탄나임'(תנאים)은 아람어 동사 תנה, תני(반복하다, 말하다)에서 파생한 명사 '탄나'(תנא, '반복하는 이, 스승')의 복수형이다.

였다. 로마 제국이 예루살렘 성전을 파괴하여(기원후 70년) 성전 중심의 종교 시스템이 완전히 무너지고 종교 생활이 불가능해졌다. 게다가 영지주의와 그리스도교 같은 이단들이 득세하여 유다교 입장에서는 종교적 통일에도 심각한 위협이 되었다. 외국 압제자들의 박해로 정치 사회적 혼란은 물론, 경제적으로도 빈곤에 시달려야 했다. 유다교의 종교 지도자들은 이 위기를 기회로 삼아 서둘러 야브네(얌니아)로 본거지를 옮기고 전반적인 종교 시스템을 새롭게 재구성하고 재정비하기에 이른다.

기원후 132년 바르-코크바가 제2차 유다 항쟁을 시작했을 때 랍비 아키바는 그를 열렬히 지지하고 수천 명의 제자들을 이 항쟁에 바쳤다. 1차에 비해 2차 항쟁은 더욱 격렬하여 로마 군대는 이 반란을 진압하고 유다 땅을 초토화하기 위해 고군분투했고, 이 때문에 백만 명 이상의 희생자가 발생했다. 이 반란을 진압한 하드리아누스 황제는 토라 금지령을 내리는 등 잔인하고 억압적인 법령을 공포하였다. 이때 랍비 아키바를 비롯한 종교 지도자들과 그들을 따르는 많은 이들이 희생되었다.[11] 예루살렘은 이교도 신전을 중심으로 이교도 도시로 재건되었고, 유다교 의식도 지킬 수 없게 되었으며, 유다 땅에 사는 것도 제한되었다. 땅은 황폐해지고 먹고살기도 어려워졌으니 인구도 많이 감소했을 것이다. 더구나 마치 하느님과의 계약이 무너진 것과도 같은 종교적, 신앙적 위기는 종교 지도자들이 감당하기에도 막막하고 벅찼을 법하다.[12]

이런 민족적 차원의 고난을 겪은 탄나임 시대의 랍비들이 개인의 고통과 공동체의 고통을 어떻게 받아들이고 성찰했는지 이 논고에서 살펴보고자 한다. 먼저 구약성경의 전통적 의미의 고통 개념을, 고통의 연관 검색어와도 같은 '죄와 벌, 속죄와 정화, 보상과 심판, 훈육과 사랑'이라는 주제로 범주화하

11 Steinsaltz, *The Essential Talmud*, 49-54.

12 Kirschner, "Apocalyptic and Rabbinic Responses to the Destruction of 70", 28.

여 본문들을 분류한다.[13] 탄나임 전통에서는 구약성경 저자들이 이해한 고통의 의미들 가운데 어떤 것을 인정하고 적용했는지, 또 어떤 것을 거부했는지, 그들은 고통에 대해 무엇이라고 설명하는지를 다룰 것이다.

구약성경과 랍비 문헌에 기록된 '고통'[14] 관련 히브리어(또는 아람어)로는 כאב, ייסורים, סבל, עני, צער 등이 있다. '재앙'과 '징벌'을 뜻하는 מכות, פורענות 등도 고통과 연결되어 쓰였다. 특히 ייסורים(또는 ייסורין)은 랍비 문헌에서 가장 자주 등장한다.[15] 이 낱말들이 언급되는 본문들 가운데 개인과 공동체가 겪은 고통을 해석한 본문들을 주로 실었다. 해당 본문들은 탄나임의 문헌들인 미슈나와 토셉타(구전율법서), 미드라시(성경주해서)에서[16] 발췌하였고, 탈무드 가운데 탄나들이 언급한 가르침들도 소개하였다. 랍비들의 견해를 직접 충분히 접할 수 있도록 총 43개의 토막 본문들을 선별하여 주제별로 나누어 옮겼다.

13 '대속'의 고통(이사 40—55장), '회의론'적인 고통(코헬렛), 고통에 대해 부정적 반응인 '불평과 불만'(하바 1,2-4,13; 예레 12,1-4; 시편 10장; 73,3-14; 욥기 등)의 내용은 탄나임 시대 문헌에서 드물게 등장하는 편이라 여기서 따로 다루지 않았다.

14 '고통'의 사전적 의미는 '몸이나 마음의 괴로움과 아픔'이다(국립국어원 표준국어대사전). *ISBE*에 따르면, '신체적 고통이나 정신적 괴로움을 불러오는 것 또는 그 경향, 어려움에 처한 상태'로서, 개인적 고통은 질병, 가난, 강자와 부자에게 당하는 약자의 억압, 왜곡된 정의에 따른 것이다. 국가적 환난은 전쟁, 침략, 이방민족의 정복, 유배 등이 이에 속한다(Edwards, "Affliction").

15 히브리어 יסר는 '가르치다, 꾸짖다, 벌하다'라는 뜻이다. 이 동사에서 파생된 히브리어 명사형은 מוסר로서 예레 2,30; 신명 11,2; 에제 5,15 등에서 하느님의 '훈계'와 '징계'로, 잠언 15,33에서는 지혜의 '교훈'으로 쓰였다. 아람어 명사형 יסור는 랍비 문헌에서 '고통, 시련, 고통을 통한 훈육, 재앙' 등의 의미로 사용된다(*BDB* 416; Jastrow, 582).

16 이 논고에서 다룬 미드라시 할라카(율법 본문 주석) 작품으로는 탈출기 주석서인 '메킬타 드리'와 '메킬타 드라슈비', 레위기 주석서인 '시프라', 민수기와 신명기 주석서인 '시프레 바미드바르'와 '시프레 드바림'이 있다. 그 밖에 미드라시 아가다(설화 본문 주석) 작품으로는 '창세기 라바'를 다루었다.

2. 전통적 의미의 고통에 대한 탄나임의 성찰

2.1. 죄와 벌

'고통과 죄'라는 주제는 구약성경의 주요 관심사였다. 창세기는 시작부터 죄의 기원, 곧 고통의 기원을 소개한다. 아담과 하와(창세 3장), 카인과 아벨(4장), 홍수 세대(6장)와 바벨 탑 세대(11장) 등은 하느님께 반역과 타락과 폭력이라는 죄를 지었다. 그들이 받은 고통의 원인은 인간의 범죄이고 하느님 징벌의 결과가 고통이다. 레위 26장과 신명 28장에서는 하느님 말씀에 불충실하고 계명을 거역했을 때 따르는 온갖 종류의 고통과 저주 목록을 장황하게 나열한다. 역사서에서도 이스라엘의 불충과 징벌(판관 2,11-19), 사울의 불순종과 하느님의 내치심(1사무 15장), 그리고 남북 왕국 임금들에 대한 공식적인 혹평들(1열왕 15,26.34; 16,2.3 등)에서, 범죄의 결과인 그들의 고통스러운 운명이 드러난다. 북왕국 이스라엘이 아시리아에게 패하고 몰락한 것도 하느님께 죄를 짓고 우상숭배에 빠져 이방 풍습을 받아들였기 때문이며(2열왕 17장), 남 왕국 유다의 멸망도 므나쎄의 악한 행적들 때문이라고(21장) 구약성경 저자들은 해석한다. 모두 인간들 책임이고 고통은 하느님에게서 비롯한다는 것이다.

탄나임 시대 랍비들도 '죄에 따른 벌(고통)' 개념을 자연스럽게 받아들였음을 아래의 본문들에서 확인할 수 있다.[17]

토셉타 소타 10,1

의인이 세상에 오면 선이 세상에 오고 고통이(פורענות) 세상에서 제거되며, 그

17 Kraemer, *Responses to Suffering in Classical Rabbinic Literature*, 6.

들이 세상에서 떠나면 고통이 세상에 오고 선이 세상에서 제거된다. 악인이 세상에 오면 고통이 세상에 오고 선이 세상에서 제거되며, 그들이 세상에서 떠나면 선이 세상에 오고 고통이 세상에서 제거된다. "이 아이가(노아) 주님께서 저주하신 땅 때문에 수고하고 고생하는(עצבון) 우리를 위로해 줄 것이다."(창세 5,29) … "악인이 오면 멸시도 오고 수치와 함께 치욕도 온다."(잠언 18,3)고 한 대로이다.

토셉타에 따르면, 악인들 때문에 세상에 고통이 들어왔고 선이 세상에서 제거되었다. 악인들만 사는 세상도 고통스럽지만 의인들이 없는 세상도 고통스럽다. 이는 '노아와 같은 의인은 이 세상에 위로를 주지만, 악인은 멸시, 수치, 치욕을 준다'는 말씀에 근거한 해석이다.

시프레 드바림 306(신명 32,1)[18]

랍비 바나아(5세대)가[19] 말하였다. … 이스라엘이 하느님의 뜻을 실행하지 않을 때 (성경은) 무엇이라고 하였는가? "주님의 진노가 너희를 거슬러 타올라 하늘을 닫으실 것이다."(11,17) 그러고 나서 형벌이(פורעניות) 완성되리라. "땅에서 바로 멸망할 것이다."(17절)고 한 대로이다.

이스라엘이 하느님의 뜻을 실행할 때 (성경은) 무엇이라고 하였는가? "그날에 내가 응답하리라. … 나는 하늘에 응답하고 하늘은 땅에 응답하리라."(호세 2,23) 그리고 "나는 그를(이스라엘) 이 땅에 심으리라."(25절)고 하였다.

18 Finkelstein, *Sifrei Deuteronomy*, 333.

19 탄나임 마지막 세대이자 아모라임 첫 세대에 속하는 랍비이다. 탄나임 시대의 랍비들은 총 다섯 세대로 구분된다. 랍비들마다 해당 세대를 괄호 속에 표시하였다. 이 세대 구분은 스템베르거, 『미드라시 입문』, 394-400쪽을 따랐다. 랍비들 이름은 이 목록에서와 다르게 음역하였다.

하느님의 뜻을 실행하지 않으면 '하늘이 닫히고 땅에서 멸망하는' 형벌이 따르고, 하느님의 뜻을 실행할 때 '하늘이 땅에 응답하여 이스라엘이 땅에서 사는' 상급이 주어진다. 주님의 계명을 실천하지 않는 것을 벌의 원인이자 고통의 근원으로 보았다.

시프레 바미드바르 137(민수 27,14)

"친 광야에서 공동체가 시비를 걸어올 때 … 나의 거룩함을 드러내라는 내 분부를 너희가 거역하였기 때문이다."(민수 27,14) 랍비 시메온 벤 엘아자르(5세대)가 말하였다. 모세와 아론도 추방되어 죽었다. "너희가 … 나의 거룩함을 드러내지 않았기 때문이다."(신명 32,51)고 한 대로이다. 곧 '너희가 나의 거룩함을 드러냈다면 너희의 시간은 아직 죽음에 이르지 않았을 것'이라는 뜻이다.

하느님의 충실한 일꾼인 모세와 아론이 이스라엘 백성과 함께 약속의 땅에 들어가지 못하고 추방되어 광야에서 죽게 된 것은, 하느님의 거룩함을 드러내라는 명령을 거역한 일 때문이라는 해석이다.

미슈나 키두신 4,14

랍비 시메온 벤 엘아자르(5세대)가 말하였다. 너는 살면서 들짐승이나 새가 직업을 가지고 있는 것을 본 적이 있느냐? 그들은 고통(צער) 없이 생계를 유지한다. 그들은 오직 (인간을) 섬기기 위해 창조되지 않았느냐? 하물며 (인간은 인간을) 만드신 분을 섬기기 위해 창조되었으니 고통(צער) 없이 생계를 유지해야 하지 않겠느냐? 그러나 (인간은) 악행을 저질러 생계를 잃게 되었다.

인간을 섬기기 위해 창조된 동물(창세 1,26.28)이 어려움 없이 살듯이, 하느님을 섬기기 위해 창조된 인간이야말로 더욱 고통 없이 살 수 있었다. 그러나 사람들이 악행을 저질러 생계유지가 어렵게 되었고, 생계를 해결하기 위해 힘들게 일해야만 했다. 곧 생계유지에 필요한 노동이 형벌이고 그 고통은 개인과 공동체의 악행에 대한 처벌이라는 가르침이다.

미슈나 샤밧 2,6

여자는 세 가지 죄 때문에 아이를 낳을 때 죽는다.

월경이 있을 때와 할라 빵을 (나눌) 때와 (안식일) 등잔을 켤 때 주의하지 않아서이다.

이 본문에서는 여자들에게 주어진 세 가지 계명, 곧 생리 주기의 정결과(레위 15,19-24), 빵을 반죽할 때 일정 분량의 반죽을 떼어내는 것(민수 15,17-21),[20] 안식일에 빛을 밝히는 임무를 두고 죽음과 연결하여 매우 강하게 권고한다. 출산의 고통 중에 사망하는 원인을, 여자들의 의무인 세 가지 주요 계명을 어긴 죄 때문일 것으로 보았다.

시프라 베후코타이 5,1(레위 26,18)

"이렇게까지 하여도 너희가 내 말을 듣지 않는다면, 나는 계속해서 너희의 죄를 일곱 배로 징계하겠다."(레위 26,18) … "이렇게까지 하여도(ואם־עד־אלה)"(18ㄱ절).

랍비 엘리에제르(2세대)가 말하였다. 하느님께서는 이스라엘이 먼저 자신들을 입증할(מעיד) 때까지는 이스라엘에 징벌을(פורעניות) 가져오지는 않으신다. (곧 자신의 무죄를 입증하는 한 벌하지 않으신다.)

랍비 여호수아(2세대)가 말하였다. 이스라엘은 "재앙은(המכות) 끝났고 더 이상 우

20 첫 반죽 봉헌물로 주님께(사제에게) 바치던 빵을 '할라'(חלה)라 한다. 이 관습에 따라 유다교 전통에서는 반죽에서 일부를 떼어 사제에게 줄 몫으로 태운다(미슈나 할라편).

리에게 올 것은 없다." 하고 말해서는 안 된다. … "나는 계속해서 너희의 죄를 일곱 배로 징계하겠다."(18ㄴ절)에서[21] 알 수 있다. 이는 '너희가 내 앞에서 일곱 가지 죄를 지었으니 일곱 종류의 징벌을(פורעניות) 받아야 한다.'는 뜻이다.

레위 26,18에 대한 주석으로서 하느님 말씀을 거역한 것에 따른 처벌을 다룬다. 엘리에제르는 '이렇게까지 하여도'(ואם־עד־אלה)의 전치사 עד(…까지)를 같은 철자의 히브리어 '증거'(עד)와 연결하여, 무죄를 입증할(מעיד) 때까지는 징벌(고통[פורענות])을 유보한다는 보다 관대한 입장에서 해석한다. 여호수아는 반대로 '일곱 배'의 의미를 일곱 가지 죄에 따른 일곱 가지 처벌로 이해하여 보다 완고한 규정으로 이해하였다.

바블리 브라콧 7ㄱ

랍비 요하난이 랍비 요세(4세대)의 이름으로 말하였다. … (모세가 거룩하시고 찬미받으실 분) 앞에 아뢰었다. "세상의 주인이신 주님! 어찌하여 잘 사는 의인이 있고 고통 받는 의인이 있으며, 잘 사는 악인이 있고 고통 받는 악인이 있습니까?" 그분께서 말씀하셨다. "모세야! 잘 사는 의인은 의인의 자손이고 고통 받는 의인은 악인의 자손이다. 또한 잘 사는 악인은 의인의 자손이며 고통 받는 악인은 악인의 자손이다."

이 세상에서의 고통이 당사자의 죄보다는 조상이 의롭게 살았는지 악하게 살았는지에 달려 있다는 고통의 연대성을 다루는 내용이다. 각자의 삶의 태도가 자신의 현실에 그치지 않고 자손의 삶에까지 영향을 미칠 수 있다는 뜻인데, 이는 '조상들의 죄악을 삼 대 사 대 자손들에게까지 갚고, 계명을 지키는

21 『성경』(CBCK)에서는 히브리어 יסר를 '벌하다'로 옮겼다.

이들에게는 천대에까지 자애를 베푼다'(탈출 20,5-6)고 한 탈출기의 십계명 본문과 연결된다. 의인이 고통 받고 악인이 잘 사는 불합리한 현실을, 개인보다는 공동체의 책임을 강조하는 구약 전통에 따라 해석한 본문이다.[22]

바블리 산헤드린 101ㄱ

라바 바르 바르 하나가 말하였다. 랍비 엘리에제르(1세대)가 병이 들어 그의 제자들이 그를 방문하였다. (엘리에제르가) 그들에게 말하였다. "세상에는 심한 분노가 있다. (하느님께서 진노하시어 내가 병이 들었다.)" (제자들은) 울기 시작하였다. 그런데 랍비 아키바(2세대)는 웃었다. 그들이 말하였다. "왜 웃으시오?" (아키바가) 말하였다. "여러분은 왜 우시오?" 그들이 말하였다. "토라의 두루마리와 (같은 분이) 고통 속에서 누워 있는데 어떻게 우리가 안 울겠소." (아키바가) 말하였다. "나는 그래서 웃었소. 나는 랍비에게서 그의 포도주가 시지 않고 그의 아마포가 낡지 않으며 그의 기름이 상하지 않고 그의 꿀이 변하지 않은 것을 볼 때마다, 랍비가 이 세상에서 은총과 평화를 다 받았다고 생각했소. 그러나 이제 나는 랍비가 고통을 겪고 있어서 기쁘오." (엘리에제르가) 말하였다. "아키바, 내가 토라 전체에서 소홀히 한 것이 있었느냐?" (아키바가) 말하였다. "스승님, 당신은 우리에게 (이렇게) 가르치셨습니다. '죄를 짓지 않고 선만을 행하는 의로운 인간은 이 세상에 없다.'(코헬 7,20)"

엘리에제르는 하느님의 분노로 자신이 병이 들었다고 여기고 자신이 토라에서 하나라도 소홀히 한 것이 있는지 돌아본다. 스승의 고통을 목격한 아키바는 오히려 그동안 별 탈 없이 이 세상에서 은총과 평화를 다 누려온 것이 걱정이었는데, 질병이라는 고통을 겪게 되어 다행이라고 설명한다. 코헬렛의 말

22 Humbert, "The Old Testament and the Problem of Suffering", 117.

씀을(의인 역시 죄 짓지 않을 수 없음) 근거로 엘리에제르의 고통을 (알아채지 못한) 죄에 따른 것으로 해석한다.

2.2. 속죄와 정화

이스라엘 백성이 이집트 종살이에서 겪은 억압과 핍박은, 그들이 구원되어 하느님 백성으로 태어나는 데 필수적인 요소였다. 이때의 고통은 심판이라기보다는 속죄와 구원이라는 목적을 위한 수단이 된다. 레위 26장의 저주 목록 끝에는 속죄와 더불어 고통에서의 회복과 축복이 약속된다.

메킬타 드리 바호데시 7(탈출 20,7)[23]

네 가지 때문에 랍비 마티아 벤 하라시가 라오디케이아의 랍비 엘아자르에게 가서 말하였다. 랍비! 랍비 이스마엘(3세대)이 설명한 네 가지 종류의 속죄에(כַּפָּרָה) 관해 들어보았습니까?

(이스마엘이 이렇게) 말하였습니다. “한 성경구절에서 ‘배반한 자식들아, 돌아오너라(회개하여라[שׁוּבוּ]). 내가 너희의 배반을 바로잡아 주리라.’(예레 3,22)고 하였으니, 회개가(תְּשׁוּבָה) 속죄인을 알 수 있다.

한 성경구절에서 ‘이 날에(속죄일) 너희를 속죄할 것이다.’(레위 16,30)[24] 하였으니, 속죄일이(יוֹם הַכִּפּוּרִים) 속죄임을 알 수 있다.

한 성경구절에서 ‘너희가 죽을 때까지 이 죄가 속죄된다면 …’(이사 22,14)이라고[25]

---

23 Horovits, *Mekhilta d’Rabbi Ishmael*, 228. 메킬타 드라슈비 20,7(148쪽); 토셉타 욤하키푸림 5,8 참조.

24 『성경』(CBCK)에서는 “바로 이날이 너희를 위한 속죄 예식을 거행하여 너희를 정결하게 하는 날이기 때문이다.”라고 하였다.

25 『성경』(CBCK)에서는 “이 죄는 너희가 죽기까지 결코 용서받지 못하리라.”고 하였다.

하였으니, 죽음이(מִיתָה) 속죄임을 알 수 있다.

한 성경구절에서 '나는 그들의 반역을 채찍으로, 그들의 죄악을 고통으로(매[נְגָעִים]) 벌하리라.'(시편 89,33)[26] 하였으니, 고통이(יִסּוּרִין) 속죄임을 알 수 있다."

이 본문은 십계명 가운데 둘째 계명인 "주 너의 하느님의 이름을 부당하게 불러서는 안 된다."(탈출 20,7)를 설명한다. 랍비 이스마엘은 십계명을 어겼을 때 속죄할 수 있는 네 가지 수단(회개, 속죄일, 죽음, 고통) 가운데 하나로 고통을 언급하였다.

토셉타 욤하키푸림 5,6-8[27]

랍비 이스마엘(3세대)이 말하였다. 속죄에는 네 가지 종류가 있다.

긍정 계명을 어기고 회개하는 이는 그들이 그를 용서할 때까지 움직일 수 없다. "배반한 자들아, 돌아오너라(회개하여라[שׁוּבוּ]). 내가 너희 배반을 바로잡아 주리라."(예레 3,22)고 한 대로이다.

부정 계명을 어기고 회개한 이는 회개가(תְּשׁוּבָה) (처벌을) 유보하고 속죄일이(יוֹם הַכִּפּוּרִים) 속죄한다. "이 날에 너희를 속죄할 것이다."(레위 16,30)고 한 대로이다.

법정에서 추방과 사형 선고에 (해당하는 죄를) 저지른 이는 회개와 속죄일이 (처벌을) 유보하고 남은 날들의 고통이(יִסּוּרִין) 속죄한다. "나는 그들의 반역을 채찍으로, 그들의 죄악을 고통으로(매[נְגָעִים]) 벌하리라."(시편 89,33)고 한 대로이다.

그러나 하느님의 이름을 모독하고 회개한 이는 회개 행위도 (처벌을) 유보하지 못하고 속죄일도 속죄하지 못한다. 회개와 속죄일이 3분의 1만큼 속죄하고 고통이

26 『성경』(CBCK)에서는 "나는 채찍으로 그들의 죄악을, 매로 그들의 잘못을 벌하리라."고 하였다.

27 Zuckermandel, *Tosefta*, 190.

3분의 1만큼 속죄하며, 죽음이 고통과 함께 (죄를) 씻는다. "너희가 죽을 때까지 이 죄가 속죄된다면 …."(이사 22,14)이라고 한 대로이다.

토셉타 본문은 랍비 이스마엘의 같은 가르침을 탈출기 미드라시와 다르게 풀어서 규정한다. 곧 랍비 이스마엘은 십계명 가운데 긍정 계명을 어겼을 때, 부정 계명을 어겼을 때, 법정에서 추방과 사형 선고에 해당하는 죄를 지었을 때, 하느님을 모독하였을 때로 나누어 각각 속죄 방법과 효력을 나열하였다. 가장 심각한 범주의 죄를 속죄하기 위해서는 고통이 필수적이며, 하느님을 모독한 죄는 네 가지 방법을 다 동원해야 속죄의 효력이 생긴다고 설명하였다.

다음 탈출기 미드라시에서 랍비 아키바 역시 고통을 속죄(용서)와 연결하였다.

메킬타 드리 바호데시 10(탈출 20,23)[28]

랍비 아키바(2세대)가 말하였다. "너희는 나에게 행하지 마라."(탈출 20,23)[29] 이는 '너희가 나에게, 다른 이들이 그들의 이방신들에게 하는 방식으로 행해서는 안 된다'는 말이다. 좋은 일이 생기면 그들은 그들 신들을 찬미한다. "(그는) 자기 그물에다 제물을 바친다."(하바 1,16)고 한 대로이다. 한편 나쁜 일이(הַפֻּרְעָנוּת) 생기면 그들은 그들 신들을 저주한다. "그는 허기가 지면 화를 내며 자기네 임금과 신들을 저주한다."(이사 8,21)[30] 그러나 너희는 너희에게 좋은 일이 생기면 감사하고 고통이(הַיִּסּוּרִין) 닥치면 감사하라. 다윗이 말하였다. "나는 구원의 잔 들고서 주님의 이름을 불렀다."(시편 116,13) "고난과(צָרָה) 근심을(יָגוֹן) 발견하고 주님의 이름을

---

28 Horovits, *Mekhilta d'Rabbi Ishmael*, 239-240. 시프레 드바림 32(55-56쪽) 등 참조.

29 『성경』(CBCK)에서는 "너희는 내 곁에 아무것도 만들어 두어서는 안 된다."고 하였다.

30 『성경』(CBCK)에서는 "허기가 지면 그들을 화를 내며 자기네 임금과 자기네 하느님을 저주한다."고 하였다.

> 불렀다."(3-4절) … 오히려 사람은 좋은 일보다 고통을(יִסּוּרִין) 더 기뻐해야 한다. 평생 좋은 일 속에 산다고 해서 그의 죄에서 그가 용서된 것은 아니다. 그럼 무엇이 죄를 용서하는가? 고통이다(יִסּוּרִין).

아키바에 따르면, 좋은 일이 있을 때만 감사하는 것은 이방인들도 똑같이 하는 행동방식이니, 고난과 근심 중에도 주님의 이름을 부르듯, 받아들이고 감사하라고 가르친다. 고통을 거부하지 않고 환영하면, 고통을 통해 죄의 용서라는 긍정의 결과를 가져온다는 해석이다.

다음 미슈나 본문은 하느님이 베푸시는 것에는 무엇이든 감사하라고 규정한다.

> **미슈나** 브라콧 9,5
> 사람은 좋은 일을(הַטּוֹבָה) 축복하듯이 나쁜 일에도(הָרָעָה) 축복해야 한다. "너는 너의 온 마음과 너의 온 목숨과 너의 온 힘으로 주 너의 하느님을 사랑해야 한다."(신명 6,5)고[31] 하였다. "너의 온 마음"은 너의 두 가지 성향으로서 선한 성향과 악한 성향이 (모두 하느님 사랑에 순종해야 한다는 말이다.) "너의 온 목숨"은 그분께서 심지어 네 목숨을 가져가셔도 된다는 뜻이다. "너의 온 힘"은 너의 모든 재물을 말한다. "너의 온 힘"의 다른 해석은 모든 방식, 곧 그분께서 너에게 베푸시는 방식, (그것이 좋은 것이든 나쁜 것이든) 그분께 매우 감사하라는 말이다.

신명 6,5에 따라, 인간이 겪는 좋은 일과 나쁜 일 모든 것에 축복하고, 성향이 선하든 악하든, 목숨이든 재물이든 그분께서 베푸시는 모든 방식에 감

31 『성경』(CBCK)에서는 "너희는 마음을 다하고 목숨을 다하고 힘을 다하여 주 너희 하느님을 사랑해야 한다."고 하였다.

사하라고 가르친다. 직접 언급하지는 않았지만, 고통과 시련도 아우르는 내용으로 보인다. 위의 탈출기 미드라시에 나오는 아키바의 가르침과도 연결되는 듯하다.

바블리 바바메치아 84ㄴ

랍비 엘아자르 벤 랍비 시메온(5세대)은 … 자신의 고통을(יְסוּרֵי) 받아들였다. 저녁에는 예순 개의 천을 그의 (이불에) 깔았고 아침에는 그의 밑에서 피와 고름이 담긴 예순 개의 대야를 걷어냈다. (그의 부인이 뒷바라지를 잘 하여) … 그는 건강해졌다. 그의 부인은 (걱정이 되어) 그가 학교에 가는 것을 허락하지 않았다. 랍비들도 그를 압박하지 않았다.

그는 저녁이 되면 (고통에게) 말하였다. "형제여, 친구들이여, 오시오." 아침이면 말하였다. "토라 공부에 방해가 되니 가시오." 어느 날 부인이 듣고 말하였다. "당신은 고통을 불러들이네요. (당신 뒷바라지 하느라) 아버지 집의 재산을 다 썼습니다." 그녀는 자기 아버지 집으로 돌아갔고 (아무도 그를 돌보지 못하였다.)

한편 예순 명의 뱃사람들이 그에게 왔다. 예순 개의 지갑을 든 예순 명의 하인들을 데리고 와, 예순 가지 음식을 장만하여 그에게 대접했다. (바다에서 어려움을 겪을 때 엘아자르의 기도 덕분에 무사하게 되어 선물을 가져온 것이다.)

(엘아자르의) 아내가 딸에게 말하였다. "아버지가 어떻게 지내시는지 보고 오너라." 딸이 갔다. (엘아자르가) 말하였다. "네 어머니에게, 우리의 (재물이) (장인의 재물보다) 더 많다고 말하여라." "마치 상인의 배처럼 멀리서 양식을 마련해 온다."(잠언 31,14)고 한 대로이다. 그는 먹고 마시고 건강해져 학교에 다녔다.

랍비 엘아자르는 고통스러운 현실을(질병) 기꺼이 받아들인다. 이 본문은 토라 연구에 몰두하며 고통을 극복한 일화를 전한다.

바블리 키두신 40ㄴ

랍비 엘아자르 벤 랍비 차독(2세대)이 말하였다. 이 세상의 의인들은 무엇에 비유할 수 있나? 전체가 정결한 곳에 서 있으면서 가지는 부정한 곳에 걸려 있는 나무에 비유할 수 있다. 그 가지가 잘리면 전체가 정결한 곳에 서 있게 된다. 마찬가지다. 거룩하시고 찬미받으실 분께서는 이 세상에서 의인들에게 고통을(יִסּוּרִים) 가져와 (그들의 작은 죄를 정화하시어) 다음 세상에서 (전체를) 상속받게 하신다. "너의 시작은 고통스러우나(מִצְעָר[미약하다]) 너의 마지막은 매우 위대하게 되리라."(욥 8,7)고[32] 한 대로이다.

엘아자르에 따르면, 가지 하나만 부정한 곳에 살짝 걸친 나무처럼 의인일지라도 작은 죄를 지었다면, 가지를 잘라내는 고통을 통해 속죄의 과정을 거쳐야 한다. 가지를 잘라내 나무 전체가 정결해지듯, 고통 이후에는 정화되어 온전한 채로 다음 세상에서 상속을 받을 수 있게 된다.

시프레 드바림 32(신명 6,5)[33]

랍비 느헤미야(4세대)가 말하였다. 고통은 소중하다. 제물이 호의로 받아들여지듯이 고통도 호의로 받아들여진다. "(그 제물이) 그를 위해 호의로 받아들여져, 그의 속죄가 이루어진다."(레위 1,4)고 하였고, 고통에 대해서도 "그들은 자신들의 죗값을 치러야 한다."(26,43)고 한 대로이다. 고통은 제물보다 더 호의로 받아들여지는데, 제물은 부를, 고통은 몸을 뜻하기 때문이다."

32 『성경』(CBCK)에서는 "자네의 시작은 보잘것없었지만 자네의 앞날은 크게 번창할 것이네." 라고 하였다.

33 Finkelstein, *Sifrei Deuteronomy*, 57. 메킬타 드리 바호데시 10(239-41쪽) 참조.

랍비 느헤미야는 자신이 직접 몸으로 겪는 고통이, 대신 짐승으로 바치는 희생제물보다 더 호의로 받아들여진다고 주장한다. 성전이 더 이상 제 기능을 하지 못하여 제물을 바칠 수 없는 상황이라면, 제물을 대신할 속죄의 수단이 더욱 절실했을 것이다. 이 본문은 예루살렘 성전이 무너진 상황을 암시하는 듯하다. 고통을 속죄와 정화의 과정으로 이해한 본문들의 특징은 순순히 고통을 받아들인다는 점이다.

2.3. 보상과 심판

현실은 감당할 수 없이 고통스러운데 악인들은 승승장구한다. "땅에서 자행되는 허무한 일"을 한탄하는 코헬렛은, "의롭지만 죽어 가는 의인이 있고 사악하지만 오래 사는 악인이" 있으며, 악인들이 겪어야 할 바를 의인들이 겪고 의인들이 누려야 할 것을 악인들이 누리니, "너무 의롭게 되지 말고 … 너무 악하게 되지"도 말라고(7,15-17) 가르친다. 구약성경은 이러한 세상의 도덕적 불균형을 해결하는 방식으로서, 미래의 어느 시점에 정의가 실현되리는 기대를 반영한 '보상과 심판'이라는 주제를 대안으로 내세운다. 아직 실현되지 못한 인과응보와 상선벌악이 언젠가는 해결된다는 뜻으로, 이사야서(2장), 하바쿡서(1—2장), 말라키서(3장), 다니엘서(12장) 등에서 주로 종말론과 연결되어 나타난다.

탄나들은 미래의 어느 시점을 '다음 세상' 곧 죽음 이후로 보았다.

창세기 라바 33,1[34]

"주님, 당신의 정의는 드높은 산줄기 같고 당신의 공정은 깊은 바닷속 같아 당신

34 Albeck, *Genesis Rabbah*, 298-299. 레위기 라바 27,1 참조.

> 께서는 사람과 짐승을 도와주십니다."(시편 36,7) … 랍비 이스마엘(3세대)이 말하였다. 하느님의 산에서 토라를 받은 의인들에게는 하느님의 산에 이르기까지 정의를 행하시고, 하느님의 산에서 토라를 받아들이지 않은 악인들에게는 깊은 바닷속에 이르기까지 엄격하시다.
>
> 랍비 아키바(2세대)가 말하였다. 그분께서는 이들과 저들에게 (다) 깊은 바닷속에 이르기까지 엄격하시다. 의인들이 이 세상에서(בָּעוֹלָם הַזֶּה) 저지른 잘못에 책임을 지는 것은, 다음 세상에서(לָעוֹלָם הַבָּא) 평안을 누리고 좋은 보상을(שָׂכָר טוֹב) 주시기 위해서다. 악인들이 이 세상에서 지킨 몇 가지 계명에 대해 보상을 주어 평안을 누리는 것은, 다음 세상에서 벌하시기(לְהִפָּרַע) 위해서다.

이 본문에서는 이스마엘과 아키바의 견해가 다르게 전개된다. 이스마엘은 하느님의 정의가 의인들과 악인들에게 공평하게 실현된다고 주장하는 한편, 아키바는 이 세상에서 실현되지 못한 의인과 악인의 보상과 처벌이 다음 세상으로 넘어가 더 공정하게 실현된다고 주장한다.

다음 신명기 미드라시와 바빌론 탈무드는 신명 32,4을("진실하시고 불의가 없으신 하느님, 의로우시고 올곧으신 분이시다.") 근거로 의인과 악인의 운명을 설명한다.

> **시프레 드바림** 307(신명 32,4)[35]
>
> "진실하신 하느님 …"(신명 32,4), 이는 의인에게 이 세상에서(בעולם הזה) 지킨 계명의 보상을(שכר) 다음 세상에서(לעולם הבא) 갚으시듯이 악인에게는 이 세상에서 지킨 가벼운 계명의 보상을 이 세상에서 갚으시고, 또 악인에게 이 세상에서 저지른 죄를 다음 세상에서 벌하시듯이 의인에게는 이 세상에 저지른 가벼운 죄를 이 세상에서 벌하신다는(נפרע) 말이다.

35 Finkelstein, *Sifrei Deuteronomy*, 345.

바블리 타아닛 11ㄱ

"진실하신 하느님 …"(신명 32,4), 이는 악인들은 그들이 저지른 가벼운 범죄조차도 다음 세상에서 벌을 받는 것처럼, 의인들은 그들이 저지른 가벼운 범죄조차도 이 세상에서 벌을 받는다는 말이다.

"불의가 없으신 분 …"(4절) 이는 의인들에게는 그들이 지킨 가벼운 계명조차도 다음 세상에서 보상이 지불되듯이, 악인들에게는 그들이 지킨 가벼운 계명조차도 이 세상에서 보상이 지불된다는 말이다.

악인들과 달리 의인들은 자신들이 저지른 작은 범죄를 갚기 위해 이 세상에서 미리 고통을 겪고 다음 세상에서는 안정과 기쁨을 누린다. 계명을 지킨 것을 두고도 악인들은 이 세상에서 미리 받을 보상을 다 받아 다음 세상에서는 아무 몫이 없게 된다. 곧 "진실하시고 불의가 없으신 하느님"(신명 32,4)께서 의인은 의인대로 악인은 악인대로, 다음 세상에서 자신들이 살아온 대로 다 값을 치르게 하실 것이라는 내용이다.

시프레 드바림 53(신명 11,26)[36]

"보아라, 내가 오늘 너희 앞에 축복과 저주를 내놓는다."(11,26) … 하느님께서 우리 앞에 두 가지 길, 곧 생명의 길과 죽음의 길을 주셨으니 우리는 그것들 중 무엇이든 원하는 (길을) 선택할 것이다. 성경은 가르치기를, "너는 생명을 선택해야 한다."(30,19)고 하였다.

비유: 한 사람이 교차로에 앉아 있는데, 그 앞에 두 개의 길이 있었다. 하나는 시작은 평탄하나 끝에 가시가 있었고, 또 하나는 시작은 가시가 있으나 끝이 평탄했다. 그는 지나가는 이들에게 이를 알려주며 말하였다. "여러분은 이 길이 평탄

36 Finkelstein, *Sifrei Deuteronomy*, 120-121.

하게 시작하는 것을 보게 되나, 두세 걸음은 평지를 걷다가 끝에 가면 가시가 있을 것이오. 그리고 다른 길에는 가시가 있는 것을 보게 되나, 두세 걸음은 가시밭길을 걷다가 끝에 가면 평지를 걷게 될 것이오."

마찬가지로 모세가 이스라엘에게 말하였다. "너희는 악인들이 이 세상에서 성공한 것을 보게 되나 이틀 사흘은 성공하다가 마침내 마지막에(באחרונה) 이른다. '악인에게는 마지막이(אַחֲרִית) 없다.'(잠언 24,20), '보라, (게헨나에서) 억압 받는 이들의 눈물을!'(코헬 4,1)이라고 한 대로이다. … 그러나 너희는 의인들이 이 세상에서 고생하는 것을(מצטערים) 보게 되나 이틀 사흘은 고생하다가 마침내 마지막에(באחרונה) 기뻐한다. '너희가 마지막에 잘되게 하시려는 것이다.'(신명 8,16), '일의 끝이 그 시작보다 낫다.'(코헬 7,8), … '의인들의 길은 동틀 녘의 빛과 같다.'(잠언 4,18)고 한 대로이다."

이스라엘 백성 앞에 놓인 '축복과 저주'(신명 11,26), '생명과 죽음'(30,19)의 갈림길을, 시작과 끝이 달라지는 두 개의 길에 비유한다. 축복과 생명의 길에 들어섰다고는 하나 결과적으로는 저주와 죽음으로 끝나는 길이었고, 그 반대일 수도 있다. 이는 의인과 악인의 운명과도 비슷하여, 현실에서는 악인들이 성공하고 의인들이 고생하는 것처럼 보이나, 마지막에 이르면 역전하여 정의가 실현된다는 것이다. 여기서는 다음 세상이 아닌 '마지막'이라는(באחרונה) 표현으로 그 시점을 묘사한다.

시프레 바미드바르 103(민수 12,6)

"그분께서 그것을(두루마리) 내 앞에 펴 보이시는데, 앞뒤로 글이 적혀 있었다."(에제 2,10) … 앞과 뒤는 무엇을 가리키는가? '앞'은 이 세상이고 '뒤'는 다음 세상이다. '앞'은 이 세상에서 겪을 (악인의) 평안과 의인의 고통이다(יסורים). '뒤'는 다음 세상에서 겪게 될 의인의 보상과 악인의 형벌이다(פורענותם).

"거기에는 비탄과 탄식과 한숨이 적혀 있었다."(10절) (비탄은) (이 세상에서의) 의인들의 고통이다. … (한숨은) (다음 세상에서의) 악인들의 형벌이다. "파멸에 파멸이 겹쳐 온다."(에제 7,26)고 한 대로이다.

소명을 받은 에제키엘 예언자가 환시 가운데 본 두루마리의 앞면과 뒷면을, 그리고 거기 적힌 메시지를(비탄, 탄식 한숨), 이 세상과 다음 세상에서 의인에게 내려질 고통과 보상, 악인에게 내려질 평안과 형벌로 해석하였다.

시프레 드바림 32(신명 6,5)[37]

랍비 시메온 벤 요하이(3세대)가 말하였다. 고통은 소중하다(חביבים יסורים). 이스라엘에게 세 가지 좋은 것들이 주어졌다. 이는 세상 민족들이 탐내는 것이다. 오직 고통을 통해서 (얻을 수 있다.) 곧 토라, 이스라엘 땅, 다음 세상이다. … 다음 세상으로 이끄는 방법은 무엇인가? 고통이다.[38]

랍비 시메온에 따르면, 이스라엘 백성에게 계약의 성취를 상징하는 '토라, 이스라엘 땅, 다음 세상'이 모두 고통을 전제로 한다고 가르친다.

37 Finkelstein, *Sifrei Deuteronomy*, 57. 메킬타 드리 바호데시 10(239-41쪽) 참조.

38 바블리 브라콧 5ㄱ: "랍비 시메온 벤 요하이가 말하였다. 거룩하시고 찬미받으실 분께서는 이스라엘에게 세 가지 선물을 주셨는데, 오직 고통을 통해서 주어진다. (세 가지 선물은) 곧 토라, 이스라엘 땅, 다음 세상이다."

2.4. 훈육과 사랑

고통의 의미를 하나님의 훈육과 사랑으로 설명하는 본문이다.

시프레 드바림 32(신명 6,5)[39]

랍비 메이르(3세대)가 말하였다. "너희는 마치 사람이 자기 아들을 단련시키듯, 주 너의 하나님께서 너를 단련시키신다는 것을 마음 깊이 알아 두어야 한다."(신명 8,5) 네가 행한 행실과 너에게 닥친 고통이 네가 저지른 (악한) 행실에 비해 불균형하다는 것을 마음 깊이 알아야 한다는 말이다.

랍비 요세 벤 랍비 유다(5세대)가 말하였다. 고통은 소중하다(חביבים יסורים). 그분의 이름이 고통 받는 이 위에 자리 잡으시기 때문이다. "주 하나님께서 너를 단련시키신다."(8,5)고 한 대로이다.

랍비 나탄 벤 랍비 요셉이 말하였다. 땅과 계약을 맺듯이 고통과도 계약을 맺는다. "주 하나님께서 너를 단련시키신다."(8,5)고 하고 나서, "주 너희 하나님께서 너희를 좋은 땅으로 데리고 가신다."(7절)고 하였기 때문이다.

이 본문에서는 이스라엘이 광야에서 겪은 시련이 주님께서 이스라엘을 단련하신 것이라는 신명 8,5을 통해 고통을 이해한다. 랍비 메이르는 실제로 저지른 악행에 비하면 겪고 있는 고통은 관대한 편인데, 이는 주 하나님께서 광야에서 이스라엘을 단련하시는 것과 같다고 한다. 랍비 요세는 단련의 고통을 하나님 사랑의 표시로 이해한다. 랍비 나탄은 단련의 고통 이후에 땅의 약속이 실현된다고 해석한다.

39 Finkelstein, *Sifrei Deuteronomy*, 56. 메킬타 드리 바호데시 10(239-41쪽) 참조.

바블리 산헤드린 101ㄱ-101ㄴ[40]

랍비 아키바(2세대)가 말하였다. "고통은 소중하다(חביבים יסורים)." (랍비 엘리에제르가 제자들에게) 말하였다. … "나의 제자 아키바가 '고통은 소중하다.'고 한 말을 들어야겠다." 그가 말하였다. "아키바, 이 말은 어디에서 왔느냐?"

(아키바가) 말하였다. "'므나쎄는 열두 살에 임금이 되어, 예루살렘에서 쉰다섯 해 동안 다스렸다. … 주님의 눈에 거슬리는 악한 짓을 저질렀다.'(2열왕 21,1-2), 그리고 '이는 솔로몬의 잠언으로서 유다 임금 히즈키야의 신하들이 수집한 것이다.'(잠언 25,1)고 하였습니다. 이는 유다 임금 히즈키야가 온 세상에 토라를 가르쳤는데, 자기 아들 므나쎄에게는 토라를 가르치지 않았다는 말일까요? 오히려 (그는 므나쎄에게 토라를 가르쳤습니다.) 그를 (가르치는) 노력과 그를 (가르치는) 수고에도 불구하고 그를 선으로 이끈 것은 고통이었습니다. '주님께서 므나쎄와 그의 백성에게 말씀하셨지만, 그들은 주의를 기울이지 않았다. 그래서 주님께서 그들에게 아시리아 임금 군대의 장수들을 끌어들이시자, 그 장수들은 므나쎄를 갈고리로 잡아서 청동 사슬로 묶어 바빌론으로 끌고 갔다.'(2역대 33,10-11), 그리고 '이렇게 곤경에 빠진 므나쎄는 주 자기 하느님께 자비를 간청하였다. 자기 조상들의 하느님 앞에서 자신을 한껏 낮추고 그분께 기도를 드리니, 그분께서는 그의 호소를 받아 주시고 그의 간청을 들어 주시어, 그가 다시 예루살렘으로 돌아와 나라를 다스리게 하셨다. 그제서야 므나쎄는 주님께서 하느님이심을 알게 되었다.'(12-13절)고 한 대로입니다. 이로써 당신은 고통이 소중하다는 것을 배울 수 있습니다."

므나쎄 임금에 대해서는 열왕기 하권과 역대기 하권의 평가가 다르다. 랍비 아키바는 역대기의 전승에 따라, 회개한 므나쎄 임금을 단련의 고통을 겪

40 시프레 드바림 32(신명 6,5: 58쪽) 참조.

은 인물로 소개한다. 곧 솔로몬의 잠언을 수집한 히즈키야 임금은(잠언 25,1) 분명 아들 므나쎄에게도 토라 교육을 시켰을 텐데, 그럼에도 악한 짓만 저질러(2열왕 21,2) 바빌론으로 끌려가게 되었지만, 유배의 고통을 겪으면서 회개하고 하느님께 간청하여 다시 귀환한 것을(2역대 33,12-13) 보면, 고통이 므나쎄를 단련시켜 그를 구출하였다는 것이다. 한 인간을 구원으로 이끈 의미 있는 훈육과 사랑의 고통이다.

메킬타 드리 느지킨 9(탈출 21,26-27)[41]

"어떤 사람이 자기 남종의 눈이나 여종의 눈을 때려 상하게 하였을 경우, … 그가 자기 남종의 이나 여종의 이를 부러뜨렸어도, … 그를 자유로운 몸으로 내보내야 한다."(탈출 21,26-27) …

랍비 이스마엘(3세대)이 말하였다. 가나안 종은 절대 풀어줄 수 없고 오로지 그의 주인이 원해야만 (풀어줄 수 있다.) "너희는 그들을(외국인 종) 너희 자손에게 대대로 물려주어 소유하게 할 수 있다."(레위 25,46)고 한 대로이다. 곧 우리 방식대로라면 가나안 종은 대대로 밭처럼 소유물이다. 그러나 그의 주인이 그를 박해하여 이를 뽑거나 눈을 멀게 하거나 다른 외부 기관들 가운데 하나를 불구로 만들었을 경우, 그는 그 고통 때문에 자신을 얻을 수 있다(자유가 된다). 이는 칼 와호메르이다. 인간 때문에 고통을 겪어 자유가 되었다면 하늘 때문에 (고통을 겪은 일이야) 오죽하겠느냐는 것이다. 그래서 성경에서 이렇게 말한다. "주님께서 나를 그토록 벌하셨어도 죽음에 내버리지는 않으셨네."(시편 118,18)

탈출 21장 상해에 관한 법 가운데 '종의 상해와 보상'을 다루는 본문이다. 부당하게 고통당하는 외국인 종도 자유롭게 풀어주어야 하는데(26-27절), 하느

41 Horovits, *Mekhilta d'Rabbi Ishmael*, 280.

님 백성인 이스라엘이 하느님 때문에 고통을 겪게 된다면 그 이상으로 더욱 돌보신다는 해석이다. 고통 뒤에 따르는 구원을 보여 준다.

> **시프라** 베후코타이 2,5(레위 26,9)
>
> "나는 너희를 보살피겠다."(레위 26,9) 그들은 비유로 말하였다. 이 문제는 무엇과 비슷한가? 많은 일꾼들을 고용한 임금에 (비할 수 있다.) 한 일꾼이 있었는데 그는 여러 날을 그와 함께 일하였다. 일꾼들이 품삯을 받으러 갔고 그 일꾼도 그들과 함께 갔다. 임금이 그 일꾼에게 말하였다. "내 아들아, 나는 너를 보살피겠다. 이 많은 일꾼들은 나에게 일을 조금만 하여 나는 그들에게 품삯을 조금 주었다. 그러나 너에게는 내가 장차 계산할 큰 계산서가 있다."
>
> 마찬가지다. 이 세상에서 이스라엘은 하느님 앞에 보상을 요구하고 민족들도 하느님 앞에 그들의 보상을 요구한다. 그러나 하느님께서 이스라엘에게 말씀하신다. "내 아들아, 나는 너희를 보살피겠다. 세상 민족들은 나에게 일을 조금만 하여 나는 그들에게 보상을 조금만 준다. 그러나 너희에게는 내가 장차 계산할 큰 계산서가 있다. 그래서 '나는 너희를 보살피겠다.'고 한 것이다."

조금 일한 일꾼들에게는 즉각적으로 당장 적은 품삯이 지불되지만, 열심히 일한 일꾼의 품삯은 계산서에 남아 미래에 지불을 약속한다. 마찬가지로 이스라엘의 수고와 고통에 대한 보상도 이 세상에서는 받을 수 없고 장차 미래에 주어질 것이다. 세상 민족들과 차별화된 이스라엘에게만 부여하는 특별한 대접이다.

다음 본문에서도 이스라엘의 고통과 하느님의 사랑에 대해 설명한다.

시프레 드바림 311(신명 32,8)[42]

우리의 조상 아브라함이 아직 세상에 오지 않았을 때 거룩하시고 찬미받으실 분께서는 엄격한 잣대로 세상을 심판하셨다. 홍수 세대 사람들이 죄를 지어, 그분께서는 그들을 물 위의 물거품처럼 흩어버리셨다. (바벨) 탑 세대 사람들이 죄를 지어, 그분께서는 그들을 세상 이 끝에서 저 끝까지 흩어버리셨다. 소돔 사람들이 죄를 지어, 그분께서는 그들을 유황과 불로 씻어 버리셨다.

그러나 우리의 조상 아브라함이 세상에 오자, 그는 고통을(יסורים) 받아들일 수 있었고 고통은 천천히 오기 시작했다. "그 땅에 기근이 들었다. 아브람은 이집트로 내려갔다."(창세 12,10)고 한 대로이다. 고통은 왜 오는가? 이스라엘을 사랑하시기 때문이다. "그분께서는 이스라엘 자손들의 수에 따라 민족들의 경계를 정하셨다."(신명 32,8)고 한 대로이다.

세상 사람들이 저지른 죄에 대한 처벌은 매우 가혹하다(홍수, 세상 곳곳으로 이주, 유황과 불로 멸망). 아브라함부터는 심판 대신 고통으로 대체되었고, 처벌은 점진적으로 이루어져 견딜 만하였다. 게다가 이스라엘이 겪은 고통은 하느님이 이스라엘을 사랑하신 때문이라고 주장한다. 아브라함 이전과 아브라함 이후, 세상 민족과 이스라엘을 비교하여 구분한 해석이다.

시프레 드바림 325(신명 32,35)[43]

"(멸망의 날이 가까웠고) 그들의 재난이 재빨리 다가온다."(신명 32,35) 거룩하시고 찬미받으실 분께서 세상 민족들에게 징벌을(פורענות) 가져오실 때 빨리 충격을

---

42 Finkelstein, *Sifrei Deuteronomy*, 351. 신명 32,8: "지극히 높으신 분께서 민족들에게 상속 재산을 나누어 주실 때 … 이스라엘 자손들의 수에 따라 민족들의 경계를 정하셨다."

43 Finkelstein, *Sifrei Deuteronomy*, 377.

주셨다. "그들은 독수리처럼 날아 재빨리 먹어 치운다."(하바 1,8), 그리고 "그분께서 서둘러 일을 빨리 하시어 우리가 보게 하신다. …"(이사 5,19)고 한 대로이다. 그러나 거룩하시고 찬미받으실 분께서 이스라엘에게 고통을(יסורים) 가져오실 때, (고통은) 곧바로 오지 않고 점차 온다. 어떻게 그러한가? 그분께서는 그들을 네 왕국에 (유배를) 보내어 노예로 삼게 하셨다. "두려워하지 마라. 내가 너와 함께 있어 너를 구해 주겠다."(예레 1,8)고 한 대로이다.

세상 민족들에게는 서둘러 강한 충격으로 재앙을 내리고, 이스라엘에게는 점차적으로 네 왕국에 유배를 보내되 함께해 주시기까지 하신다. 세상 민족과 다른 고통으로 벌을 내리신 것은 하느님 사랑의 표시이다.

3. 성전 파괴와 국가적 재난에 대한 탄나임의 성찰

3.1. 무고한 이의 고통 - 박해와 순교

구약성경에서는 의인과 악인의 구분 없이 다 고통을 당하는 것에 의문을 제기하는 구절들이 있다.[44] 코헬렛에 따르면, "모두 같은 운명이다. 의인도 악인도 … 착한 이나 죄인이나 맹세하는 이나 맹세를 꺼려하는 이나 매한가지다."(9,2) 창세기에서 아브라함은 하느님께 소돔의 의인들을 위해 기도하면서, "의인을

44 이사 5,7; 26,20; 에제 21,8-9; 33,12; 하바 1,4.13; 욥 34,17; 탈출 12,22-23 등 참조. Elman, "The Suffering of the Righteous in Palestinian and Babylonian Sources", 317.

죄인과 함께 죽이시어 의인이나 죄인이나 똑같이 되게 하시는 것, 그런 일은 당신께 어울리지 않습니다. … 온 세상의 심판자께서는 공정을 실천하셔야 하지 않겠습니까?"(18,25) 하며, 하느님의 공정을 내세워 도전하지만, 결과적으로는 소돔인들이 철저히 사악하다는 것이 밝혀졌다.

다른 한편 의인의 죽음을 두고는 "의인은 재앙을 벗어나 죽어 가는 것이니 그는 평화 속으로 들어가고, 올바로 걷는 이는 자기 잠자리에서 편히 쉬리라."(이사 57,1-2)고 위로한다. 공동체가 겪어야 할 징벌일 경우에는, 개인의 운명은 민족의 운명과 연결되어 의인은 악인과 함께 국가적 재난에 굴복할 수밖에 없었다.[45]

다음 미드라시는 이집트 탈출 직전 이집트인들 모두에게 닥친 열 번째 재앙에 대한 해석이다. 이스라엘에게는 이집트의 속박에서 해방되는 파스카의 밤이 이집트인들에게는 비극의 밤이 되었다.

메킬타 드리 피스하 11(탈출 12,22)[46]

"너희는 아침까지 아무도 자기 집 문밖으로 나가서는 안 된다."(탈출 12,22) 파괴의 천사에게 (파괴가) 허용되었고, 의인과 악인을 구분하지 않는다. "자 나의 백성아, 네 방으로 들어가 문을 닫아걸고 분노가 지나가기까지 잠깐 숨어 있어라."(이사 26,20), "칼집에서 칼을 뽑아 너에게서 의인이건 악인이건 다 잘라 내겠다."(에제 21,8), "내 영광이 지나가는 동안 내가 너를 이 바위굴에 넣고, 내가 다 지나갈 때까지 너를 내 손바닥으로 덮어 주겠다."(탈출 33,22)고 한 대로이다.

파스카의 밤에 '나의 백성' 이스라엘은 '분노가 지나가기까지 문을 닫아걸

45 Humbert, "The Old Testament", 118.

46 Horovits, *Mekhilta d'Rabbi Ishmael*, 38.

고 숨어 있었고'(이사 26,20), '주님 손바닥에 가려진 채 바위굴에서'(탈출 33,22) 무사할 수 있었다. 그러나 파괴의 천사는, '칼집에서 칼을 뽑아 의인이건 악인이건 잘라 내듯'(에제 21,8), 문설주에 표시를 하지 않은 이집트인들 집안을 다 해쳤다. 이집트인들 가운데 무고한 이들도 희생되었을 것이다. 파괴자는 의인과 악인을 구별하지 않고 공격한다. 가뭄이나 기근, 전쟁이나 전염병 등 재앙의 시기 역시 모두를 강타한다.

다음은 로마 제국의 트라야누스 황제 때(98-117년) 박해를 받고 순교한 두 형제에 관한 본문이다. 박해의 시기 역시 무고한 이들이 희생되는 때이다.

바블리 타아닛 18ㄴ

트라야누스의 날이 무엇인가? … 트라야누스가 라오디케이아의 룰르야누스와 그의 형제 파푸스를 사형시키려 하였고, 그들에게 말하였다. "너희가 하난야, 미사엘, 아자르야의 민족 출신이라면 네부카드네차르의 손에서 하난야, 미사엘, 아자르야를 구하신 방식대로, 너희 하느님께서 오셔서 곧바로 너희를 구하실 것이다." (룰르야누스와 파푸스가) 말하였다. "하난야, 미사엘, 아자르야는 의인이었으므로 그들에게 기적이 일어날 만하였고, 네부카드네차르는 합법적인 임금으로서 그를 통해 기적이 일어날 만하였다. 그러나 이 사악한 (트라야누스는) (합법적인 임금이 아니라) 평민이므로 기적이 일어날 만하지 않은 데다, 우리도 (완전히 의롭지는 않고) 하느님께 죄를 지었다. … 거룩하시고 찬미받으실 분께서 우리를 너의 손에 넘기셨으니 장차 우리의 피를 갚아 주실 것이다." (그럼에도) 그들은 곧바로 처형되었다. 로마에서 두 명의 전령이 도착하여 (트라야누스를 파면하고 그의) 머리를 칠 때까지 (그들은 사형장에서) 움직이지 않았다. (그래서 트라야누스의 날을 기념하게 되었다.)

룰르야누스와 파푸스는 트라야누스 황제의 빈정거림에도 아랑곳없이, 자신들이 완전한 의인이 아니라며 이런 박해를 당하는 것에 억울해하지 않았다. 오히려 하느님께 지은 죄를 씻는 기회로 알고 하느님께서 보상해 주실 것을 믿으면서 배교하지 않고 처형되었다. 트라야누스의 비참한 최후가 그들 두 사람의 마지막 말을 입증해 주어, 그들이 순교한 날을 기념일로 지내게 되었다는 전설 같은 이야기다.

다음은 같은 시대 다른 랍비들의 순교 이야기다.

메킬타 드리 느지킨 18(탈출 22,21)[47]

랍비 이스마엘과 랍비 시메온은 (로마인들에게) 처형을 당하러 나갔다. 랍비 시메온이 랍비 이스마엘에게 말하였다. "랍비, 마음이 아프다. 내가 왜 죽어야 하는지 모르겠다." 랍비 이스마엘이 랍비 시메온에게 말하였다. "너는 살면서 누군가 너에게 재판하러 또는 질문을 하러 왔는데, 네가 (물) 한 잔을 다 마실 때까지 또는 신발을 신을 때까지 또는 옷을 입을 때까지 그를 기다리게 한 적이 없느냐? 토라에서는 (이렇게) 말하였다. '너희는 … (그들을) 억눌러서는 안 된다.'(탈출 22,21) 그것이 크든 작든 말이다." 랍비 시메온이 말하였다. "랍비, 나를 위로해 주시오." 랍비 시메온과 랍비 이스마엘이 처형을 당할 때, 랍비 아키바(2세대)가 그의 제자들에게 말하였다. "너희는 징벌을(פורענות) 당할 준비를 하여라. 만약 장차 우리 세대에 좋은 일이(평화) 온다면 랍비 시메온과 랍비 이스마엘이 그것을(보상) 먼저 받을 것이다. 세상을 만드신 분 앞에서 장차 우리 세대에 큰 징벌이(פורענות) 닥칠 것이라고 드러났고 알려졌으니, 그들을 우리 가운데에서 데려가신 것이다. '의인이 사라져 가도 마음에 두는 자 하나 없다. … 그러나 의인은 재앙을(הָרָעָה) 벗어나 죽어 가는 것이니 그는 평화 속으로 들어가고 올바로 걷는 이는 자기 잠자리에서 편히 쉬리라.'(이사 57,1-2)고 한 대로이다."

47 Horovits, *Mekhilta d'Rabbi Ishmael*, 313.

랍비 이스마엘은 순교의 고통과 죽음 역시 죄에 대한 결과로 이해하였다. 반면에 죽음을 당할 만큼 심각한 죄를 지었는지는 설명하지 못한다. 랍비 아키바에 따르면, 평화의 시대였다면 두 랍비들은 죽지 않고 큰 보상을 받았겠지만, 지금은 징벌(고난)의 시대라 이사야 예언대로 의인들이 먼저 죽어(순교) 영원한 안식을 누리고, 악인들에게는 책임을 물어 예언을 성취해야 한다. 곧 이스마엘과 시메온의 죽음은 죄 때문이 아니라 의로움 때문이며, 의인의 희생(순교)이 다른 이들이 받아야 할 운명을 예고한다고 가르친다. 순교라는 불가능한 수준의 고통과 의로움으로 억울한 죽음을 설명하였다.

다음은 랍비 아키바의 순교 이야기다.

바블리 브라콧 61ㄴ

랍비들이 가르쳤다. 사악한 (로마) 제국은 이스라엘이 토라를 연구하지 못하도록 선포하였다. 파푸스 벤 유다가 공공장소에서 회중을 모아놓고 토라를 가르치는 랍비 아키바(2세대)를 찾아왔다. (파푸스가) 말하였다. "아키바, (로마) 제국이 두렵지 않소?" (아키바가) 말하였다. … "주님은 너의 생명이시다. … 너희가 오랫동안 살게 해 주실 분이시다."(신명 30,20) …

얼마 지나지 않아 랍비 아키바가 붙잡혀 감옥에 갇히게 되었다. 파푸스 벤 유다도 그의 곁에 갇혔다. (아키바가) 말하였다. "파푸스, 누가 당신을 데려왔소?" (파푸스가) 말하였다. "랍비 아키바, 토라를 연구하다 체포되었으니 당신은 행복하고, 무의미한 일들로 체포된 파푸스는 불행하오."

(로마인들이) 랍비 아키바를 사형하려고 데려갔는데 (그때가 마침) '셰마 낭송' 시간이었다. 그들은 철제 빗으로 그의 살을 빗었다. 그는 하늘 왕국의 멍에를 받아들이며 (셰마 기도를 하였다.) 그의 제자들이 (아키바에게) 말하였다. "우리의 스승님, 여기서까지 (기도를 하십니까?)" (아키바가) 말하였다. "나는 평생 '네 목숨을 다하라.'(신명 6,5)는 구절 때문에 괴로웠다. 심지어 내 목숨을 가져가실지라도 말이

다. 나는 (혼자) 말하였다. ‘언제 나에게 (그때가) 와서 이를 실현할 수 있을까?’ 이제 나에게 (그때가) 왔으니 실현할 수 있게 되었군.” 그는 ‘하나’라는 (말을) 길게 하였고 그 ‘하나’에 그의 숨이 떠났다. 하느님의 소리가 나와 말하였다. “‘하나’(라고 말할 때) 숨이 떠난 랍비 아키바는 행복하다.”

토라 연구가 금지되었음에도 랍비 아키바는 토라 연구에 몰두하여 죽음에 이른다. 셰마 기도(신명 6,4-9) 시간에 마지막을 맞이하였음에도 토라를 준수한다. 숨이 끊어지는 순간에 낭송한 ‘하나’는 기도문 가운데 “이스라엘아 들어라! 주 우리 하느님은 한 분이신 주님이시다”(6,4)의 ‘한 분’에 해당한다.

샌더스에 따르면, 아키바는 고통을 의인에 대한 하느님의 사랑의 표시로 이해하기보다는 오히려 사랑으로 고통을 받아들이는 것이 인간이 하느님을 섬기는 가장 고귀한 일이라 여긴다.[48]

바블리 아보다자라 18ㄱ

(로마인들이) 랍비 하니나 벤 테라디온(2세대)을 (재판에) 넘기며 말하였다. “왜 토라에 몰두했습니까?” (하니나가) 말하였다. “주 나의 하느님께서 나에게 명령하신 (계명)대로 (했습니다.)”(신명 4,5) 그들은 그를 화형에 처하고 그의 부인을 사형에 처하며 그의 딸을 사창가에 보내라고 선고하였다. 그는 화형에 처해졌다.

랍비 하니나는 랍비 엘아자르 벤 파르다와 로마인들에게 잡혀가 재판을 받는다. 엘아자르는 자선과 선행을 중요시했고 하니나는 토라 연구에 몰두했는데 결국 토라 때문에 순교하게 된다.

다음 본문은 하느님에게서 비롯하지 않은 자발적인 고통을 다루는 탈출

48 Sanders, “R. Akiba’s View of Suffering”, 350.

기 미드라시다.

메킬타 드리 바호데시 6(탈출 20,6)[49]

"나를 사랑하고 내 계명을 지키는 이들 …"(탈출 20,6) '나를 사랑하는 이'는 우리의 조상 아브라함 등이다. '내 계명을 지키는 이'는 예언자들과 원로들이다.

랍비 나탄이 말하였다. "나를 사랑하고 내 계명을 지키는 이들"이란 이스라엘 땅에 살면서 계명을 위해 자기 목숨을 바치는 이스라엘 사람이다. 그럼 왜 처형을 당하나? 내가 내 아들에게 할례를 하였기 때문이다. 왜 화형을 당하나? 내가 토라를 읽었기 때문이다. 왜 십자가에 달리나? 내가 누룩 없는 빵을 먹었기 때문이다. 왜 백 대의 매를 맞게 되었나? 내가 룰랍을(대추야자 나무 가지) 사용했기 때문이다. "나를 사랑하는 이의 집에서 입은 상처다."(즈카 13,6)고[50] 한 대로이다. 이 재앙들이(הַמַּכּוֹת) 하늘에 계신 우리 아버지가 나를 사랑하시게 만들었다.

이 본문에서는 할례, 토라 읽기, 파스카 때 누룩 없는 빵 먹기, 초막절에 초막 장식하기 등의 계명들을 지키느라 당하게 된 박해들을 나열한다. 부당하고 불의하지만 이는 하느님이 주시는 것이 아니라, 오히려 이 고통을 통해 하느님의 사랑을 받게 되었다고 가르친다.

다음은 이스라엘이 당하는 박해에 대한 해석이다.

시프라 베후코타이 3,6(레위 26,13)

"나는 너희 멍에를 부수었다. …"(레위 26,13) 그들은 비유로 말하였다. 이 문제는 무엇과 비슷한가? 쟁기질하는 소를 가진 집주인이 다른 이에게 (소를) 빌려주어

49 Horovits, *Mekhilta d'Rabbi Ishmael*, 227.

50 『성경』(CBCK)에서는 "내 친구들의 집에서 입은 상처요."라고 하였다.

> 밭을 갈게 한 것에 (비할 수 있다.) 그에게는 아들이 열 명 있었다. (하나가) 와서 (그 소와) 쟁기질하고 쉬고 (또 하나가) 와서 (그 소와) 쟁기질하고 쉬었다. 소가 지쳐서 쓰러질 때까지 (그렇게 했다.) 다른 소들은 (주인에게) 돌아왔으나 이 소는 돌아오지 않았다. (주인은) 그 사람의 사과를 받아 줄 만하지 않다고 여겨 그는 곧바로 가서 (그 소의) 멍에를 부수고 줄을 끊어버렸다.
>
> 이 세상에서 이스라엘도 마찬가지다. 한 나라가 와서 그들을 정복하고 떠나고 다른 나라가 와서 그들을 정복하고 떠난다. 고랑은 길다. "밭 가는 자들이 내 등을 갈아 고랑을 길게 내었다."(시편 129,3)고 한 대로이다. 내일 종말이 오면 거룩하시고 찬미받으실 분께서는 세상 민족들에게 "너희가 내 아들에게 그렇게 하였구나." 하고 말씀하시지 않고, 곧바로 가서 멍에를 부수고 줄을 끊어버리실 것이다. "(그분께서) 악인들의 밧줄을 자르셨다."(4절)고 한 대로이다.

이 빌려준 소는 이스라엘, 다른 소들은 세상 민족들을 가리킨다. 이스라엘이 유배지에서 이민족들에게 겪은 박해를 암시한다. 이스라엘 민족이 겪은 고통을 하느님의 징벌이라 여기지 않고 인간들의 만행으로 해석하며, 하느님께서는 박해받는 이를 구하신다고 설명한다.

3.2. 국가적 재난에 대한 해석

탄나임 시대 유다인들은 성전 파괴와 로마 제국의 박해를 겪었다. 로마 당국은 제2차 유다 항쟁을 진압한 뒤 다시는 반란을 일으킬 수 없도록 엄격한 조치를 취한다. 70년의 재앙을 묘사하는 문학적 증언은 요세푸스의 유다 전쟁사, 마태오 복음, 외경 문헌인 바룩 2서(시리아어), 바룩 3서(그리스어), 에즈라 4서, 아브라함 묵시록 등 랍비 문헌 이외의 본문에서 제한적으로 등장한다. 탄나임 문헌인 미슈나와 토셉타에서는 아예 침묵한다.[51]

간접적으로 고난의 상황을 내비치는 아래 본문들에서는 성전 멸망의 원인을 죄와 연결한다. 국가적 차원의 고통을 겪을 때 가장 크게 용납할 수 있는 고통의 의미는 구약성경에 가장 널리 퍼져 있는 죄와 벌 개념이었을 것이다.

메킬타 드리 바호데시 1(탈출 19,1)[52]

"너는 주 너의 하느님을 섬기는 대신 … 너의 적들을 섬기게 되리라."(신명 28,47-48)[53] 랍비 요하난 벤 자카이(2세대)가 제자들에게 말하였다. 나는 평생 이 구절을 읽고도 무슨 말인지 몰라 괴로웠다. … 그런데 (이제 알게 되었다.) 곧 '너희가 기꺼이 하느님께 순종하지 않아 이제 이방인 아랍인들 치하에 복종하게 되었다, 너희가 기꺼이 하느님께 성전세(인두세)를 지불하지 않아 이제 너희는 적들의 임금에게 열다섯 세켈의 (세금을) 지불하게 되었다, 너희가 기꺼이 순례하러(성전) 올라가는 길과 거리를 정비하지 않아 이제 너희는 (로마인들의) 왕실 포도밭으로 올라가는 탑과 숙소를 정비하게 되었다'는 말이다. 그래서 "너는 주 너의 하느님을 섬기는 대신 … 너의 적들을 섬기게 되리라."(신명 28,47-48)고 한 것이다. 곧 사랑으로 "주 너의 하느님을 섬기는 대신" 증오로 "너의 적들을 섬겼다." 배부른 채 "주 너의 하느님을 섬기는 대신" 굶주린 채 "너의 적들을 섬겼다." 옷을 입고 "주 너의 하느님을 섬기는 대신" 헐벗은 채 "너의 적들을 섬겼다." 모든 것이 충분한 채 "주 너의 하느님을 섬기는 대신" 모든 것이 부족한 채 "너의 적들을 섬겼다." 무엇이 부족한가? 지식, 지혜, 토라 연구이다.

조목조목 하느님께 불충실한 항목들을 나열한다. 로마 제국의 손에 예루

---

51 Kirschner, "Apocalyptic and Rabbinic Responses to the Destruction of 70", 28.

52 Horovits, *Mekhilta d'Rabbi Ishmael*, 203-204.

53 우리말『성경』에서는 "주 너희 하느님을 섬기지 않은 까닭에, … 너희의 원수들을 섬기게 될 것이다."고 하였다.

살렘을 넘겨주고, '하느님을 섬기는 대신 … 적들을 섬기게'(신명 28,47-48) 되어, 굶주리고 헐벗고 모든 것이 부족해진 현실을 돌아본 결과이다. 70년에 예루살렘 도성을 빼앗기고 가까스로 목숨을 건진 라반 요하난 벤 자카이는 이 상황을 이스라엘의 죄와 벌로 받아들인다.

바블리 브라콧 3ㄱ

랍비 요세(3세대)가 말하였다. 나는 길을 걸어가다가 예루살렘의 폐허들 가운데 어떤 폐허에 기도하기 위해 들어갔다. 엘리야가 입구에서 나를 지키고 서서 내가 기도를 마칠 때까지 기다리고 있었다. … (엘리야가) 나에게 말하였다. "너는 폐허 속에서 무슨 소리를 들었느냐?" 내가 말하였다. "나는 하느님의 소리를 들었는데 … 이렇게 말씀하셨습니다. '나는 (그들의 죄 때문에) 내 집을 부수고 내 성전을 불태웠으며 내 아들들을 세상 민족들 사이로 추방하였다.'" (엘리야가) 말하였다. "… 자식을 쫓아낸 아버지는 얼마나 애통하겠으며, 아버지의 식탁에서 쫓겨난 아들들은 얼마나 또 애통하겠는가!"

랍비 요세는 예루살렘의 폐허들 속에서 이스라엘의 고통뿐 아니라 하느님의 고통을 느낀다.

다음 본문에서는 성전 멸망을 가져온 다양한 죄목들을 나열한다.[54]

토셉타 므나홋 13,22[55]

랍비 요하난 벤 토르타(2세대)가 말하였다. 실로는 왜 무너졌는가? 거기서 거룩한 제물을 무례하게 다루었기 때문이다. 예루살렘 첫 성전은 왜 무너졌는가? 거

54 바블리 샤밧 119ㄴ 참조.

55 Zuckermandel, *Tosefta*, 533.

기서 우상숭배와 성적 부도덕과 (무죄한) 피를 흘렸기 때문이다. 그런데 마지막 (성전에서는) 토라에 몰두하고 십일조에 주의를 기울였는데 왜 추방되었는가? 재물을 좋아하고 동료를 미워했기 때문이다. 동료를 미워하는 것은 하느님 앞에서 어려운 일이다. 성경에서는 우상숭배와 성적 부도덕과 피를 흘리는 것과 같은 것으로 여긴다.

실로와 솔로몬 성전과 제2성전이 무너지게 된 이유를 살핀다. 마지막 성전의 몰락은 성전 관리자들이 재물을 탐한 것과 그들 사이의 분쟁을 원인으로 삼는다. '동료를 미워하는 것'은 곧 유다인들 사이의 불화, 내분을 가리킨다. 제2성전 시대 말에 사제들 사이에서 직무 수행을 둘러싼 다툼이 있었는데 이 때문에 마지막 성전이 무너졌다는 해석이다.

다음 본문에서는 성전을 둘러싼 사제 집안의 부패와 횡포 등을 암시한다.[56]

토셉타 므나홋 13,21[57]

아바 사울 벤 비트닛과 예루살렘의 아바 요세 벤 하난이 … 말하였다. 보에투스 집안 때문에 내가 못살겠다. 그들의 막대기 때문이다. 카드로스 집안 때문에 내가 못살겠다. 그들의 펜 때문이다. 엘하난 집안 때문에 내가 못살겠다. 그들의 귓속말(험담) 때문이다. … 이스마엘 벤 피아비 집안 때문에 내가 못살겠다. 이들은 대사제와 그들의 아들, 사위, 관리인, 그들의 하인들이다. 그들이 막대기로 우리를 쳤다.

---

56 바블리 프사힘 57ㄱ 참조.

57 Zuckermandel, *Tosefta*, 533.

보에투스, 카드로스, 엘하난, 이스마엘 집안 모두 사제 가문들이다. 그들뿐 아니라 가문에 딸린 이들까지 횡포를 부려 성전이 멸망했다는 해석이다.

시프라 베후코타이 5,2(레위 26,19)

"나는 너희가 자랑하는 그 힘을 꺾어 버리겠다."(레위 26,19) 이는 성전을 말한다. "나 이제 너희의 자랑스러운 힘인 나의 성전을 더럽히겠다."(에제 24,21)고 한 대로이다.

랍비 아키바(2세대)가 말하였다. "나는 너희가 자랑하는 그 힘을 꺾어 버리겠다."(26,19) 이는 이스라엘의 영웅들, 요압 벤 체루야와 그의 친구들이다.

다른 이들이 말하였다. "나는 너희가 자랑하는 그 힘을 꺾어 버리겠다."(26,19) 이는 이스라엘의 자랑인 숭고한 이들(순교자), 파푸스 벤 유다와 룰르야누수 알렉산드리와 그의 친구들이다.

이 미드라시는 레위 26,19을 해석하면서 이스라엘의 자랑스러운 힘인 성전이 무너졌음을 암시한다. 아울러 아키바와 다른 랍비들은 이스라엘 백성의 영웅이자 자랑인 이들이 꺾이게 되었다고 설명한다.

다음 본문은 신명 32,38을 성전 파괴를 예언하는 구절로 이해하였다.

시프레 신명기 328(신명 32,38)[58]

"그것들에게 일어나 너희를 도와 달라고 … 하여라."(32,38) 랍비 느헤미야(4세대)가 말하였다. 이는 베스파시아누스 아내의 아들 티투스로서, 그가 (성전) 지성소에 들어가 칼로 두 휘장을 찢고는 "그가 신이라면 나와 막아 보아라."고 한 것을 말한다.

58 Finkelstein, *Sifrei Deuteronomy*, 378-379.

베스파시아누스의 양아들 티투스가 성전을 파괴하고 하느님을 모독한 일을 신명기 구절에 빗대어 암시한다.

다음 미슈나 본문은 제1성전과 제2성전의 파괴를 함께 다룬다.

미슈나 타아닛 4,6-7

우리 조상들에게 탐무즈 달 열이렛날에 다섯 가지 재앙이 일어났고, 아브 달 아흐렛날에 다섯 가지 재앙이 일어났다.

탐무즈 달 열이렛날에는 (모세의 십계) 석판이 부서졌고, (로마에 의해) 타미드 (제사가) 취소되었으며, (예루살렘) 성벽이 무너졌고, 아포스토모스가[59] 토라를 불태웠으며, (므나쎄가) 성전에 우상을 세웠다.

아브 달 아흐렛날에는 (광야의) 우리 조상들에게 (약속된) 땅으로 들어가지 못한다고 선포되었고, 첫 번째 두 번째 성전이 무너졌으며, 베테르가 함락되었고, (예루살렘) 성벽은 갈아엎어졌다. 그래서 아브 달에 들어서면 기쁨을 줄여야 한다.

아브 달 아흐렛날이 있는 주간에는 이발과 세탁을 금지한다. 그러나 (아흐렛날이 금요일일 때) 목요일에는 허용된다. 안식일을 존중해서이다. 아흐렛날 전날 저녁에는 두 가지 요리를 먹어서는 안 되는데, 고기를 먹어서는 안 되고 포도주를 마셔서는 안 된다.

탐무즈 달의 다섯 가지 재앙과 아브 달의 다섯 가지 재앙들 가운데, 제2성전과 연관된 재앙이 섞여 있다. 미슈나에서는 성전 파괴를 직접 언급하거나 설명하는 대목이 거의 없는데, 성전 멸망일을 기념하는 규정과 관련해서는 이

59 '아포스토모스'는 셀레우코스 왕조 안티오코스 에피파네스 임금의 장군으로 보인다(Jastrow, 101). 안티오코스 임금이 율법 준수와 토라 연구를 탄압하고 토라를 불에 태운 사건과 연결된다(1마카 1,56-57; 2마카 6,1 참조).

대목에서 다뤄진다.

다음 본문은 성전 파괴에 대한 보상을 설명한다.

바블리 마콧 24ㄱㄴ

라반 가믈리엘(2세대)과 랍비 엘아자르 벤 아자르야(2세대), 랍비 여호수아(2세대)와 랍비 아키바(2세대)가 (로마 제국의) 길을 걷고 있었다. (멀리) 백이십 마일 떨어진 푸테올리에서 로마인 군중들의 소리가 들리자 그들은 울기 시작하였고 아키바는 웃었다. 그들이 (아키바에게) 말하였다. "왜 웃으시오?" (아키바가 말하였다.) "왜 우시오?" 그들이 말하였다. "이방신을 섬기고 우상숭배를 위해 향을 피우는 이방인들은 안전하고 한가롭게 사는데, 우리는 우리 하느님의 발판인 성전이 불타고 있으니, 어찌 울지 않을 수 있겠소?" (아키바가) 말하였다. "그래서 우리는 웃어야 합니다. 그분의 뜻을 어긴 자들이 이토록 (보상을 받고 있으므로) 그분의 뜻을 잘 실행한 이들은 더욱 (보상을 받을 것이기 때문입니다.)"

랍비 아키바는 '칼 와호메르'(성경해석 원칙[קל וחומר]) 방식에 따라, 비록 성전은 불타버렸지만 하느님 뜻에 충실한 유다인들이야말로 이방인보다 더 큰 보상을 받고 번영할 것이라 위로한다.

다음 본문은 성전 재건과 관련이 있다.

시프레 드바림 352(신명 33,12)[60]

"벤야민에게 말씀하셨다. '주님께서 사랑하시는 그는 … 주님께서 언제나 그를 보호하시니 그는 그분의 어깨 사이에서 산다.'"(신명 33,12) … "언제나 그를 보호하신다." 이는 첫 성전이다. "언제나" 이는 다음 성전이다. "그의 어깨 사이에서

60 Finkelstein, *Sifrei Deuteronomy*, 409-410.

산다." 이는 장차 (성전이) 세워져 완성된다는 말이다.

다른 해석: "그를 보호하신다." 이는 이 세상에서다. "언제나" 이는 메시아의 시대에서다. "그의 어깨 사이에서 산다." 이는 장차 (성전이) 세워져 완성된다는 말이다.

벤야민에 관한 모세의 축복을 성전과 연결시킨 해석이다. 벤야민 지파의 땅이 예루살렘 성전이 세워진 지역과 인접했기 때문이다. 이 미드라시는 장차 성전이 다시 세워질 것을 확신하며 신명 33,12을 미래에 재건되고 회복될 성전으로 이해하였다. 그런데 성전의 재건을 설명하는 탄나임 미드라시 본문은 이 대목에서 말고는 찾아볼 수 없다.

4. 결론

예루살렘의 멸망 이후 팔레스티나 유다인들은 오랜 세월 혼란을 겪고 쇠퇴해 갔다. 그들이 맞닥뜨린 고통스러운 현실을 어떻게 종교적으로 이해하고 승화하였는지를 요약하면 다음과 같다.

첫째, 탄나임 시대의 랍비들은 대체로 고통을 수용하는 태도를 보였다. 구약성경의 기반을 이어받아, 고통을 죄와 벌, 속죄 개념과 연결한 것이 탄나임 문헌들에서 자주 반복된다. 또한 고통이 하느님과의 관계를 회복시키는 데 합당한 처벌이자 속죄의 수단으로 이해하였다. 속죄와 정화의 의미로 고통을 해석한 경우에는 고난을 기꺼이 받아들이라고 가르친다. 구약성경의 전통을 받아들인 랍비들의 고통에 대한 숙고는, 개인과 국가가 겪은 끔찍한 현실을 받아들이는 데에 큰 역할을 한 것 같다.

둘째, 구약성경은 보상과 심판의 시기를, 알 수 없는 미래의 어느 시점으로 본 것에 비해, 탄나들은 다음 세상이라고 밝힌다. 이 세상에서 겪는 이유 없는 고통이 다음 세상의 삶을 보장하는 반면, 이 세상에서 모면한 악인들의 죄악은 다음 세상에서 철저히 되갚아질 것을 기대하였다. 이 세상의 고통과 불평등을 구약성경의 종말론으로가 아닌, 죽음 이후의 내세론으로 해결한 것이다.

셋째, 탄나임 랍비들은 고통의 문제를 논하면서 다소 보수적인 입장을 보인다. 고통에 대해 회의적이거나 고통이 정당하지 않을 수 있음을 주장하는 본문들이(집회서, 코헬렛, 욥기, 예언서, 시편 등) 드물다. 그들이 성찰한 고통의 의미에 따르면, 하느님은 여전히 엄격하신 분, 희생과 형벌을 요구하시는 분이시다. 하느님의 진노를 피하고 의로운 길로 나아가기 위해서는 이 세상에서 수고와 시련을 짊어져야 한다. 참회적 고통을 인간이 감당해야 할 몫으로 이해하였다.

넷째, 제2성전의 파괴가 종교 생활에 막대한 영향을 미친 것은 분명하다. 탄나임 미드라시들에서는 성전 파괴와 국가적 재난을 하느님이 유다인들에게 내리신 합당한 형벌로 받아들인다. 그런데 대체로 성전 파괴에 대한 명시적인 증거들이 제한적인 편이다. 또한 로마 제국과의 전쟁에서 정치적, 군사적으로 패배한 것에 대한 전체적인 설명을 시도한 경우가 드물었다. 전쟁의 잿더미 속에서 유다교의 종교 프로그램을 재건하고 회복하고자 미슈나를 완성했음에도, 미슈나에서는 자신들이 겪은 고통에 대해서는 거의 다루지 않는다. 토셉타에서도 비슷하다. 성전이 파괴되면서 생긴 종교적 공백을 인정하지 않는다는 듯이, 여전히 성전 관련 율법들을 상세히 규정하기까지 한다. 이 침묵은 이미 제1차 성전의 파괴를(기원전 587년) 성경에서 목격한 뒤라 그 결과를 잘 알았기 때문일 수도 있다. 그러나 그 이유가 회피와 외면일지, 강력한 충격에 따른 공포심일지, 아니면 재건의 희망 때문인지는 여전히 의문이다.

다섯째, 종교적 박해를 당하는 순교자 개인 차원의 해석은 풍부한 편이다. 박해를 받아들이는 그들의 태도는 전통적인 고통의 의미에서 출발한다. 고통과 죽음을 죄의 결과로 이해하고 속죄의 기회로 삼았으며, 토라를 증거하는 수단으로 여기고자 애썼다.

여섯째, 랍비 아키바의 고통 이해는 특별하다. 그는 고통을 적극적으로 수용하되 죄와 형벌의 의미 이상으로 이해했다. 이 세상에서 겪는 고통은 하느님이 다음 세상에서 처벌하지 않기 위해 미리 겪게 하신 것이라고 해석한다. 고통을 통해 하느님께서 인간을 용서하시고, 고통을 통해 하느님의 사랑을 보여 주신다고 긍정적으로 이해하였다. 곧 그에게 하느님은 선하시고 자비하신 분이시다. 종교적 박해를 당하고 임종하는 순간에도 그는 자신의 죽음과 고통을 하느님에 대한 사랑과 헌신을 표현하는 수단으로 삼았다.

탄나임 랍비들이 성찰한 고통의 의미는 구약성경에서처럼 다양하거나 일관되지는 않았다. 그 시대 일부 유다교 스승들의 견해만을 다루었기에 유다인 전체의 생각이라 볼 수도 없다. 아모라임 시대로 넘어가 두 탈무드의 본문 증거들을 살피면 좀 더 풍부한 사유와 성찰들을 접할 수 있다. 위기와 변화를 최근에 겪은 탄나임 시대의 랍비들은, 고통에 대한 전통적 의미로 자신들의 처지를 돌아보면서 다소 절제된 태도로 현실을 받아들인 것 같다.

파국이었음에도 그 민족이 사라지지 않았다는 것, 디아스포라로 산산이 흩어졌음에도 계속 유다 민족의 정체성을 지켜왔다는 사실이, 고통을 받아들이는 유다인들의 태도와도 연관이 있지 않을까 싶다.

5. 참고 문헌

랍비 문헌

메킬타 드리: *Mekhilta d'Rabbi Ishmael*, H. Horovits and I.A. Rabin (eds.) (Jerusalem 1960[2]). (Hebrew)

메킬타 드라슈비: *Mekhilta d'Rabbi Shimon b. Yohai*, J.N. Epstein (ed.) (Jerusalem 1955). (Hebrew)

미슈나: *Mishnah*, Ch. Albeck (ed.) (Jerusalem 1952). (Hebrew)

바블리: *Babylonian Talmud*, Romm, Vilna (ed.) (1880-6). (Hebrew)

시프라: *Sifra*, J.H. Weiss (ed.) (Vienna 1861). (Hebrew)

시프레 바미드바르: *Sifrei Numbers*, H.S. Horovits (ed.) (Jerusalem 1966[2]). (Hebrew)

시프레 드바림: *Sifrei Deuteronomy*, H.S. Horovits, L. Finkelstein (eds.) (New York 1969[2]). (Hebrew)

창세기 라바: *Genesis Rabbah*, J. Theodor, Ch. Albeck (eds.) (Berline 1913-32). (Hebrew)

토셉타: *Tosefta*, M.S Zuckermandel (ed.) (Jerusalem 1970). (Hebrew)

Lauterbach, J.Z., *Mekhilta de-Rabbi Ishmael* vols. 1-2 (Philadelphia 2004).

Nelson, W.D., *Mekhilta de-Rabbi Shimon bar Yohai* (Leiden 2006).

Neusner, J., *The Tosefta* vols. 1-2 (Massachusetts 2002).

https://www.sefaria.org

일반 문헌

Becker, M., "Rabbi Akiva and Theodicy", *Tradition* 37-1 (2003), 52-60.

Edwards, D.M., "Affliction", *The International Standard Bible Encyclopaedia* (Bible Works에서 참조).

Elman, Y., "The Suffering of the Righteous in Palestinian and Babylonian Sources", *JQR* 80:3-4 (1990), 315-339.

Goldmark, L.J., *Halakhah in the Tannaitic Literature, as Affected by the Destruction of the Second Temple* (1969).

Hammer, R., "Two Approaches to the Problem of Suffering", *Judaism* 35: 3 (New York 1986), 300-305.

Humbert, P., "The Old Testament and the Problem of Suffering", *The Biblical World* 52:2 (1918), 115-135.

Jastrow, M., *Dictionary of the Targumim, Talmud Babli, Yerushalmi and Midrashic Literature* (New York 1996).

Kirschner, R., "Apocalyptic and Rabbinic Responses to the Destruction of 70", *HTR* 78:1-2 (1985), 27-46.

Klawans, J., "Josephus, the Rabbis, and Responses to Catastrophes Ancient and Modern", *JQR* 100:2 (2010), 278-309.

Kraemer, D., *Responses to Suffering in Classical Rabbinic Literature* (New York 1995).

Marmorstein, A., *The Old Rabbinic Doctrine of God* (London 1927).

Rabinowitz, L.I., "Reward and Punishment", *Encyclopedia Judaica* 17 (2007^2), 269-270.

Rosenfeld, B.Z., "Sage and Temple in Rabbinic Thought After the Destruction of the Second Temple", *JSJ* 28: 4 (Leiden 1997), 437-

464.

Sanders, E.P., "R. Akiba's View of Suffering", *JQR* 63:4 (1973), 332-351.

Schwartz, M.B., "The Meaning of Suffering: A Talmudic Response to Theodicy", *Judaism* 32:4 (New York 1983), 444-451.

Schwartzschild, S.S., "Suffering", *Encyclopedia Judaica* 19 (2007²), 291-292.

Steinsaltz, A., *The Essential Talmud* (New York 2006²).

『성경』, 주교회의 성서위원회 (한국천주교중앙협의회 2005).

강지숙, 『랍비들의 성경 주해 창세기 미드라시』 (한님성서연구소 2024).

송혜경, 『구약 외경 2』 (한님성서연구소 2023).

스템베르거, G., 『미드라시 입문』, 이수민 역 (바오로딸 2008).

정태현

"엘로이 엘로이 레마 사박타니?"(마르 15,34/마태 27,46) 악과 고통에 대한 성경의 가르침

차례

I. 서론 — 고전적 신관과 성서적 신관

세상의 악과 고통은 우리가 날마다 마주치는 현실이다. 이 현실을 두고 철학과 신학, 그리고 종교가 다양한 진단과 해결책을 제시해 왔다. 그리스도교의 바탕이 되는 성경 역시 세상의 악과 고통을 직시하고 그것에 대한 풍부한 가르침을 전한다. 악과 고통의 문제, 곧 악과 고통의 기원과 목적에 관한 문제는 신관과 세계관과 직결되어 있다. 이 소고는 서론에서 신관과 세계관을 다루고, 본론에서는 악과 고통에 대한 구약성경의 가르침과 육화된 말씀이신 그리스도의 가르침을 개괄적으로 소개하고 십자가에 못 박히신 예수님의 역설적 부르짖음, “엘로이 엘로이 레마 사박타니”(마르 15,34/ 마태 27,46)에서 드러난 삼위일체 하느님의 연민을 다룬다. 그리고 결론에서는 그리스도인으로서 세상의 악과 고통에 어떻게 대처해야 할 것인지를 모색한다.

그리스도교의 신관은 크게 둘로 구분할 수 있다. 이성적 추론(형이상학)에 바탕을 둔 고전적 신관과 계시(성경과 성전)에 바탕을 둔 성서적 신관이다. 이 두 신관에 따라 악과 고통을 바라보는 시각이 달라질 수 있다.

1. 고전적 신관은 이성적 추론에 바탕을 둔다.

그리스도교의 고전적 신관은 토마스주의(토미즘)로 대표된다. 『신학대전』을 집대성한 토마스 아퀴나스(1224?-1274년)는 철학과 신학을 절묘하게 조화시키면서 그리스도교의 교의를 이성적으로 명쾌하게 설명하고자 했다.[1] 한편 토마

1 물론 그리스도교의 신학자요 도미니코회 수사신부로서 토마스는 성경과 계시의 중요성을

스의 신관은 아우구스티누스와 그에게 영향을 미쳤던 2-4세기 그리스도교의 신학 전통에 의존한다. 그리고 하느님의 초월성에 대한 초기 교회의 신학 개념은 후기 플라토니즘과 영지주의에 영향을 받은 것이다.[2]

고전적 신관의 대표적 신 개념은 '부동의 동자'(movens immobile; unmoved mover)다. 곧 본인은 움직이지 않으면서 다른 것들을 움직이게 만드는 존재다. 이 개념은 아리스토텔레스에게서 유래된다.[3] 토마스는 이 신 개념을 좀 더 세부적으로 묘사한다. 모든 사물의 운동, 원인, 존재의 필연성, 목적은 인간의 이성이나 의지가 아니라 '필연적인 제1원리'(primum principium immobile et per se necessarium)까지 소급되어야 한다.[4] 이 최상의 제1원리는 필연적이고 단순하고 무시간적이고 무변적이고 영원하고 완전한 존재다.[5] '부동의 동자' 또는 '필연적인 제1원리'는 자신은 영원히 변하지 않으면서 모든 피조물의 근원이 되고 모든 피조물을 변화시킨다. 그 존재가 곧 성경과 성전에 계시된 하느님이시며 전지·전능·영원·불변 등의 속성들은 이 하느님에게 부여된다.

충분히 인지하고 강조했다(1a. 1). 다만 그리스도교의 계시 진리를 설명하기 위해 그는 그리스 철학자들, 특히 아리스토텔레스의 형이상학을 활용한다. 『신학대전』의 내용은 제1부 신론과 창조론(1a), 제2부 은총론(2a)과 윤리(2ae), 제3부 그리스도론과 마리아론 및 성사론(3a)으로 짜여진다. 토마스는 아리스토텔레스에 대한 해박한 지식을 가졌던 나폴리 대학의 교수 히베르니아의 페트루스(Petrus Hibernus), 쾰른에서 수학하는 동안 스승이었던 아리스토텔레스 연구의 대가 대알베르투스(Albertus Magnus), 특히 아리스토텔레스의 저서들뿐 아니라 여러 그리스 철학자들의 저서들을 라틴어로 번역하여 자신에게 제공한 같은 도미니코회 수사 뫼르베케의 빌렘(Willem van Mörbeke)의 도움으로 그리스 철학을 풍부하게 섭렵할 수 있었다(『신학대전 1』, 9-15쪽 "저자 토마스 아퀴나스"; 2ae. 44,2).

2 참조: Lilla, *Clement of Alexandria: A Study in Christian Platonism and Gnoticism*; Stead, *Philosophy in Christian Antiquity*.

3 이 개념은 아리스토텔레스의 '부동의 원동자'(Primum Movens Immobile)에서 비롯된다.

4 1a. 2,1-3.

5 하느님 존재의 필연성을 논한 다음, 토마스는 그분의 속성들에 대해 길게 논한다: 1a. 4-11.

토마스는 계시에 바탕을 둔 그리스도 교의를 이성적 추론과 철학적 사변을 통해 증명하려고 했다. 그러나 이 증명의 출발점을 이성적 사변에 둠으로써 그리스도 안에서 드러난 하느님의 자기계시에 접근하는 데 한계를 드러냈다.[6] 물론 토마스는 계시의 중요성을 인정한다. 하느님의 계시는 하느님에 대해 인간의 인성보다 훨씬 많은 것을 알려 준다. 그 대표적인 예가 삼위일체 교리다(토마스는 마태 3,17과 1코린 2,10을 인용한다). 그러나 계시조차도 하느님이 누구신지 우리에게 온전하고 정확하게 말하지 않고 다만 알 수 없는 그분께 우리의 지성을 연결시켜 줄 뿐이다.[7]

2. 성서적 신관은 계시에 바탕을 둔다.

성경은 하느님에 대한 계시의 책이다. 구약성경은 말씀과 사건(구원역사)을 통해서 원조들과 성조들, 그리고 이스라엘 백성에게 하느님이 누구신지를 알려 주셨다. 그리고 신약성경은 예수 그리스도의 삶과 가르침을 통해서 모든 인류에게 하느님의 품성과 속성을 알려 주셨다. 그리스도는 하느님의 완전한 자기계시(self-revelation)다. 그리스도에게서, 특히 그분의 십자가 죽음과 부활에서 성경의 모든 계시는 수렴되고 완성된다. 그리스도 자신이 이를 분명히 밝히셨다.

---

6 보이드는 고전적 신관의 문제점들 가운데 중요한 것 몇 가지를 언급한다. 이 신관 안에서는 인간의 자유가 약화된다. 또한 악과 고통의 문제가 심각하게 대두된다. 하느님이 모든 것의 원인이라면 악과 고통도 그분에게서 나오지 않는가? 또한 범신론(Pantheism)의 문제도 제기된다. 하느님이 모든 것의 일차적 원인이라면 만물은 하느님의 단순한 확장이라 말할 수 있지 않은가! Boyd, *The Crucifixion of the Warrior God*, 659-663.

7 "우리는 자연본성적 이성으로보다 은총으로써 하느님을 더 충분히 알게 되는 것이 아니다. 그뿐만 아니라 우리 지성은 신앙의 은총으로 말미암아 하느님께 접촉되는 것이다"; "우리는 은총의 계시를 통해서도 이 세상 삶에 있어서는 하느님이 무엇인지(quid est)를 인식하지 못한다"(1a. 12,13).

하느님 아버지를 뵙게 해달라는 필립보의 간청에 예수님은 이렇게 답변하셨다. "나를 본 사람은 곧 아버지를 뵌 것이다"(요한 14,9). 하느님이 누구신지, 어떤 분이신지를 아는 가장 좋은 방법은 이성의 빛으로 피조물을 탐구해 들어가는 것이 아니라 성경의 계시를 받아들이고 예수 그리스도를 바라보는 것이다.

성경에서 하느님에 대한 가장 정확한 개념은 '사랑'이다. 반면에 하느님의 영원성, 불변성, 전지, 전능, 무량, 자애, 정의 등은 하느님의 속성들이지만 본질 자체에 대한 개념은 아니다. 성경은 하느님의 본질을 사랑으로 계시한다. "하느님은 사랑이십니다"(1요한 4,16). 그리고 성경은 사랑이신 하느님을 아는 가장 좋은 방법으로 이성적 추론이나 피조물에 대한 관찰보다 사랑의 실제적 체험을 강조한다. 사랑하지 않는 사람, 사랑을 해본 적이 없는 사람, 사랑을 거부하는 사람은 하느님을 알 수 없다(1요한 4,8).

사랑이라는 성서적 하느님 개념은 이성의 빛으로 도달할 수 있는 고전적 하느님 개념, '부동의 동자'(unmoved mover) 또는 '필연적인 제1원리'와 충돌한다. 하느님은 사랑이시기 때문에 우리 인간을 위해 시간과 공간 안으로 들어오셔야 하고, 우리 때문에 상처를 입거나 슬퍼하기도 하시고 후회도 하시며 마음을 바꾸기도 하신다. 구약성경에 묘사된 이런 하느님의 모습은 '부동의 동자'와는 거리가 멀다.

사랑은 필연적으로 자유의지를 전제한다. 자유가 없이 강요된 사랑, 조건이 붙은 사랑은 더이상 사랑이 아니다. 하느님은 인간에게 자유를 주셨고 이 자유는 사랑받고 사랑하기를 거부할 수 있는 여지도 포함한다. 한 번 주어진 자유는 더 이상 통제하거나 철회할 수 없다. 자유를 전제한 사랑의 속성 때문에 하느님은 인간처럼 희노애락을 느끼시고 성경의 의인화(擬人化 anthropomorphism) 기법을 통해 이를 극적으로 표현하신다.

사랑은 주고 받는 대상이 있어야 가능하다. 창조 이전에도 하느님은 영원으로부터 사랑이셨으므로 하느님 안에 사랑을 주고 받을 수 있는 대상들이 필요했다. 따라서 하느님 안에는 복수성이 전제된다. 구약성경은 한 분이신 하느님을 계시하면서도 그 하느님을 복수로 표현한다(엘로힘).[8] 신약성경과 예수님은 이 하느님을 아버지와 아들과 성령의 삼위일체 하느님으로 계시한다.[9] '하느님은 사랑이시다'라는 성서적 신관의 본질은 삼위일체 하느님이다. 아버지와 아들과 성령은 자신을 온전히 상대에게 내주는 자기 증여의 사랑으로 하나가 된다. 먼저 예수님이 아버지와 아들의 완전한 일치와 친교를 알려주시고 이 일치와 친교 안에 제자들과 우리를 끌어들이신다(요한 17,20-24).

3. 성서적 신관의 속성: 자애, 정의, 연민

성서적 신관에서 말하는 하느님의 대표적 속성, 자애와 정의에 대해 따로 일별한다. 자애와 정의는 하느님의 사랑을 가장 잘 드러내는 속성들이다. 말하자면 자애와 정의는 동전의 양면이고 동전 자체는 사랑이다. 자애로 옮긴 히브리어 헤세드(חֶסֶד)는 근본적으로 우리 인간에게 속한 속성이 아니므로 인간의 언어로 정확하게 정의하기란 거의 불가능하다. 풀이하자면 한결같은 사랑, 끝없는 사랑, 불변하는 사랑, 충실한 사랑, 자신을 온전히 내주는 사랑, 상대방의 선민을 위하는 사랑, 상대방의 고통을 힘께 느끼고 함께 겪는 사랑이다. 헤세드는 그리스어로 엘레오스(ἔλεος), 라틴어로는 미세리꼬르디아(misericordia), 영어로는 mercy로 옮긴다. 우리 말에서는 '자비'(『성서신학사전』)로 옮기기도 하지만 『성경』(CBCK)에서는 '자애'로 고정시켰다. 자애는 계약에 바탕을 둔 개념으로 출발하지만 하느님의 본질인 사랑을 포괄할 정도로 그 범위가 훨씬 넓다.[10]

8 이를 초월적 복수라고도 부른다.

9 물론 정확한 삼위일체 교리의 확립은 4-5세기에 와서 이루어지지만 이 교리는 신약성경과 예수님의 가르침에 바탕을 둔다.

하느님의 또 다른 속성은 정의다. 정의로 옮긴 히브리어 미쉬파트(מִשְׁפָּט)는 동사 샤팟(שָׁפַט)에서 나왔는데, '다스리다, 명령하다, 심판하다, 중재하다, 되갚다' 등의 뜻이 있다. 따라서 미쉬파트는 '정의, 공정, 심판, 권리, 보상, 규정' 등의 의미를 지니며, 공동체의 건강한 회복을 지향한다.[11] 구약성경에서 하느님은 가난한 이들 편에 서서 그들의 빼앗긴 권리를 되찾아 주거나 그들의 위협받는 생존권을 보장해 주라고 끊임없이 요구하신다(탈출기와 신명기, 특히 시편과 예언서들). 이는 계약 공동체의 안녕과 번영을 위해 필수적이다. 안식년과 희년의 규정(레위 25장)도 이런 '정의' 개념에서 나왔다.

하느님의 자애와 정의가 균형을 이루며 잘 표현된 대목은 탈출 20,5-6과 34,6-7이다. 둘 다 시나이 계약의 맥락에서 나온 말씀이다. 특히 자애와 진실(אֱמֶת)을 연결하여 언급한 두 번째 대목에 주목한다. "주님께서는 모세 앞을 지나가며 선포하셨다. '주님은, 주님은 자비하고 너그러운 하느님이다. 분노에 더디고 자애와 진실이 충만하며 천대에 이르기까지 자애를 베풀고 죄악과 악행과 잘못을 용서한다. 그러나 벌하지 않은 채 내버려 두지 않고 조상들의 죄악을 아들 손자들을 거쳐 삼 대 사 대까지 벌한다.'"[12] 자애는 상호 관계, 특히 계약 관계와 직결된 속성이다. 이스라엘 역사에서 자애가 계약을 위해 요청되는 하느님의 속성일 수도 있고 계약이 하느님의 자애를 드러내는 결과일 수도 있

---

10 Panimolle, "사랑", 934: "구약성경에서는 계약과 연관된 사랑이 매우 중요한 자리를 차지하지만, 이 사랑은 시나이 계약에 충실하신 주님이 당신 백성에게 베푸시는 자비를 가리킨다는 면에서 계약을 초월한다." "하느님의 성실과 자비로운 이 사랑은 히브리어로 *hesed*라고 표현한다."

11 Mafico, "Justice", 1127-1128. 정의는 "공동체 안에 공평과 조화를 증진시켰던 상황이나 환경의 회복을 가리킨다"(1128).

12 이 말씀은 시나이 계약에서 십계명을 주실 때 이미 선포되었다(20,5-6). '조상들의 죄악을 삼 대 사 대까지 갚는다'는 말은 계약 위반의 중대성을 강조하는 표현으로 후대의 예언서들에서는 조상의 죗값을 후손이 치르지 않을 것임을 분명히 한다(에제 18장; 예레 31,29-30).

다. 계약에서 가장 중요한 것은 진실성이다. 진실성이 결여되면 어떤 인간 관계나 계약도 파탄에 이를 수밖에 없다. 그래서 성경에서는 하느님의 ‘자애와 진실’이 자주(특히 시편에서) 연결되어 나타난다(시편 25,10; 40,11; 57,4.11; 85,11; 89,15; 138,2; 탈출 34,6; 2사무 2,6; 15,20).[13]

자애의 바탕은 연민 또는 동정(compassion)이다. 구약성경에서 연민은 히브리어 라하밈(רַחֲמִים)의 번역으로 볼 수 있는데 본디 내장을 가리킨다. 라하밈은 자궁/모태를 가리키는 레헴(רֶחֶם 예레 20,17)과도 관련 있다. 레헴은 아카드어 레무(*remu*)에서 왔을 것으로 추측되는데, 레무는 자궁/모태와 더불어 연민을 뜻한다.[14] 연민/동정을 뜻한 영어 compassion은 라틴어 cum(함께)과 passio(고통)의 합성어다. 연민/동정은 고통받는 사람과 함께 고통을 느끼거나 체험하는 것을 말한다. 우리말에도 고통을 느낄 때 ‘애가 끓는다, 간장이 녹는다’ 등의 표현을 쓴다. 히브리어에서 라하밈은 불쌍히 여기는 마음인데, 자비로운 행위로 연결된다. “비극적인 사건에 대해서는 동정심으로 나타나고(시편 106,45) 죄에 대해서는 용서로 나타난다”(다니 9,9).[15]

구약성경 곳곳에서 하느님의 연민이 묘사된다. “에프라임아, 내가 어찌 너를 내버리겠느냐? 이스라엘아, 내가 어찌 너를 저버리겠느냐? 내가 어찌 너를 아드마처럼 내버리겠느냐? 내가 어찌 너를 츠보임처럼 만들겠느냐? 내 마음이 미어지고 연민이 북받쳐 오른다”(호세 11,8). 연민에 바탕을 둔 자애가 인간에게서 가장 잘 드러나는 것은 모성애다. 그런데 하느님의 자애는 모성애보다 더 강하다. “여인이 제 젖먹이를 잊을 수 있느냐? 제 몸에서 난 아기를 가엾이 여기지 않을 수 있느냐? 설령 여인들은 잊는다 하더라도 나는 너를 잊지 않

13 자애와 진실과 계약에 대한 깊은 통찰은 Schillebeeckx, *Christ. The Experience of Jesus as Lord*, 93-100.

14 *rehem*, *The Hebrew & Aramaic Lexicon of the Old Testament III*, 1217.

15 깡비에/레옹-뒤푸르, “자비”, 813.

는다"(이사 49,15).

신약성경에서 '연민'을 뜻하는 명사는 스플랑크나(σπλάγχνα), 가엾이 여기다를 뜻하는 동사는 플랑크니조마이(σπλαγχνίζομαι 가엾은 마음이 들다)인데, 구약성경의 라하밈(רַחֲמִים)에 상응한다.[16] 복음서 곳곳에 σπλαγχνίζομαι를 사용하여 예수님의 연민을 묘사하는 대목들이 많이 나오는데, 거기에는 고통받는 사람들에게 자비를 베푸시는 활동들이 수반된다(마태 9,36; 14,14; 20,34; 마르 1,41; 6,34; 루카 7,13). 연민은 함께 고통을 느끼는 것이고 자비는 함께 고통을 나누는 것이며 자애는 이 둘을 다 합한 것이라 할 수 있다.

4. 고전적 신관과 성서적 신관의 연결

위에서 살펴본 대로 고전적 신관에서 말하는 하느님의 개념은 '부동의 동자'(unmoved mover)인 반면 성서적 신관에서 말하는 하느님의 개념은 사랑이다. 또한 전자의 경우 하느님의 대표적 속성은 영원성과 전능과 전지이고, 후자의 경우 하느님의 대표적 속성은 자애와 정의다. 전자는 하느님의 존재론적 속성들이고 후자는 하느님의 관계론적 속성들이다. 그런데 성경 말씀들을 바탕으로 이 둘을 연결시킬 수 있다.

---

16 칠십인역에서 רַחֲמִים의 그리스어 번역은 오익티르모이(οἰκτιρμοί 연민, 동정)이지만 구약 외경 열두 성조의 유언에서는 명사 스플랑크나(σπλάγχνα)로 대치된다. 그리고 히브리어 성경에서 종종 볼 수 있던 헤세드와 라하밈의 합성어가 여기서는 스플랑크나 엘레오스(σπλάγχνα ἔλεος 자애의 연민)로 나온다(즈불론 유언 7,3; 8,2.6; 참조: 1QS 1.22; 1QS 2.1). '스플랑크나'는 본디 '희생제물로 바치는 짐승의 내장' 또는 '자궁'을 가리키는데, 히브리어 רַחֲמִים처럼 언제나 복수로 쓰인다. 그리스 문헌에서 스플랑크나는 제물의 '내장'에서 발전하여 '희생' 자체를 가리키기도 한다. 후기 유다교 문헌(열두 성조의 유언, 쿰란 문서 등) '스플랑크나'와 동사 '스플랑크니조마이'를 연민과 연관시키는 용법은 신약성경에 그대로 이어진다. Köster, "σπλάγχνον, σπλαγχνίζομαι κτλ.", 548-559 참조.

첫째, 하느님은 영원하시다. 천주교 요리문답 14: "문. 천주 영원하시뇨? 답. 천주 영원하시니 비롯음과 마침도 없고 변하심도 없느니라." 구약성경은 이스라엘 민족에 대한 하느님의 사랑이 한결같고 변함이 없음을 반복해서 증언한다. 성서적 신관이 하느님께 부여한 대표적 속성인 자애는 한결같은 사랑, 변함없는 사랑, 계약(약속)에 충실한 사랑을 가리키는데, 구약성경에서 헤세드(חֶסֶד)로, 칠십인역과 신약성경에서는 엘레오스(ἔλεος)로 나온다.[17] '하느님은 영원하시다'는 말은 주님의 사랑 또는 자애가 영원하다는 뜻이다. 시편 136편 전체가 이를 노래한다.

둘째, 하느님은 전지하시다. 천주교 요리문답 15: "문. 천주 전지하시뇨? 답. 천주 전지하시니 모르시는 것이 없어 사람의 은밀한 생각까지 다 알으시느니라." 사랑을 하면 상대방에 대해서 속속들이 알게 된다. 성경은 하느님이 소명을 주시는 이들을 모태에서 빚어지기 전부터 알고 계시고 모태에서 직접 지으셨다고 증언한다(판관 13,5-7; 예레 1,5; 이사 49,1; 참조: 시편 139,13-16). 심지어 천지 창조 이전부터 하느님은 우리를 선택하셨다(에페 1,4; 2티모 1,9). 히브리 사상에서 선택은 사랑과 통한다.[18]

셋째, 하느님은 전능하시다. 천주교 요리문답 18: "문. 천주 전능하시뇨? 답. 천주 전능하시니 하고저 하시는 바는 무엇이든지 다 하시느니라." 하느님은 사랑으로서 사랑하는 이들을 위해 모든 것을 하실 수 있다. 그러나 전능은 모순까지 할 수 있다는 뜻은 아니다.[19] 예를 들어 하느님은 둥근 네모를 만드실

17 구약성경에서 헤세드는 250번 가량 나오고 주로 하느님의 구원적 사랑과 연결된다. 참조: 깡비에/레옹-뒤푸르, "자비", 813-818; Sakenfeld, "Love(OT)", 377; Panimolle, "사랑", 930-934.

18 예를 들어 창세 25,28에서 이사악이 에사우를 사랑하고 레베카가 야곱을 사랑하였다는 말은 선택하였다는 뜻이다.

19 토마스, 1a. 25,4: "모순을 내포하는 것들은 하느님의 전능 안에 포함되지 않는다."

수 없다. 또한 당신의 본성인 선함과 배치되는 악을 행하실 수 없고 인간에게 주신 자유를 조종하거나 철회하실 수 없다. 둥근 네모, 악한 선함, 선택할 수 없는 자유는 존재하지 않는다. 하지만 사랑하는 이들을 위해서라면 하느님은 기꺼이 시간과 공간 안으로 들어오실 수 있고 속죄 제물(1요한 2,2)과 심지어 죄와(2코린 5,21) 죄의 결과인 저주(갈라 3,13)까지 되실 수 있다.

II. 본론 — 악과 고통에 대한 성경의 가르침

1. 악과 고통의 기원과 목적

악과 고통의 문제는 크게 두 가지로 나뉜다. 하나는 '악과 고통은 어디에서 기원되는가?'이고 다른 하나는 '악과 고통의 목적은 무엇인가?'이다. 먼저 악과 고통에 대한 간단한 정의부터 시작하자. 악은 '나쁜 것'을 말한다. 여기서 나쁘다는 것은 인간을 비롯하여 피조물에게 해 또는 고통을 끼친다는 것이다. 악은 크게 물리적 악과 윤리적 악으로 나눌 수 있다.[20] 물리적 악은 가뭄이나 홍수, 지진, 또는 원인 모를 역병 등의 자연재해처럼 행위자(agent: 천사나 인간)의 자유의지와 상관없이 우주에서 자연적으로 일어나는 현상 가운데 피조물에게 해를 끼치는 사물이나 환경을 말한다. 윤리적 악은 행위자의 윤리적 결단으로

20 왓슨(D.F. Watson)은 악의 개념을 질적 범주와 윤리적 범주로 나눈다. 질적 범주에 속하는 악은 "자연이나 조건 안에서 나쁜 어떤 것, 쓸모없고 부패한 어떤 것, 불쾌하고 바람직하지 못하고 부당한 어떤 것이다." 악은 불행을 가져오고 생명이나 환경을 해치거나 위협한다. 그것은 사람, 동물, 땅이나 환경, 질병 등에 적용될 수 있다: Watson, "Evil", 678-679. 필자는 왓슨의 악 개념을 단순화시켜 물리적 악과 윤리적 악으로 구분하였다.

자기 자신과 이웃, 그리고 때로는 다른 피조물에게 나쁜 영향이나 고통을 주는 행위, 곧 죄를 말한다. 여기서 알 수 있는 것은 고통은 물리적/윤리적 악의 결과 또는 효과라는 사실이다.

1.1. 악과 고통의 기원

성경은 물리적 악에 대해서는 깊은 논의를 하지 않고 윤리적 악인 죄와 그 결과로 생겨나는 고통에 집중한다. 사실 물리적 악에 대해 우리는 모르는 것이 너무 많다. 천체와 같은 거시적 지평뿐 아니라 인체 내부와 같은 미시적 지평에 대해서도 우리의 지식이 매우 한정되어 있기 때문이다. 그러나 물리적 악에는 우리가 놓쳐서는 안 될 긍정적 측면도 있다. 그것은 우주 만물이 죽음과 부활의 파스카 신비를 드러내고 있다는 것이다. 하느님이 창조하신 피조물은 모두 죽음과 부활의 원리를 따른다.[21] 과학자들은 별들의 탄생과 죽음과 재탄생, 이 과정에서 나오는 원소들에서 생명체가 생겨났다고 주장한다. 지구에서 일어나는 자연 현상, 예를 들어 화산, 지진, 산불, 가뭄과 홍수 등도 새로운 환경을 창출하기 위한 죽음의 몸부림일 수 있다. 동식물을 비롯하여 피조물 전체가 죽음과 부활을 통해 끊임없이 변화하고 진화한다. 모든 생명체는 다른 생명체의 죽음을 먹고 생명을 이어간다. 그런데 우리 인간은 이 우주에서 죽음과 부활의 과정이 언제, 어디에서, 어떻게 진행되는지 알지 못한다.

1.1.1. 고통의 원인에 대한 성경의 성찰

고통의 원인에 대한 규명은 바빌론 유배(기원전 586년) 이전과 이후, 그리고

21 죽음과 부활에 대한 깊은 통찰은 Schmemann, *For the Life of the World. Sacraments and Orthodoxy*; Schmemann, *O Death, Where is Thy Sting?*을 참조.

예수님에게서 달라진다.[22] 유배 이전에 고통의 원인은 죄다. 죄는 하느님의 말씀에 대한 불순종이다. 죄와 고통은 연대성을 지닌다. 원조 아담과 하와에서 시작된 불순종의 죄는 모든 인류에게 퍼져나갔고 그로 인한 고통은 무죄한 이들을 포함하여 모든 인류에게 적용되었다(예를 들어 노아의 홍수, 후손들이 치르는 조상들의 죗값).

고통의 원인이 인간의 죄만은 아니다. 하느님이 임의적으로 고통을 일으키실 수도 있다(탈출 4,11). 세상에 장애인들이 왜 생겨났는지 아무런 설명이 없지만 그들과 하느님 사이에 어떤 연관이 있어야 할 것처럼 여겨진다. 또 고통의 원인이 되는 윤리적 악의 주체로 인간뿐 아니라 다른 존재도 있다. 낙원 이야기에서 뱀으로 등장하는 이 존재가 아직은 사탄으로 규정되지 않지만 악의 강력한 상징으로 드러난다. 구약 외경에서는 이 존재가 하느님께 반역한 천사들로 구체화되고 신약성경에서는 사탄, 마귀, 악령, 권세와 세력, 세상의 우두머리 등으로 묘사된다.

유배 기간과 유배 이후에 고통에 대한 해석이 조금 달라진다. 고통의 원인 가운데 하나가 인간의 죄라는 해석은 변함이 없지만 개인들이 고통의 연대성에 필연적으로 묶이지는 않는다. 곧 개인의 고통은 다른 사람들(예를 들면 조상들)이 아니라 그 자신이 저지른 죄의 결과다(에제 18장; 욥기에 나오는 친구들의 주장). 이 시기에 하느님의 불의(의인의 고통과 악인의 행복)에 대한 항의가 많이 제기된다(욥의 항변, 탄원 시편들, 코헬렛, 예레미야의 고백록, 하바 1,12-13 등). 또한 제3의 고통 유발자로 악마적 존재에 대한 언급이 자주 나온다(명시적 사탄 언급: 욥 1—2장; 1역대 21장, 즈카 3장). 한편으로 악과 고통의 기원을 모호한 채로 남겨두고 하느님과의

22 고통에 대한 성경의 전반적인 성찰은 Simundson, “Suffering”, 219-225에 나와 있고, 송혜경이 잘 요약하였다(“에즈라 4서의 고통 이해”, 1.1. 항목). 여기서는 고통의 기원과 관련하여 성경의 핵심적 통찰을 개략적으로 언급한다.

관계를 돈독히 하는 데 집중하려는 경향이 나타난다. 고통의 문제에 대한 답을 얻지 못해도 고통을 겪으며 하느님을 충실하게 섬길 수 있다(욥).

복음서의 예수님은 고통의 원인을 밝히는 일보다 악과 고통을 없애는 일에 치중하신다. 우선 예수님은 죄가 고통의 원인이란 것을 때때로 부인하신다(루카 13,4-5; 요한 9,2-3).[23] 그리고 사람들을 고통에서 해방하시기 위해 온갖 노력을 기울이신다. 병자와 장애인을 고쳐 주시고 부마자에게서 마귀를 쫓아내 주시며 굶주린 이들에게 먹을 것을 주시고 젊은 나이에 죽은, 과부의 아들을 되살리신다. 그런 일들을 하시는 이유는 그분의 연민 때문이다(마태 9,36; 14,14; 20,34; 마르 1,41; 6,34; 루카 7,13). 과연 이런 일들은 그분 공생활의 목적인 하느님 나라의 선포, 곧 하느님의 자비와 사랑의 선포와 직결된다. 이에 대해서는 아래에서 좀 더 자세히 살펴보겠다.

1.1.2. 청사진 세계관과 전쟁 세계관(역동적 세계관)

보이드는 세상에 대한 두 가지 다른 세계관을 소개한다.[24] 하나는 청사진 세계관(Blueprint Worldview)이고 다른 하나는 전쟁 세계관(Warfare Worldview)이다. 전자는 전통적 신관과 관련 있고 후자는 성서적 신관과 관련 있다. 청사진 세계관은 세상의 모든 일은 직접이든 간접이든 제1능동인(prima causa efficiens)의 세심한 설계도에 따라 일어나고 진행된다는 견해다.[25] 이와 달리 전쟁 세계관

---

23 중풍 병자의 치유 대목(마르 2,1-12)은 장애와 죄의 연관성을 시사하는 듯 보이지만 죄가 장애의 직접적 원인이라는 명시적 언급은 없다.

24 Boyd, *The Crucifixion of the Warrior God: Interpreting the Old Testament's Violent Portraits of God in Light of the Cross II*, 700; Boyd, *Is God to Blame? Moving Beyond pat answers to the Problem of Suffering*; Gokey, *Terminology for the Devil*.

25 이 세계관은 쉽게 숙명론이나 예정론에 기울어질 수 있다. 하느님은 모든 것의 원인이시다(『신학대전』 1a. 3,1; 참조: 이사 26,12).

은 악한 세력(사탄과 그 졸개들)과 선한 세력(천사들)이 이 우주에서 전투를 벌인다는 견해다. 이 전쟁 세계관은 구약성경과 구약 외경과 쿰란 문헌(선의 세력과 악의 세력, 천사와 악마 사이의 전쟁), 그리고 이들 저자들에게 영향을 미친 고대근동의 신화들(혼돈의 신들과 질서의 신들, 죽음의 신과 풍산의 신 사이의 전쟁)에서 발견된다.[26] 그리고 이 전쟁 세계관은 신약성경의 저자들에게 전수된다. 보이드에 따르면 예수님의 전 생애는 악의 세력(사탄, 악령, 거친 풍랑)과 싸우는 것이었지만 이 전투를 결정적으로 끝내신 것은 십자가 위에서의 죽음이었다(히브 2,14).[27] 요한 묵시록은 십자가 위에서의 최종적 전투를 악의 세력과 어린양의 전투로 생생하게 묘사한다. 또한 예수님은 악의 결과로 고통을 당하는 사람들을 치유하고 구제하시기 위해 모든 노력을 기울이신다.

전쟁 세계관을 역동적 세계관으로 고쳐 부를 수도 있겠다. 두 가지 이유에서다. 첫째, 전쟁 세계관은 자칫 빛과 어둠, 선과 악의 대립이라는 이원론으로 기울어질 수 있다. 그래서 요한 복음의 이원론을 비롯하여 신약성경과 초대 교회의 이원론을 영지주의의 이원론인 '형이상학적 이원론'과 구별하여 '윤리적 우주적 이원론'(ethical cosmic dualism)이나 '잠정적 이원론'(provisional dualism)이라 부르기도 한다.[28] 하느님 홀로 세상의 창조주이시고 주권자이시고 선한 세력과 악한 세력은 모두 피조물에 지나지 않는다.[29] 선악의 갈등과 대립도 그

26 송혜경, 『사탄 악마가 된 고발자』 참조.

27 "예수님 생애의 모든 면이 어둠의 왕국과의 전투였지만 이 전투는 십자가 위에서 정점에 도달하고 원칙적으로 종식되었다"(Boyd, *Crucifixion II*, 1009).

28 전자는 Carson, *Divine Sovereignty and Human Responsibility*, 82의 용어이고 후자는 Gokey, *Terminology for the Devil*, 74 n.2. Boyd, *Crucifixion II*, 1074에서 재인용. 필자는 신약성경의 이원론을 수평적 이원론, 영지주의의 이원론을 수직적 이원론이라 부르겠다. 결국 그리스도교의 이원론은 순수한 일원론도 아니고 순수한 이원론도 아니다(불일불이不一不二).

분이 최종적으로 정리해 주실 것이다. 둘째, 전쟁 세계관에서는 물리적 악과 윤리적 악의 구별이 뚜렷하지 않다. 악의 세력을 자연재해의 원인으로 보기도 한다. 그러나 이같은 물리적 악은 인간과 생명체에 해와 고통이라는 역기능이 있는 반면, 죽음과 부활의 신비를 보여주는 자연의 필요한 순환 원리라는 순기능도 있다. 그 자체로 윤리적 악이 아닐 수 있다는 것이다. 물론 인간의 죄가 자연환경을 파괴하여 자연재해를 촉진시키거나 유발할 수는 있다.

청사진 세계관에서는 세상의 모든 사건은 하느님의 계획 안에서 이루어지므로 악과 고통의 기원이나 목적을 모두 하느님의 섭리에 돌리면 된다. 반면에 역동적 세계관에서는 악과 고통의 문제가, 수많은 변수들이[30] 개입되고 그 변수들의 상호작용 또는 함수관계가 너무 복잡해서, 그 자체로 인간의 이해

29 선과 악의 싸움에서 선한 진영의 수장은 하느님이 되고 악한 진영의 수장은 악마라 할 수 있다. 그러나 성경, 외경, 쿰란 문헌들 어디에도 하느님과 악마를 동등하게 보거나 악마가 하느님을 이겼다는 말은 없다. "악마도 하느님의 피조물 가운데 하나이며, 그 권위를 하느님에게서 받았다. 악마는 그에게 아무리 큰 권한이 주어졌다 해도, 비록 온 세상을 지배하는 권한이 부여되었다 해도 어디까지나 하느님께 종속된 존재일 따름이다. 따라서 악마의 직접 상대는 종종 하느님이 아닌 빛의 천사나 미카엘 대천사로 그려진다"(송혜경, 『사탄 악마가 된 고발자』, 69).

30 이 변수들은 크게 두 가지다. 하나는 물리적 변수로서 자연의 운행 원리와 질서(자연법)이고 다른 하나는 윤리적 변수로서 행위자(사람과 천사)의 자유의지다. 그런데 이 변수들이 구체적으로 어떻게 작동되어 악과 불행을 일으키는지 인간은 알 수 없다. 예를 들어 과학자들은 끊임없이 별들의 생성과 운행 원리, 인간을 비롯한 모든 생명체의 탄생과 기능 등에 대해 탐구하지만 무척 제한적이다. 또한 철학자들과 신학자들이 행위자들의 마음 상태와 자유의지 결정에서 어떻게 세상의 악과 고통이 유발되는지 그리고 그것이 세상에 어떤 결과를 가져오는지 구체적으로 파악할 수 없다. 이런 변수들의 예측 불가능, 파악 불가능을 잘 묘사하는 것이 카오스 이론이다. 카오스 이론은 남미 나비의 작은 날개짓처럼 작은 사건이 복잡한 변수로 예측 불가능하게 증폭되어 미국의 허리케인과 같은 거대 현상을 일으키는 데 영향을 줄 수 있다고 설명한다. 우리는 그것이 어떻게 가능한지 또 그런 일이 어떻게 진행되는지 명확하게 파악하기 어렵다.

를 뛰어넘는 신비다.[31] 아래 욥기에 대한 고찰에서 이 신비를 다루기로 한다.

청사진 세계관을 받아들이는 사람들과 전쟁/역동적 세계관을 받아들이는 사람들은 세상의 악과 고통을 바라보는 시각에서 큰 차이를 보인다. 전자는 세상의 모든 것이 하느님의 뜻 또는 섭리에 따른 것이므로 악과 고통에 대해 체념과 회피의 자세를 취하는 반면, 후자는 그것들에 분노하며 저항하거나 정면으로 맞서 싸우고 개선하려 든다.[32]

세상의 악과 고통 앞에서 그리스도인으로서, 나아가 인간으로서 우리가 해야 할 일은 그 불가해한 기원을 찾는 것보다 악과 싸우고 고통받는 이들에게 연민을 느끼고 자비를 베푸는 것이다. 그것이 육화되신 하느님의 아들 예수 그리스도께서 이 세상에 와서 하신 일이다.

1.2. 악과 고통의 목적 또는 기능

악과 고통의 기원이 오리무중이라 욥기에서 보듯 그 원인을 밝히는 일은 인간의 한계를 넘어선다. 이제는 악과 고통에 어떻게 대처하느냐, 그것들을 우리의 이익을 위해 어떻게 이용하느냐에 집중하는 것이 현실적으로 바람직하다. 악과 고통의 목적 또는 기능에 대한 성경과 구약 외경, 라삐 유다이즘, 시리아 교부들의 고찰들을 제한된 범위 안에서 살펴본다.

---

31 역동적 세계관에 동양의 음양(음과 양의 요소) 오행(목화토금수의 다섯 기운), 불교의 인과응보도 포함시킬 수 있겠다.

32 천주교 요리문답 1조는 "사람이 무엇을 위하여 세상에 났느뇨?" 하고 묻고 "사람이 천주를 알아 공경하고, 자기 영혼을 구하기 위하여 세상에 났느니라" 하고 대답한다. 여기에 보다 나은 세상, 보다 나은 사회를 위한 투쟁이나 노력은 끼어들 여지가 없다. 이와 반면 성경은 우주적 악과의 투쟁, 사회 정의의 실현(특히 예언서) 등 거시적 세상 구원에 대한 메시지로 가득 차 있다. 새 교리서는 사회 정의 항목을 따로 두고 있고(제3편 제1부 인간의 소명, 제2장 인류 공동체, 제3절 사회 정의), 고故 프란치스코 교황님은 회칙『찬미받으소서』(*Laudato Si'*)를 통해 생태계와 사회 문제에 대한 그리스도인의 소명 의식을 일깨웠다.

토마스는 『신학대전』(1a. 2,3)에서 하느님이 무한한 선이라면 이 세상에 악이 존재하지 말아야 하는데, 악이 존재하는 것은 하느님이 존재하지 않는다는 것이라는 명제를 상정한다. 그리고 그 반론으로 아우구스티누의 말을 인용한다. "하느님은 최고로 선하시기 때문에 악에서도 좋은 것을 행하실 수 있을 만큼 그렇게 전능하시며, 선하지 않으시다면 당신의 업적 안에 악의 존재를 결코 허용치 않으셨을 것이다"(*Enchiridion II*; *PL* 40, 236). 이 말의 전반부는 바오로 사도의 말씀에 근거한다. "하느님을 사랑하는 이들, 그분의 계획에 따라 부르심을 받은 이들에게는 모든 것이 함께 작용하여 선을 이룬다는 것을 우리는 압니다"(로마 8,28).

천주교 요리문답(20)도 세상의 악과 고통에 대해 같은 취지의 답변을 내놓는다. "문. 전선하신 천주 이 세상 환난병고를 막지 않으심은 어찜이뇨? 답. 이는 세상 사람에게 죄를 보속하며, 공을 세울 기회를 주시려 하심이니라."

악과 고통의 기원을 하느님께 돌리지 않은 채, 하느님이 인간의 이익 또는 최종적으로는 구원을 위해서 그것을 허용하신다는 것이다. 한마디로 하느님이 교화의 목적으로 악과 고통을 이용하신다는 것이다.

1.2.1. 고통의 목적에 대한 성경의 해석

성경에서 고통은 그 자체로 인간에게 괴로움을 주지만 긍정적인 측면도 지닌다.

첫째, 고통이 시련의 형태로 닥치기도 하는데, 시련은 믿음을 증진시키는 긍정적 효과를 가져온다. 히브리어(נָסָה, מַסָּה)나 그리스어(πειρασμός)에서 시련, 시험, 유혹은 모두 동일한 단어다. 일반적으로 시험은 두 가지 목적이 있다. 하나는 실력(학교의 경우)이나 믿음(종교의 경우)을 측정하기 위한 것이고, 다른 하나는 실력이나 믿음을 증진시키기 위한 것이다. 시련으로서의 고통은 후자에 속한다. 하느님은 큰 인물들(아브라함, 요셉, 야곱, 모세, 다윗 등)과 당신 백성 이스라엘에게(신명 8,1-5) 시련을 겪게 하셨다. 그들은 하느님이 보내시는 시련이나 유혹을 극복하면서 더 큰 믿음을 얻게 되었다.[33]

둘째, 고통은 정의 실현의 한 방법으로 기능한다. 곧 선은 보상을 받고 악(윤리적 악)은 벌을 받는다(상선벌악, 인과응보). 그런데 현실은 의인이 고통을 겪고 죄인이 행복을 누린다. 상선벌악의 주체를 하느님으로 가정하면 그분의 부당한 정의 실현에 심각한 의문이 제기된다(욥기와 코헬렛).[34]

셋째, 교화나 훈육의 목적으로 고통이 주어진다(잠언 23,13; 히브 12,4-11). 부모가 잘못을 저지른 자식에게 가하는 체벌이 여기에 속한다(집회 22,6). 하느님이 윤리적 악(죄)에 대한 징벌로 주시는 고통은 정의의 실현일 뿐 아니라 회개와 최종적 구원을 위한 것이다(구원적 징벌). 이 사실은 이스라엘의 회개를 촉구하는 예언자들을 통해서 그들에게 알려졌다. 예언자들은 하느님이 회개하는 개인들, 백성이나 민족들에게 내리시려던 징벌을 곧바로 거두시거나 징벌하려는 마음을 바꾸신다고 증언한다(호세 11,8; 이사 49,14-15; 예레 18,1-9; 요나 3,1-10).

1.2.2. 구약 외경(에즈라 4서)과 라삐(탄나임 라삐)와 시리아 교부들의 고통 해석

여기서 잠깐 고통의 주제를 다양한 각도에서 다룬 한님성서연구소 연구원들의 논고들을 살펴본다.

송혜경은 "에즈라 4서의 고통 이해"에서 에즈라 4서의 고통에 대해 다음

33 예수님의 광야 유혹(마태 4,1-11/ 마르 1,12-13/ 루카 4,1-13)은 시험의 두 가지 목적을 다 이룬다. 예수님은 몸의 유혹, 권력의 유혹, 명예의 유혹을 말씀으로 이겨내심으로써 세상을 구원할 영적 메시아 신분과 자격을 확인받으셨고, 더욱 굳건해지셔서("성령의 힘을 지니고": 루카 4,14) 선교 활동을 시작하셨다.

34 물론 내세 개념이 유다이즘 안에 정착된 이후에는 현세에서 하느님의 정의가 실현되지 않으면 내세에서 실현될 수 있다는 논리가 생겨나면서 상선벌악의 개념은 그대로 유지된다(지혜서, 마카베오기 하권).

과 같이 개관할 수 있다고 밝힌다. "1. 에즈라 4서는 고통의 현실을 회피하거나 외면하지 않고 있는 그대로 직시하고 인정한다." "2. 고통은 죄에 대한 벌이라는 전통적 개념을 인정하면서도 그 개념에 도전하기도 한다." "3. 고통이 죄의 결과물이라는 생각에 갇히지 않게 되면서 저자는 고통의 긍정적 측면을 부각시키기도 한다. 때로는 고통이 하느님의 유산을 받기 위한 훈육과 시련이기도 하다는 관점이다." "4. 고통과 새 시대를 연결하는 시도도 엿보인다. 의인이 더 고통 받는 현실이 불의해보여도 하느님의 정의는 반드시 실현되며 현재의 고통이 해소될 그 시기는 죽음 이후 혹은 새 시대가 될 수도 있다는 것이다." "5. 에즈라 4서는 고통의 기원을 각 인간의 내면에 있는 '악한 마음'에서 찾는다. 고통이 타락한 천사의 탓도, 아담의 탓도 아니라 각 개인의 '악한 마음' 때문이라는 것이다."

강지숙은 예루살렘 성전 파괴 전후의 탄나임 시대(기원후 1-2세기, 약 200년간) 랍비들의 고통에 대한 긍정적 성찰을 이렇게 요약한다. ① 탄나들은 "대체로 고통을 수용하는 태도를" 보이면서, "하느님과의 관계를 회복시키는 데 합당한 처벌이자 속죄의 수단으로 이해하였다." ② 탄나들은 "보상과 심판의 시기를 … '다음 세상'이라고 밝힌다. 이 세상에서 겪는 이유 없는 고통이 다음 세상의 삶을 보장하는 반면, 이 세싱에서 모면한 악인들의 죄악은 다음 세상에서 철저히 되갚아질 것을 기대하였다." ③ '탄나임 랍비들은 고통에 대해 다소 보수적인 입장을 보인다. 고통에 대해 회의적이거나 고통의 부당성을 주장하는 본문들이 드물다. 하느님의 진노를 피하고 의로운 길로 나아가기 위해서는 이 세상에서 수고와 시련을 짊어져야 하고, 참회적 고통을 인간이 감당해야 할 몫으로 이해하였다.' ④ "탄나임 미드라시들에서는 성전 파괴와 국가적 재난을 하느님이 유다인들에게 내리신 합당한 형벌로 받아들인다." ⑤ "종교적 박해를 당하는 순교자 개인" 입장에서는 고통을 긍정적으로 해석한다. 그들은 "고통과 죽음을 죄의 결과로 이해하고 속죄의 기회로 삼았으며, 토라를 증거하는 수단으로 여기고자 애썼다."

김선영은 "고통과 하느님의 뜻"에서 입타 이야기(판관 11,29-40)에 대한 시리아 저자들의 예형론적 해석을 이렇게 소개한다. "판관 11장의 관점에서 볼 때, 입타의 딸의 죽음은 분명히 비극적인 사건이었다. … 하지만 예형적 해석을 통해 무고한 젊은 처녀의 죽음은 인류 구원이라는 좀 더 큰 사건을 위한 신비로 재해석된다. 동시에 경솔한 아버지는 믿음의 인물로, 딸은 죽임당하는 희생자에서 죽음을 이긴 그리스도의 예형으로 전환되며, 하느님의 역할은 침묵하는 방관자에서 적극적인 개입자로 뒤바뀐다. 오늘날의 독자들은 이들의 해석을 통해 성경의 사건들, 심지어 비극적이고 불의하게 보이는 사건들 안에서도 하느님의 섭리를 찾으려는 시리아 저자들의 노력을 엿볼 수 있을 것이다."

이 논고들은 에즈라 4서와 탄나임 라삐들과 시리아 저자들 모두가 고통에 대한 구약성경의 기본 입장을 수용하고 고통 앞에서 신심 깊은 자세를 보이고 있음을 확인한다. 그들은 고통 가운데서도 하느님께 대한 믿음을 잃지 않고 고통에 긍정적 가치(시련, 훈육, 회개의 기회, 정의 실현 등)를 부여하면서 이를 창조적으로 이용하려 했다.

1.3. 욥기

구약성경에서 욥기만큼 악과 고통의 문제를 정면으로 다룬 책은 없다. 주원준은 "오직 고통받는 자에게 말씀하셨다"에서 이스라엘 또는 욥의 하느님은 고대근동의 다른 신들과는 다른 분임을 강조한다. "이스라엘의 하느님은 다른 신들과는 달리 스스로를 활짝 드러내신다. 그분은 오직 고통받는 주인공인 욥을 만나주셨고, 가장 길고도 풍부하게 모든 것을 알려주시며 그와 가장 깊이 소통하셨다. 고통받는 이는 소원을 이루었고 그의 의로움을 인정받았다. 이런 면에서 욥기는 고대근동 지혜문학사에서 한 번도 이루지 못한 경지를 드러내는 책이다." 하느님이 욥을 직접 만나신 것은 매우 중요하다.[35] 하느님은 욥을 만나서 무슨 일을 하셨는가?

욥기의 주요 메시지 가운데 하나는 고통의 기원에 대한 성찰이다. 욥기의 서문(1—2장)에서 하느님과 사탄이 내기를 한다.[36] 사탄은 하느님의 성품과 욥의 신심을 다 같이 공격한다. 하느님이 욥을 칭찬하시는 이유는 욥이 그분께 충성을 바치기 때문이고 욥이 하느님을 공경하는 이유는 그분이 욥에게 축복을 많이 주셨기 때문이다. 사탄이 묘사하는 하느님은 사람들로 하여금 자신을 숭배하도록 조종하는 폭군이다. 자신에게 충성하면 복을 내리고 불복하면 징벌한다(욥 1,10-11; 2,4-5). 사탄의 질문, "욥이 까닭 없이 하느님을 경외하겠습니까?"(욥 1,9)는 하느님과 욥 사이에는 이익을 주고 받는 흥정만 있을 뿐, 사랑에 바탕을 둔 진정한 관계는 없다는 뜻이다. 하느님이 욥에게서 축복의 보호막을 치우시는데도 욥이 그분을 공경하고 사랑할까? 또한 욥이 하느님께 불순한 태도를 보이는데도 하느님이 그를 여전히 사랑하실까? 이것이 내기의 본질이다. 하느님은 뜻밖에도 이런 질문을 하는 사탄을 윽박지르지 않으시고 이 내기에 기꺼이 응하신다. 욥은 사탄의 개입으로 모든 것을 잃고 건강마저 잃는다. 욥에게 닥친 고통은 하느님 탓이 아니라 사탄의 탓이다. 그런데 천상에서 이루어진 이 일을 지상의 인간들(욥과 친구들)은 전혀 알지 못한다. 이를 통해 욥기의 저자가 강조하는 것은 이 세상 악과 고통의 기원이 하느님이 아니라

35 형체가 없는 하느님과 욥의 만남이 어떤 형식으로 이루어졌는지 우리는 모른다. 구약성경은 모세를 비롯하여 많은 인물들이 하느님을 만났다고 말한다. 그러나 모세나 엘리야와 같은 하느님의 대리인, 하느님과 인간을 이어주는 중개자로서의 예언자나 사제가 아니라 의인이긴 하지만 평범하고 더구나 이방인 출신처럼 보이는 욥이 하느님을 만났다는 것은 엄청난 사건이다.

36 욥기의 머리말과 맺음말(41,7-17)은 산문으로 나머지는 운문인데, 이 운문은 이야기 형식을 갖춘 서사적 운문이다. 산문 부분을 운문 부분과 굳이 분리시킬 필요는 없다. 두 부분이 문맥과 내용에서 매끄럽게 연결된다.

다른 행위자(인간과 천사, 여기서는 사탄)일 수 있다는 것이다. 욥은 이런 극심한 고통 속에서도 하느님께 대한 경외심을 잃지 않는다. "알몸으로 어머니 배에서 나온 이 몸 알몸으로 그리 돌아가리라. 주님께서 주셨다가 주님께서 가져가시니 주님의 이름은 찬미받으소서"(1,21); "우리가 하느님에게서 좋은 것을 받는다면, 나쁜 것도 받아들여야 하지 않겠소?"(2,10). 욥의 이 말은, 보이드의 표현을 빌리자면 청사진 세계관을 반영하는 듯하다. 여기까지는 하느님의 승리이고 사탄의 패배다. 욥의 친구들은 고통받는 욥에게 와서 "목 놓아 울며, 저마다 겉옷을 찢고 먼지를 위로 날려 머리에 뿌렸다"(2,12). 그러고는 이레 동안 말없이 밤낮으로 욥을 지키며 그의 고통을 함께 나누었다(2,13). 고통받는 이들 앞에서 우리가 취해야 할 모범적 자세다.

그런데 운문 부분에 들어서면서 욥과 친구들의 태도가 돌변한다. 욥은 자신의 불행에 대해 하느님을 원망하고 친구들은 하느님의 정의를 변호하며 그 정의에 항거하는 욥을 꾸짖고 고발한다. 친구들은 욥의 불행이 그(또는 그 가족들)가 지은 죄의 결과라고 단정하는(22,2-11; 34,2-30) 반면, 욥은 자신의 무죄함을 주장하며 악인을 번성하게 하고 의인에게 고통을 주시는 하느님의 정의를 문제 삼으면서 하느님을 걸어 소송을 제기한다(3,23; 9,24; 19,7-12; 31,35-36). 한 마디로 친구들은 하느님을 변호하고 욥을 고발하는 반면 욥은 자신을 변호하고 하느님을 고발한다. 그런데 고통의 원인은 욥도 아니고 하느님도 아니다. 독자는 그 원인이 사탄임을 안다. 사탄은 끊임없이 하느님의 품성을 공격하고 인간에게 고통을 가하여 하느님과 인간 사이를 갈라놓으려 한다.

마침내 욥의 친구 엘리파즈의 예상을 깨고(22,4) 하느님이 폭풍 속에서 욥에게 나타나셨다. 하느님은 먼저 욥의 무지를 지적하신다. 욥은 하느님에 대해서만 모르는 것이 아니라 하느님이 만드신 세상에 대해서도 전혀 모른다. 세상 자체는 선과 악, 아름다움과 추함, 강함과 약함이 복잡하게 뒤섞여 있다. 세상이 어떻게 생겨났고 어떻게 작동하는지 인간은 알 수 없다. 하느님에 대해서도 세상에 대해서도 알지 못하는 인간은 욥처럼 하느님을 심판해서도 안 되고 욥의 친구들처럼 고통받는 사람들을 심판해서도 안 된다. 심판은 무지한 인간의 영역이 아니라 모든 것을 알고 계시는 하느님의 영역이다. 하느님은 당신을 변호한 친구들을 단죄하신 반면 당신께 저항한 욥은 옹호하신다. 친구들의 잘못은 하느님을 변호한답시고 그분을 사탄처럼 폭군으로 묘사한 것이다. 하느님은 채찍과 당근으로 인간을 강제로 복종시키시는 분이 아니다. 욥기 어디에도 하느님이 욥의 고통을 허락하시기는 했지만 계획하셨다는 말은 없다. 본인의 윤리적 악(죄)과 상관없이 사람은 행운이나 불운을 겪을 수 있다. 하느님이 당신을 고발한 불평꾼 욥(40,1)을 옹호하신 이유는 무엇일까? 욥 역시 사탄이나 친구들처럼 하느님을, 상선벌악을 추상같이 집행하시는 정의의 심판관으로 여겼다. 그 때문에 상심해서 하느님께 대든 것이다. 그런데 욥은 하느님을 고발하는 과정에서 솔직했고 하느님께 대한 경외심을 잃지 않았다. 그래서 끝까지 포기하지 않고 하느님을 두 눈으로 보고자 했다(19,25-27). 욥의 지칠 줄 모르는 불평 뒤에는 흥정이 아니라 하느님께 대한 무한한 신뢰가 자리잡고 있었다. 이 점을 하느님이 높이 평가하신 것이다. 욥기의 마지막은 해피엔딩이다. 하느님은 불평꾼 욥을 징벌하시는 대신 두 배로 되돌려 주시고 욥의 친구들도 용서하신다. 그리고 형제 자매들과 친구들이 욥의 집에 모여 잔치를 벌이고 고통을 겪어낸 욥을 "동정하고 위로"한다(42,10-11). 친구들의 '동정과 위로'는 욥기의 시작과 마지막을 장식한다. 고통받는 이들 앞에서 우리가 취해야 할 자세는 머리말(2,11-13)에 나오는 욥의 친구들처럼 말없이 그들 곁을 지키며 고통을 함께 나누는 것이다.

구약성경과 구약 외경, 그리고 탄나임 라삐들과 시리아 교부들에게서 우리는 고통의 기원과 목적에 대한 풍부하고 깊은 성찰을 확인한다. 윤리적 악인 죄가 고통의 중요한 원인이긴 하지만 죄 이외에도 인간의 이해를 뛰어넘는 여러 가지 변수와 원인이 있다. 그래서 구약 정경과 외경, 탄나들과 시리아 교부들은 고통의 원인을 밝히는 일보다 고통의 목적과 기능에 더 많은 주의를 기울이며 고통에 긍정적 의미를 부여하려 한다.

성경의 하느님은 고통받는 인간의 부르짖음을 들으시고 그에게 찾아오시며 그를 만나주시는 분이시다. 그분은 고통받는 인간에게 큰 연민(compassion)을 느끼시고 자비를 베푸시는 분이시다. 그런데 구약의 하느님은 몸이 없으신 분이므로 연민과 자비를 말씀으로만 전달하실 수밖에 없다. 말씀으로 연민과 자비를 베푸시는 하느님과 실제 고통을 당하는 인간 사이에는 거리가 있다. 하지만 육화된 말씀이신 예수님은 그런 하느님을 구체적 행동을 통해 계시하신다. 예수님은 고통의 원인과 목적을 밝히는 일보다 고통을 없애는 일에 치중하신다. 그분은 고통받는 인간을 만나실 때마다 가엾은 마음이 드시어 그들을 고통에서 풀어주시기 위해 온갖 노력을 기울이신다. 그리고 마침내 십자가 죽음을 통해 하느님과 고통받는 사람들 사이의 거리를 완전히 없애셨다.

2. 그리스도는 하느님의 자기계시(self-revelation)

그리스도는 "하느님 영광의 광채(ἀπαύγασμα τῆς δόξης)이시며 하느님 본질의 모상(χαρακτὴρ τῆς ὑποστάσεως)"이시고(히브 1,3),[37] 하느님의 자기계시(self-revelation)다. 하느님은 구약 시대에는 말씀으로 당신을 계시하셨지만, 신약 시대에는 이 말씀이 직접 살이 되시어 우리 가운데 오셔서(요한 1,14) 하느님을 눈으로 보고

37 '하느님의 영광'은 인간의 영광과 다르다. 인간에게 영광은 외부에서 주어지는 어떤 명예로운 것(높은 직책, 사람들의 찬사 등)이지만 하느님에게는 이런 것이 필요 없으므로 그분의 본질이 드러나는 것을 말한다. 영광을 가리키는 히브리어 카봇(כָּבוֹד)은 무게, 본질의 뜻도 있고, 그리스어 독사(δόξα)는 도케오(δοκέω 나타나다)에서 나왔다. 둘을 합하면 하느님의 영광은 그분의 본질이 나타나는 것이다. 모상으로 옮긴 카락테르(χαρακτήρ)는 인장, 품성이란 뜻도 갖는다. 그리스도는 하느님의 품성 그 자체다.

귀로 듣고 만져 보게 하셨다(1요한 1,1). 특히 예수님의 십자가 죽음은 이 계시의 절정이다. 하느님이 당신이 누구신지를 알려주시기 위해 스스로 살을 취해서 시간과 공간 안으로 들어오셨다는 사실은 고전적 신관과 정면으로 충돌한다.[38] 그러나 사랑의 하느님에게는 말씀의 육화가 오히려 하느님의 본질을 더 분명하게 보여주는 사건이다. 특히 육화의 절정인 예수님의 십자가 죽음은 가장 완전하고 충만한 하느님의 자기계시다. 거기에서 하느님의 사랑이 가장 극명하게 드러났기 때문이다.

2.1. 악과 고통에 대한 예수님의 대처

공관 복음서는 예수님의 삶과 가르침 전체를 하느님 나라의 선포로 제시한다. 하느님 나라는 당신 백성 가운데 가난하고 고통받는 이들에 대한 하느님의 선정(善政)을 가리킨다. 이 선정의 바탕은 그분의 가장 두드러진 속성인 자애와 연민이다. 복음서의 예수님은 악과 고통을 만나셨을 때, 위에서 언급한 대로 악과 고통의 원인을 규명하는 일보다 그것을 극복하고 그 희생자들을 돌보는 일에 집중하셨다.[39] 그분은 죄가 고통의 원인이라는 당대인들의 일반적 견해

38 보이드는 꽁가르와 발타살을 거론하며 이를 적시한다: Boyd, *Is God to Blame? Moving Beyond Pat Answers to the Problem of Suffering*, 668-669. 토미스트로서 꽁가르의 입장은 확고하다. “하느님은 하느님이시고 그분과 우리 사이에는 어떤 공통된 실재도 존재하지 않는다”: Congar, *The Revelation of God*, 84. 그러면서도 그는 성경이 전하는 그리스도의 하느님 계시가 고전적 신관이 금기시하는 것들을 하느님께 부여하도록 강요하며 “불가피하게 존재론적인 문제들”과 직면하게 한다고 솔직히 고백한다(같은 책 90). 계시적 신관을 지지하는 발타살은 그리스도의 하느님 계시가 고전적 신관과 만나면서 일어나는 존재론적 문제들을 풀려는 고전적 신관 주창자들의 수많은 노력들이 성공을 거두지 못했다고 주장한다: von Balthasar, *Mysterium Paschale: The Mystery of Easter*, 24-28.

39 가라지의 비유(마태 13,24-30)에서 종들이 밀밭의 “가라지는 어디서 생겼습니까?” 하고 심각하게 묻는데, 집주인은 “원수가 그렇게 하였구나” 하고 무심히 대답한다. 그러고는 가라

(구약성경의 견해이기도 함)를 부인하신다. 빌라도가 하느님께 제물을 바치려던 갈릴래아 사람들을 학살한 사건과 실로암 탑이 무너지면서 18명이 깔려 죽은 사건을 거론하시면서 죄와 불행의 연관성을 부인하신다(루카 13,1-5).[40] 이는 예를 들어 에이즈나 코로나 희생자들을 두고 그들이 자신의 죗값을 치르고 있다고 주장하는 것과 같다. 예수님은 위의 두 사건을 언급하시면서 죽음은 예기치 못한 순간에 누구에게나 닥칠 수 있으니 회개하라는 메시지를 전하신다.[41] 이는 이어지는 "열매 맺지 못하는 무화과나무의 비유"(루카 13,6-9)로 확인된다. 또 다른 예는 요한 9장의 태생 소경의 이야기다. 날 때부터 눈이 먼 이 사람은 누구의 죄 때문에 그렇게 되었는가? 자기 죄 때문인가 부모의 죄 때문인가? 자기 죄 때문이라면 앞으로 태어나서 짓게 될 자신의 죗값을 앞당긴 경우이고 부모의 죄 때문이라면 조상의 죗값을 억울하게 뒤집어쓴 경우다. 예수님은 둘 다 부인하시면서 "하느님의 일이 저 사람에게서 드러나려고 그리된 것"(요한 9,3)이라고 하신다. 그런 다음 곧바로 그를 고쳐주신다. "하느님의 일"이란 생명을 살리는 일이고 이 일은 안식일에도 멈출 수 없다(요한 5,17; 마태 12,10-12/ 마르 3,4-5/ 루카 6,8-10). 고통받는 이 앞에서 예수님은 고통의 원인이 무엇인지를 따지거나 욥의 친구들처럼 고통받는 사람을 비난하지 않으시고 그를 고통에서 구해주신다. 그렇다고 해서 죄를 가볍게 여기라는 뜻은 아니다. 벳자타 못 가의 병자를 고쳐주신 다음, "자, 너는 건강하게 되었다. 더 나쁜 일이 너에게 일어나지 않도록 다시는 죄를 짓지 마라"(요한 5,14)고 말씀하신다. 여기서 "더 나

지를 제거하기 위한 가장 좋은 방법을 제시한다. 그것은 수확 때에 밀과 가라지를 분리하여 밀은 곳간으로 모아들이고 가라지는 묶어서 태워버리는 것이다.

40 선교 초기에 중풍 병자를 고치신 이야기(마르 2,1-12/ 마태 9,1-8/ 루카 5,17-26)에서 예수님은 장애의 치유에 앞서 죄를 용서하심으로써 죄가 장애의 원인이라는 당대의 일반적 견해를 인지하신 것으로 보인다. 그러나 이 연관성을 명시적으로 언급하신 적은 없다.

41 Fitzmyer, *The Gospel accordign to Luke X-XXIV*, 1005.

쁜 일"이란 38년의 장애보다 더 나쁜 일이니 하느님과의 단절 또는 영적인 죽음을 가리킬 수 있겠다.

예수님의 하느님 나라 선포는 악의 세력인 거친 풍랑을 제압하시고(마태 14,22-33/ 마르 6,45-52/ 요한 6,16-21) 마귀와 악령들을 몰아내시며 죽은 이들을 살리시고(루카 7,11-17; 요한 11,28-44) 장애인들과 병자들을 고쳐주시는 구체적 행위들로 드러난다(마르 1,41). 복음서는 예수님이 이런 일을 하시는 동기를 흔히 그분의 연민으로 밝힌다.

"예수님께서는 모든 고을과 마을을 두루 다니시면서, 회당에서 가르치시고 하늘 나라의 복음을 선포하시며, 병자와 허약한 이들을 모두 고쳐 주셨다. 그분은 군중을 보시고 가엾은 마음이 드셨다. 그들이 목자 없는 양들처럼 시달리며 기가 꺾여 있었기 때문이다"(마태 9,35-36). 예수님의 하느님 나라 선포는 가엾은 마음에서 우러나온 것이다. 빵을 많게 하신 사건 역시 굶주린 이들에 대한 가엾은 마음에서 나왔다(마태 14,14; 마르 6,34).

예수님이 일으키신 모든 기적들은 힘(신적 권능)의 과시가 아니라 고통받는 이들에 대한 연민과 자비의 표현이다. 사랑의 하느님은 피조물들에게 자신의 권능을 과시하여 그들의 복종이나 굴종을 이끌어 내려는 고대근동의 신들이나 세속의 절대 군주와는 다르다. 심지어 당신의 계명을 위반하는 죄인들에게도 깊은 연민을 느끼시고 그들을 용서하신다(마태 18,27; 루카 15,20). 구약성경에서 하느님은 의인에게는 축복을, 죄인에게는 징벌을 내리시는 분으로 알려져 있다. 물론 하느님은 회개하는 죄인들을 용서하시고 축복해 주신다. 그러나 회개한 죄인들은 더 이상 죄인이 아니라 의인들 반열에 속한다. 우리는 위에서 살펴본 대로 구약성경 곳곳에서 하느님을 배반한 그분의 백성 이스라엘에 대한 그분의 연민을 확인할 수 있다. 그리고 죄인들에 대한 이런 하느님의 연민과 자비는 예수님에게 와서 명시적으로 드러난다. 병과 장애, 구마, 빵의 혜택, 죽음에서 되살림 등에서 예수님은 죄인과 의인을 구분하지 않으셨다.

그것은 아버지 하느님의 처사이기도 하다. “그분께서는 악인에게나 선인에게나 당신의 해가 떠오르게 하시고, 의로운 이에게나 불의한 이에게나 비를 내려 주신다”(마태 5,45).

죄인에 대한 예수님의 연민이 가장 잘 드러난 경우는 간음하다 현장에서 붙잡혀 온 여자 이야기다(요한 8,1-11). 율법학자들과 바리사이들이 간음한 여자를 끌어다 놓고 투석형으로 공개 처형을 하려는데, 예수님은 “너희 가운데 죄없는 자가 먼저 저 여자에게 돌을 던져라”(요한 8,7) 하시고는 땅바닥에 무엇인가 쓰셨다.[42] 그러자 나이든 사람부터 시작하여 하나둘 떠나가고 여자와 예수님만 남았다. “‘가엾은 여자’와 ‘가엾이 여기심’ 둘 만 남았다”(Relicit sunt duo, misera et misericordia).[43] 예수님은 고통받고 있는 여자를 단죄하지 않으시고 그녀를 곤경에서 구해 주신다. 그런 다음 벳자타 못 가의 치유된 병자에게 하신 것처럼(요한 5,14) “이제부터 다시는 죄짓지 마라”(요한 8,11)고 분부하신다.

2.2. 고통받는 이들과의 동일화

위에서 예수 그리스도는 하느님의 자기계시라고 말했다. 예수님을 보면 하느님을 알 수 있다. 예수님은 아버지 하느님을 자비하신 분으로 소개하고 제자들에게 그분처럼 자비로운 사람이 되라고 분부하셨다. “너희 아버지께서 자비하신 것처럼 너희도 자비로운 사람이 되어라”(루카 6,36). 하느님은 자비의 원천이시다(2코린 1,3 참조). 예수님은 사랑의 하느님을 보여주시기 위해 육화되셨

42 예수님이 땅에 쓰신 글의 내용은 여자를 고발한 이들의 죄, 더 나아가 인류의 죄목일 수 있다. 요한 8,7을 예레 17,13과 연결시킨 히에로니무스의 해석(『펠라기우스파 반박 대화』 2,17)이다. 정태현, 『요한 복음』, 156, 각주 7: 엘로브스키, 『교부들의 성경 주해: 신약성경 V 요한 복음서 1-10장』, 431.

43 아우구스티누스 성인의 말이다(『요한 복음 강해』 33,5-6): 정태현, 『요한 복음』, 157, 각주 9; 엘로브스키, 『교부들의 성경 주해: 신약성경 V 요한 복음서 1-10장』, 434.

고 태어나시면서부터 가난하고 고통받는 사람들 가운데 거처하셨다. 그분의 탄생 소식을 가장 먼저 접한 사람들도 베들레헴 들판의 가난한 목자들이었다. 그분의 일상은 온통 고통받는 사람들을 돌보는 일로 가득 채워졌다(마태 4,23-25; 8,16-17; 마르 1,32.45; 2,2; 루카 6,17-19). 때로는 음식을 드실 겨를도 없었다(마르 3,20; 6,31). 이런 예수님의 모습을 보고 마태오는 이사야서에 나오는 주님의 종을 연상한다. "그는 우리의 병고를 떠맡고 우리의 질병을 짊어졌다"(마태 8,17; 이사 53,4).

그리고 급기야 그분은 고통받는 이들과 당신 자신을 동일시하신다. 사울이 그리스도인들을 체포하려고 다마스쿠스로 가고 있을 때 번쩍이는 빛 속에서 부활하신 예수님이 나타나셔서 그에게 말씀하셨다. "사울아, 사울아, 왜 나를 박해하느냐?"(사도 9,4). 사울이 "주님, 주님은 누구십니까?" 하고 묻자 예수님은 이렇게 대답하셨다. "나는 네가 박해하는 예수다"(사도 9,5). 여기서 예수님은 박해받는 그리스도인들을 당신 자신과 동일시하신다. 또 최후심판의 비유(마태 25,31-46)에서 심판관인 임금은 굶주린 이, 목마른 이, 나그네, 헐벗은 이, 병자, 죄수를 자신과 동일시하면서 고통받는 이들에 대한 자비가 최후심판의 기준이 된다는 것을 선언한다(25,40.45). 영원한 생명과 하느님 나라의 영구적 시민권을 얻기 위한 마지막 시험 문제와 답이 이미 주어진 것이다. 구원은 누구에게 주어지는가? 비유의 임금처럼 고통받는 이들에게 연민(compassio)을 느끼고 자비(misericordia)를 베푸는 사람이다.

2.3. 이성과 연민

20세기 가톨릭 신학을 비롯한 그리스도교 신학의 주류는 크게 둘로 나눌 수 있겠다. 하나는 칸트의 초월적 인식론과 토마스 아퀴나스의 존재론적 신학(Thomism)을 결합한 초월적 토마스주의(Trascendental Thomism)이고 다른 하나는 개신교의 칼 바르트와 가톨릭의 한스 우르스 폰 발타사르를 중심으로 주창되어 온 말씀의 신학(theology of the Word of God)이다. 전자는 인간의 이성과 보편적 경험을 신학의 출발점으로 삼는 반면, 후자는 신적 계시(성경)나 그리스도교 신앙 전통(성전)을 신학의 출발점으로 삼는다.[44] 초월적 토마스주의는 고전적 신관을 계승하고 말씀의 신학은 성서적 신관을 대변한다고 볼 수 있다. 칸트는 인간 주체의 내면에 또는 인간 이성의 인식에 선험적으로 주어진 "초월적 차원"을 발견하고 이를 토대로 자연과 신에 대한 사유에 접근한다.[45] "토마스의 존재론적 신학과 칸트의 초월적 인식론은 상이한 전통에서 발전했지만, 두 이론은 실재와 인간 주체 간의 상호작용이라는 주제에서 중요한 접점을 공유한다."[46] 여기서 "실재와 인간 주체 간의 상호작용"이란 하느님을 어떻게 알고 체험하는가의 문제다.

고전적 신관에서 하느님은 '부동의 동자'이고 이성의 추론을 통해서 하느님을 증명하려고 했다. 초월적 토마스주의에서는 이 이성 또는 보편적 경험(종교심 포함)에 초월적 지평(또는 차원)이 부여된다.[47] 이 이성 또는 종교심(트레이시)은 인간에게 선험적으로 주어진 내재적 본성이고 하느님이 주신 선물이다. 성서

44 초월적 토마스주의에 대한 개요는 김연희와 이규성의 논문에서 확인할 수 있다. 김연희, "임마누엘 칸트의 초월 철학과 데이비드 트레이시의 초월적 토마스주의(수정주의신학)의 관계성에 대한 연구", 72-120, 76; 이규성, "초월 철학의 방법론적 발전과 변증법적 종합: 마레샬, 로츠, 라너를 중심으로", 121-183.

45 칸트가 제시한 "근대의 계몽주의는 모든 진리, 지식, 사유 등의 최종적 권위를 신이 아니라 인간의 보편적 이성에 부여하는 것으로, 합리성의 근거를 신적 계시가 아닌 인간의 논리적 사고와 경험에 두는 것을 말한다"(김연희, "임마누엘", 74).

46 이규성, "초월 철학", 122.

47 데이비드 트레이시는 초월적 지평을 이성보다 더 넓은 인간 공통의 경험으로 확대한다. 이 확대된 초월적 지평을 종교적 차원이라 부른다. 이 초월적 지평이나 종교적 차원은 선험적으로 주어진다. 김연희, "임마누엘", 93-94. 인류 공통의 종교심, 양심, 윤리의식 등은 내재적이고 선험적으로 초월성을 지닌다고 할 수 있겠다.

적 신관에서 하느님은 '사랑'이시고 그분을 알기 위해서는 사랑의 체험이 필요하다. "사랑하는 여러분, 서로 사랑합시다. 사랑은 하느님에게서 오는 것이기 때문입니다. 사랑하는 이는 모두 하느님에게서 태어났으며 하느님을 압니다. 사랑하지 않는 사람은 하느님을 알지 못합니다. 하느님은 사랑이시기 때문입니다"(1요한 4,7-8). 그런데 사랑의 출발점은 연민(compassio)이고 이 연민은 초월적 이성처럼 인간이 하느님에게서 타고난 내재적 본성으로 하느님의 선물이다. 하느님의 자기계시이신 예수 그리스도는 육화를 통해 인간이 어떻게 하느님의 선물인 연민을 활용하여 하느님을 알고 체험할 수 있는지를 보여주신다. 그리고 그 육화의 절정이 바로 예수님의 십자가 죽음이다.

2.4. 육화의 절정은 십자가 죽음

시나이 산 밑에 자리잡은 성 카타리나 수도원은 오래된 성경 필사본들뿐 아니라 중요한 정교회 이콘들을 다수 소장하고 있다. 이 이콘들 가운데 예수님의 십자가 죽음과 탄생을 연결시킨 유명한 이콘(13세기 말에서 14세기 초)을 소개한다(다음쪽 그림 참조).[48] 상단은 예수님의 십자가 처형 장면이고 하단은 탄생 장면이다. 하단에서 성모님과 예수님은 무덤 동굴에 계시고 아기 예수를 뉘인 구유는 석관이다. 아기 예수가 입고 있는 포대기는 수의이고 그분의 머리의 후광에는 십자가가 선명하게 새겨져 있다. 구유 왼쪽 바로 위에는 어린양이 보이고 소와 말은 구유에 뉘인 예수님을 먹을 것처럼 지켜본다. 상단과 하단을 잇는 빛이 날카롭게 내려오는데, 성전에서 예수님을 봉헌할 때 시메온이 성모님께 한 예언을 떠올리게 한다. "당신의 영혼이 칼에 꿰찔리는 가운데, 많은 사람의 마음속 생각이 드러날 것입니다"(루카 2,35).

이 '십자가 죽음과 탄생' 이콘은 육화의 절정이 예수님의 십자가 죽음임을

48 이 이콘은 이단아 카타리나 자매가 재현하여 한님성서연구소에 기증한 것이다.

드러낸다. 예수님은 십자가에서 사람들과 하느님에게 버림받고 죄(2코린 5,21)와 저주(갈라 3,13)가 되심으로써 인간으로서 내려갈 수 있는 가장 밑바닥까지 내려가셨다. 무엇 때문에? 인간에 대한 사랑 때문에! 인류 역사에서 십자가 죽음만큼 ‘하느님이 사랑이심’을 가장 철저하게 드러낸 사건은 없다. 그래서 십자가 죽음은 하느님의 자기계시의 완성이다. 이 사건에서 하느님의 본질이 드러난다. 그분은 삼위일체 하느님이시고 사랑이시다. 사랑의 본질은 상대를 위해 자신을 희생하며 온전히 자신을 내주는 것이다. 십자가 죽음에서 아들은 아버지의 뜻을 이루기 위해 자신을 희생하며 아버지께 자신을 내주었고 아버지는 아들에게 자신의 모든 것(생명과 사랑과 영)을 내주고 아들은 아버지에게 자신의 모든 것을 내준다.

또한 십자가 죽음에서 우리가 위에서 언급한 하느님의 모든 속성이—고전적 신관이든 성서적 신관이든 상관없이—가장 분명히 드러난다. 그분의 자애와 정의는 물론 그분의 전능과 지혜도 드러났다. 하느님은 사랑을 위해 하실 수 있는 모든 것을 하셨다. 하느님에게 버림받을 정도로 당신을 완전히 비우시고 극도로 낮추셨다. 십자가를 통해 하느님은 약함 안에서 전능을 드러내시고 어리석음 안에서 지혜를 드러내셨다(1코린 1,18). 하느님의 절대적 권능은 자기 증여와 자기 희생의 절대적 사랑에서 드러난다. 그리고 바오로 사도의 말씀처럼 사랑은 영원하다. “사랑은 모든 것을 덮어 주고 모든 것을 믿으며 모든 것을 바라고 모든 것을 견디어 냅니다. 사랑은 언제까지나 스러지지 않습니다”(1코린 13,7-8).

2.5. 엘로이 엘로이 레마 사박타니?

마태오(27,46)와 마르코(15,34)가 전한[49] 예수님의 이 마지막 절규, “저의 하느님,

49 이 말씀은 대중 아람어인데, 예수님의 극단적 고통과 고뇌를 강조하기 위해 그분의 일상 언

저의 하느님, 어찌하여 저를 버리셨습니까?"는 고통 속에서 부르짖는 모든 사람들의 절규를 대변한다.[50] 동시에 이 말씀은 고통에 대한 인간의 수많은 질문을 대변한다. 고통은 왜 일어나는가? 하느님은 왜 세상의 고통을 방치하시는가? 하느님은 왜 고통의 늪에 빠져 허우적대는 사람들을 고통에서 구해 주시지 않는가? 고통은 무슨 의미를 갖는가? 등등.

이 질문은 육화의 절정인 십자가 사건 가운데서도 최고 정점이다. 고전적 신관의 하느님 개념에서는 이 질문이 어불성설이다. 전능하시고 불변하시는 하느님이 어떻게 자신의 본성과 완전히 배치되는 '하느님에게서 버림받음'이라는 지옥의 상태에까지 내려가실 수 있는가? 반면에 성서적 신관의 하느님 개념에서도 심각한 문제가 제기된다. 사랑의 하느님, 특히 삼위적 사랑의 하느님 안에서 내적 일치가 완전히 깨진 것인가? 어떻게 아들이 아버지께 버림받았다고 부르짖을 수 있는가? 그리고 아버지의 도움이 그토록 절실할 때 왜 아버지는 침묵을 지키며 아들의 고통을 외면하는가? 그리고 아들과 아버지를 묶어 주는 힘인 성령은 왜 그토록 무력한가?

그리스 교부들은 삼위일체를 페리코레시스(περιχώρησις 상호침투) 개념으로 설명했다.[51] 페리코레시는 그리스어 페리(περι- 주변에, 둥글게)와 코레오(χωρέω 내주다, 나아가다, 담다, 붙잡다)의 합성어인데, 서로에게 자리를 내주어 상대로 하여금

어 그대로 옮기고 이를 그리스어로 번역한 것 같다. 마태오는 마르코의 아람어 "엘로이"를 히브리어 "엘리"로 바꾸는데, 시편 22,2의 아람어 역본 타르굼에서 "엘리"를 사용하는 것으로 보아 아람어에서 엘리도 엘로이와 함께 사용된 것으로 확인된다. France, *The Gospel of Matthew*, 1075-1076, n.15.

50 루이스는『고통의 문제』책머리에서 조지 맥도널드의 말을 인용한다. "하나님의 아들은 인간의 고난을 면해 주기 위해서가 아니라, 그들의 고난이 자신의 고난과 같은 것이 되게 하기 위해 죽기까지 고난받으셨습니다."

51 Prestige, *God in Patristic Thought*.

들어와 머물게 하는 것을 뜻한다.[52] 아버지는 아들에게 모든 것을 내주고 아들은 아버지에게 모든 것을 내주며, 둘의 내줌이 또 하나의 위격 성령으로 수렴되고 이제 서로를 내준 아버지와 아들과 성령이 영원으로부터 하나가 되어 존재하는 것을 가리킨다. 이때 가장 중요한 전제는 자신을 완전히 비우는 것, 곧 케노시스(κένωσις 비움)다. 상대에게 자리를 내주고 머물게 하기 위해서는 먼저 자신을 완전히 비워야 한다. 케노시스의 개념이 가장 잘 드러난 것은 필리피서의 그리스도 찬가다(필리 2,6-11). 아들 예수님은 하느님이시지만 하느님의 모습을 포기하시고 자신을 비우시어 종의 모습을 취하셨다. 그런 다음 당신 자신을 낮추시어 십자가 죽음에 이르기까지 순종하셨다. 완전한 비움과 극도의 낮춤은 "엘로이 엘로이 레마 사박타니"에서 정점에 이른다.

그런데 이 부르짖음은 엄청난 역설이다. 아버지와 아들과 성령은 영원으로부터 늘 하나로 존재하신다. 아버지와 아들의 완전한 일치는 요한 복음에서 늘 강조된다(요한 10,30.38; 14,10-11). 예수님은 이 일치 안에 제자들과 다른 모든 믿는 이들을 끌어들이기를 원하신다(요한 14,20; 17,21.23). 그리고 이 일치를 보장하시는 분은 아버지의 영인 동시에 아들의 영인 성령이시다(마태 3,16-17/ 마르 1,10-11/ 루카 3,22; 요한 14,26; 16,15). 그런데 아버지와 아들과 성령의 삼위적 일치가 십자가 위에서 깨졌다. 아들이 아버지에게 버림을 받은 것이다. 아들과 아버지의 일치가 깨지면 이 일치를 보장하는 성령과의 일치가 깨진 셈이다. A.E. 루이스의 말을 빌리자면 "삼위일체 공동체로서의 하느님 존재 자체가 성토요일에 모순과 왜곡에 넘겨졌다. 아버지 하느님은 외아들을 버렸고 아들 하느님은 자신을 내주었으며 성령 하느님은 신적 친교의 영원한 일치를 잘라내기 위

52 페리코레오(περιχωρέω)라는 그리스어 동사가 따로 있는데, 이는 '빙글빙글 돌며 춤추다'는 뜻이다. 이는 페리코레시스의 본뜻에서 멀어지지만 다른 한편으로 삼위의 실존을 신나는 춤사위로 볼 수도 있겠다.

해 죽음을 허락했다."[53] 그럼 부활절 이른 새벽 예수님이 되살아나심으로써 이 모순과 왜곡은 회복된 것인가? 아버지 하느님이 당신이 버리신 외아들을 되살림으로써 둘 사이의 관계가 회복되고 성령의 용인 아래 단절되었던 "신적 친교의 영원한 일치"가 복원되었는가?[54] 그래서 부활하신 예수님이 제자들에게 이제는 아버지의 영이 아니라 당신의 영을 불어넣으실 수 있었는가? "성령을 받아라. 너희가 누구의 죄든지 용서해 주면 그가 용서를 받을 것이고, 그대로 두면 그대로 남아 있을 것이다"(요한 20,23).

십자가 위에서 아들의 버림받음이 삼위적 사랑의 일치를 깨뜨렸다는 주장이 맞다면 하느님의 불변성을 주장하는 고전적 신관뿐 아니라 하느님 사랑의 불변성과 항구성을 주장하는 성서적 신관도 위기에 봉착한다. 삼위일체 하느님의 사랑은 결코 중단될 수도 변질될 수도 없다. '아들의 버림받음'은 삼위일체 하느님의 사랑을 부정하는 것이 아니라 오히려 긍정적으로 확언하는 것이다. 이 버림받음 안에서 삼위일체 하느님의 자기계시는 정점에 도달한다. 모순을 확언으로 바꾸는 중심축은 인간에 대한 하느님의 사랑이다.

그리스도는 하느님의 자기계시라고 했다. 그분 생애 전체가 하느님의 자기계시이지만, 이 계시를 가장 분명하게 보여준 것은 그분이 극도의 고통을 당하실 때였다. 십자가에 매달리신 예수님은 몸(σῶμα) · 혼(ψυχή) · 영(πνεῦμα)의 모

---

53 Lewis, *Between Cross and Resurrection. A. Theology of Holy Saturday*, 324-325. Boyd, *Crucifixion*, 775에서 재인용.

54 보이드는 예수님의 버림받음이 "하느님을 하느님에게서 분리시켜 극단적 원수지간으로 만들었고" 이 분리가 부활에 와서야 치유된다고 본 몰트만의 주장에 주목한다. Moltmann, *The Trinity and the Kingdom*, 81. 보이드는 그 밖에도 몰트만의 다른 책, *The Crucified God*에 나오는 다양한 수사학적 표현들을 소개하며 이런 표현들의 과장성과 부당성을 지적한다. "하느님 안에서의 반란"(*The Crucified God*, 227), "하느님 자신 안에서의 깊은 분리"(244), "하느님 안에서의 분기점"(246), "버림받음의 심연, 절대적 죽음"과 하느님 안에서의 "비-하느님non-God"(246). Boyd, *Crucifixion*, 775-776.

든 차원에서 고통을 당하셨다. 십자가 형벌이라는 극도의 신체적 고통, 제자들을 비롯하여 당신이 사랑하셨던 이들로부터의 철저한 배신, 사랑하는 아버지 하느님에게서 완전히 버림받음은 그분을 지옥으로 떨어뜨렸다. 하느님은 왜 이런 고통을 겪으셔야 했는가? 고통 그 자체는 무의미하고 무가치하다. 예수님은 공생활 동안 사람들을 고통에서 벗어나게 하시려고 온갖 노력을 기울이셨고 본인 자신도 할 수만 있다면 고통을 피하고자 하셨다(겟세마니의 기도). 그런데 신에 대한 우리의 고정 관념과 상상을 깨고 하느님은 고통을 당신이 누구신지를 계시하는 최상의 도구로 선택하셨다. 장 갈로의 말을 인용한다.

> "예수님의 인간적 삶 안에서 모든 것은 하느님의 계시다. 그러나 고통은 가장 강렬한 인간 체험이다. 따라서 고통은 하느님이 무엇인지를 보여주는 데 가장 효과적이다. 고통은 말씀이 선택하신 인간과의 극단적 연대를 가리킬 뿐 아니라 그분의 신적 얼굴도 드러낸다. 그 고통은 그리스도의 인성의 고통으로 머물러 있다 할지라도 그것은 우리로 하여금 하느님 사랑의 본질적 측면을 발견하게 해준다."[55]

갈로의 해석에 따르면 고통은 두 가지 기능을 수행한다. 하나는 하느님을 고통받는 우리와 연대시키고 다른 하나는 하느님의 본질을 우리에게 알려준다. 하느님이 고통을 받아들이게 된 근본 동기는 그분의 가장 두드러진 속성인 자애이고 그 중심에 자리잡은 연민이다. 그런데 우리를 당혹스럽게 하는 것은 그분이 겪으신 고통의 극단적 정도다. 예수님의 '하느님에게 버림받음'은 하느님과의 완전한 단절로 우리가 지옥이라고 부르는 절망적 상태다.[56] 예수님

55 Galot, *Il mistero della sofferenza di Dio*, 45. Rossé, *The Cry of Jesus on the Cross*, 130에서 재인용.

은 지옥에까지 내려가셨다. 그런 처지에 빠진 사람들과 연대하시기 위해서다. 이것이 육화의 맨밑바닥(ἄκρα ταπείνωσις 극도의 낮춤)이다.[57]

문제는 이 하느님께 버림받음이 어떻게 하느님의 본질, 곧 삼위일체 하느님의 사랑과 일치를 보여주느냐다. 이 질문에 대한 답변은 삼위일체의 본질적 속성인 페리코레시스(상호침투)와 케노시스(비움)에서 찾아야 한다. 먼저 겟세마니 동산의 기도를 떠올려 보자. "아빠! 아버지! 아버지께서는 무엇이든 하실 수 있으시니, 이 잔을 저에게서 거두어 주십시오. 그러나 제가 원하는 것을 하지 마시고 아버지께서 원하시는 것을 하십시오"(마르 14,36/ 마태 26,39.42/ 루카 22,42). 아들은 아버지의 뜻이 최우선이었고 그 뜻이 이루어지기 위해서 모든 것을 희생할 각오가 되어 있었다. 아버지의 뜻은 고통을 통해 고통받는 사람들과 동화되고 삼위일체 하느님의 참모습을 보여주는 것이다. 아들은 이 뜻을 하느님께 버림받는 처지에 이르기까지, 바오로 사도의 표현을 빌리자면 죄가 되고(2코린 5,21) 죄의 결과인 저주가 되기까지(갈라 3,13) 받들었다. 사도신경에서는 이를 '지옥에 내려가셨다'로 표현한다. 자신을 온전히 비우고 극도로 낮추심으로써 아버지의 뜻에 철저히 순종하셨다. 그런데 아들의 이런 철저한 순종 앞에서 전능하신 아버지 하느님은 침묵하셨다. 이 침묵은 아들과의 단절을 의미하지 않는다. 가장 참기 힘든 고통은 사랑하는 이가 고통 당하는 모습을 무기력하게 지켜보는 것이다. 아들이 자신을 비우면서 아버지에게 버림받을 때 아버지도 자신을 비우면서 아들에게 버림받는다. 아들이 극도의 고통을 겪으며

56 라틴어 사도신경에서 예수님이 돌아가신 다음에 내려가신 곳을 inferi로 지적하는데, 이 장소는 본디 구약성경에서 죽은 이들의 처소 셔올을 가리킨다. 그런데 inferi는 지하세계, 황천과 더불어 지옥이라는 뜻도 있다. 현재 사도신경의 우리말 번역은 '저승'으로 되어 있지만 옛날 기도문에서는 '지옥, 임보, 고성소' 등으로 다양하게 옮겼다. 영어에서는 "He descended into Hell"로 옮긴다.

57 십자가에서 내려진 예수님의 시신을 묘사하는 비잔틴 이콘들에 이 문구가 종종 나온다.

전능한 아버지(“아버지께서는 무엇이든 하실 수 있으시니”)를 부르는데, 그 아버지가 자신의 전능한 힘을 쓰지 않는다면 그런 아버지는 아버지 자격과 신분을 포기하는 것으로 볼 수밖에 없다. 아들은 아버지의 뜻을 자기 것으로 받아들여 지옥까지 내려간 반면, 아버지는 사랑하는 아들을 내줌으로써 본인 자신도 지옥까지 내려간다. 비움과 낮춤은 아들만의 몫이 아니라 아버지의 몫이기도 하다. 또한 두 분의 일치를 묶는 끈이었던 성령 역시 두 분에게 지옥을 허용함으로써 본인 자신도 지옥을 체험하고 두 분의 비움과 낮춤에 동참한다. 아버지의 뜻은 아들과 성령의 뜻이기도 한데, 삼위의 뜻은 서로에게 버림받는 지옥에 내려갈 정도로 인간에 대한 사랑을 드러내고, 자기 희생적 비움과 낮춤을 통해 페리코레시스(상호침투)를 이루는 것이 삼위 하느님의 본질임을 드러내는 것이다. 한마디로 하느님에게 버림받는 지옥에서 삼위는 완전한 분리가 아니라 완전한 일치를 이룬다.

마지막으로 언급할 것은 기도를 통한 아버지와 아들의 통교다. 겟세마니 동산의 기도에서 예수님은 하느님을 아버지에 대한 가장 친밀한 호칭 “아빠”(마르 14,36/ 마태 26,39/ 루카 22,42)로 부르시면서 하실 수만 있다면 고통의 잔을 거두어주시도록 청하는 한편 모든 것을 아버지의 뜻에 맡기셨다. 십자가 위에서 고통스런 절규를 하시면서 시편 22편의 말씀으로 기도하셨다. 여기서는 아빠라는 애칭보다 일반적 호칭 엘로이(나의 하느님)를 사용하신다. 하느님을 아빠로 다정하게 부르기에는 그분의 고통이 너무 컸기 때문일 것이다. 어떻든 이 기도로 아들 예수님이 지옥 같은 상황에서도 아버지 하느님과의 유대를 놓치 않으신 것을 확인할 수 있다. 기도는 우리의 구원을 원하시고 이루시는 하느님께 대한 강한 믿음과 신뢰를 바탕으로 그분과 나누는 대화요 친교다. 하느님이 우리가 청하는 것을 우리가 원하는 방식으로 우리가 원하는 시간에 들어주실 것으로 믿고 기도하는 것은 참믿음이 아니다. 그것은 하느님께 우리의 요구를 하달하는 명령이 될 수 있다. 또한 하느님 편에서 그분이 우리 기도의 윤허와

불허를 당신께 대한 충성과 복종을 얻어내기 위한 수단으로 삼으신다면 그분은 자애와 연민과 정의의 하느님이 아니라 힘 있는 전제 군주가 될 수 있다. 하느님은 우리를 아버지와 아들과 성령이 나누시는 생명과 사랑의 친교에 동참시키고자 하신다. 기도는 이 생명과 사랑의 친교를 삶의 한복판에서 삼위 하느님과 나누는 순간이다. 예수님이 시편 22편의 기도를 바치셨다는 사실은 삼위일체의 친교가 십자가 위에서의 절망적 상황에서도 작동하고 있다는 증거다.

2.6. 부활이며 생명이신 그리스도

삼위일체 친교는 예수님의 공생활과 십자가 사건에서만 작동하는 것이 아니라 그분의 부활 사건에서도 작동한다. 예수님은 라자로를 살리시기에 앞서 마르타에게 "나는 부활이요 생명이다. 나를 믿는 사람은 죽더라고 살고, 또 살아서 나를 믿는 모든 사람은 영원히 죽지 않을 것이다"(요한 11,25-26) 하고 선언하셨다. "죽더라도 살고"는 이해가 되지만 "살아서 나를 믿는 모든 사람은 영원히 죽지 않을 것이다"는 말씀은 이해하기 어렵다. 이 말씀을 하신 예수님도 돌아가셨고, 그 말씀을 들은 마르타도 죽었기 때문이다. 따라서 이 말씀은 생물학적 죽음이 아니라 영적인 죽음, 생물학적 삶이 아니라 영적인 삶을 가리킨다고 보아야 한다. 여기서 영적인 죽음은 묵시록에서 말하는 두 번째 죽음인 하느님과의 완전한 결별을 말하고 영적인 삶은 하느님의 생명에 동참하는 것을 말한다.

예수님이 부활하신 다음에 마리아 막달레나를 시켜 제자들에게 알리라고 하신 메시지는 "나는 내 아버지시며 너희의 아버지신 분, 내 하느님이시며 너희의 하느님이신 분께 올라간다"(요한 20,17)였다. 이 말씀은 당신의 아버지를 제자들의 하느님과 동일시하심으로써 아버지와의 친교에 제자들을 참여시키신다는 뜻이다. 그런 다음 제자들에게 직접 나타나시어 그들에게 당신의 숨을 불어넣으시며 "성령을 받아라"(요한 20,23) 하고 말씀하신다. 이는 부활하신 예수님이 삼위의 친교와 생명에 제자들을 참여시키신 것으로 이해할 수 있다.[58] 이 성령은 예수님이 이미 십자가 죽음에서 아버지 하느님과 세상에 온전히 내놓으셨다. “숨을 거두셨다”(요한 19,30)의 직역은 ‘영을 넘겨 주셨다’(παρέδωκεν τὸ πνεῦμα)이다.

III. 결론

세상의 악과 고통은 창조주 하느님이 기획하신 것이 아니라 피조물 자체에서 기원된다. 인간이 악과 고통의 기원을 알기에는 하느님에 대해서나 세상에 대해서나 모르는 게 너무 많다. 세상의 악과 고통은 행위자(천사와 인간)의 자유의지를 비롯하여 수많은 변수가 그 뒤에 숨어 있다. 따라서 그 많은 변수와 그 변수들이 작동하는 원리를 알기 전에는 악과 고통의 원인을 정확하게 규명할 수 없다. 고통을 겪는 사람들에게 도움을 준다는 명목으로 그 고통의 기원을 하느님이나 당사자들에게서 찾으려 하고 고통에 고상한 의미를 부여하려 하는 것은 바람직하지 못하다. 견딜만한 고통을 겪는 이들에게는 그런 대처나 충고가 도움이 되겠지만, 감당할 수 없을 정도의 비극적 고통을 겪는 이들에게는 오히려 하느님께 대한 믿음을 잃게 할 수도 있다. 세상의 악과 고통 앞에서 우리는 그리스도를 바라보아야 한다. 그분은 고통받는 이들에게 연민을 느

58 십자가의 길(via dolorosa)의 마지막 14처는 십자가에서 돌아가신 예수님이 무덤에 묻히시는 것으로 끝나는데, 여기에 15처를 덧붙여야 할 것 같다. 한님성서연구소 경당에 설치된 십자가의 길은 “제15처 예수님께서 부활하시어 우리 삶의 자리에 나타나 계심을 묵상합시다”로 마무리된다(정태현, 『말씀과 함께 걷는 십자가의 길』, 39).

끼시면서 세상의 악(악마와 어둠의 세력)을 제압하시고 그 악의 희생자들을 고통에서 풀어주시기 위해 공생활을 바치셨다. 그 모든 노력이 바로 하느님 나라의 선포였다. 그리고 마침내 고통받는 사람들과 하나가 되기 위해 십자가 위에서 하느님께 버림받는 지옥에까지 내려가셨다.

1. 극심한 고통의 당사자로서

먼저 우리가 고통의 당사자인 경우를 상정해 보자. 고통 그 자체는 악이다. 그러나 육화되신 하느님의 아들 그리스도는 고통을 하느님을 계시하는 도구로 삼으시고 인간에 대한 깊은 사랑을 드러내는 기회로 이용하셨다. 고통에 대한 담론은 그리스도의 십자가 죽음에서 시작하고 십자가 죽음으로 마무리해야 한다. 우리는 모든 것을 인간 위주로 사고한다. 인간이 고통을 당하는데 하느님이 이에 동참하시고, 인간이 하느님을 사랑하니 하느님이 그에 대한 응답으로 인간을 사랑하시는 것으로 생각한다. 그런데 성경은 반대로 이야기한다. "우리가 하느님을 사랑한 것이 아니라, 그분께서 우리를 사랑하시어 당신의 아드님을 우리 죄를 위한 속죄 제물로 보내 주신 것입니다. 사랑하는 여러분, 하느님께서 우리를 이렇게 사랑하셨으니 우리도 서로 사랑해야 합니다"(1요한 4,10-11). 고통도 마찬가지다. 그리스도의 십자가 사건 이후 우리는 더 이상 우리의 고통에 하느님이 참여한다고 말하지 않고 그리스도의 고난에 우리가 참여한다고 말하게 되었다(필리 3,10; 1베드 4,13). 고통을 당할 때 우리는 고립감을 느낀다. 그러나 고통받는 이들과 자신을 동일화하시고 우리의 속량을 위해 극도의 고통을 당하신 그리스도께서, 그리고 세상의 구원을 위해 고통을 겪고 있는 교회가 고통받는 우리와 함께 있다는 것을 기억해야 한다. 그리하여 우리가 당하는 고통을 무가치하게 방치하거나 흘려보내지 말고 바오로 사도처럼 그것에 긍정적 의미를 부여해야 한다. "이제 나는 여러분을 위하여 고난을 겪으며 기뻐합니다. 그리스도의 환난에서 모자란 부분을 내가 이렇게 그분의 몸인 교회를 위하여 내 육신으로 채우고 있습니다"(콜로 1,24). 그리스도의 몸인 교회는, 강선남의 소고 "고통과 기쁨의 연대"에서 지적하듯이, "하느님의 아드님으로 부유하시면서도 우리를 위해 자신을 낮추어 가난하게 되신 그리스도"를 늘 바라보아야 한다.

사실 그리스도의 고통에 동참한다는 것은 그분의 부활에 동참한다는 뜻이기도 하다. 세상의 물리적 악은 그 자체로 파스카 원리, 곧 죽음과 부활의 질서에 따라 새로운 탄생으로 이어진다. 예수님은 세 차례 수난 예고에서 십자가 죽음만 말씀하신 것이 아니라 부활도 말씀하셨다. 그런데 제자들은 메시아의 십자가 죽음 예고에만 집중하여 강력하게 반발하거나 받아들이려 하지 않았다. 십자가 없는 부활은 환상이고 부활 없는 십자가는 절망이다. 고난 없이 영광 없고 죽음 없이 부활 없다. 부활하신 예수님은 이 파스카 신비의 선포에 집중하신다. "성경에 기록된 대로, 그리스도는 고난을 겪고 사흘 만에 죽은 이들 가운데에서 다시 살아나야 한다"(루카 24,46; 참조: 24,26). 그리스도의 고난과 죽음에 동참해야 그분의 영광과 부활에도 동참할 수 있다(로마 6장 참조).

2. 고통받는 이들 앞에서

그 다음 고통받는 이들 앞에서 우리가 지녀야 할 가장 바람직한 태도는 처음 고통에 휩싸인 욥에게 보여준 세 친구의 행동이다. 그들은 욥에게 닥친 불행을 전해 듣고 먼곳에서 찾아와 말없이 이레 동안 밤낮으로 그의 곁을 지키며 그의 고통을 함께 나누었다. "그의 고통이 너무도 큰 것을 보았기 때문이다"(욥 2,13). 연민은 우리 모두의 공통 인간성이고 그것은 자비하신 하느님께서 주신 선물이다. 2차 세계 대전 때에 프랑스 철학자 시몬느 베이유(Simone Weil, 1909-1943)는 명문 고등사범학교에서 철학 교수 자격 학위를 받았지만 가난한 이들과 고통을 나누기 위해 스스로 노동자가 되었고 세상의 악과 싸우기 위해 프랑스 레지스탕스에 참여했다. 2차 대전 중에 추운 겨울을 보내는 사람들을 생각해서 냉방에서 지냈고 굶주린 사람들을 보면서 밥을 먹을 수가 없어서 거식증으로 굶어 죽었다.[59] 전태일은 본인이 정규직 노동자로 안정된 처지였지만 일용직 피복 노동자들의 처우 개선을 위해 백방으로 투쟁하다 종로 3가 역에서 분신했다.[60] 이런 이들의 죽음은 고통에서 벗어나기 위해, 또는 고통 앞에서 절망한 결과로 실행된 이기적 자살이 아니라 다른 이들의 고통을 해결하기 위한 이타적 투신이다. 우리는 고통받는 사람들에게 연민을 느끼고 그들을 위로하고 돕는 일과 더불어, 세상의 악(물리적 악이든 윤리적 악이든)을 막는 데 최선을 다해야 한다. 그것이 그리스도의 수난과 부활에 동참하고 하느님의 삼위일체적 본성에 참여하는(2베드 1,4) 길이다.

59 에릭 스프링스티드, 『시몬느 베이유』.

60 조영래, 『전태일 평전』.

IV. 참고 문헌

성경

『성경』 (한국천주교중앙협의회 2005).

The Greek New Testament, Nestle - Aland (28th ed.) (Stuttgart 2012).

일반 문헌

von Balthasar, H.U., *Mysterium Paschale: The Mystery of Easter*, A. Nichols (tr.) (Edinburgh 1990).

Boyd, G.A., *The Crucifixion of the Warrior God: Interpreting the Old Testament's Violent Portraits of God in Light of the Cross, Vol. 1 & 2* (Minneapolis 2017).

__________, *Is God to Blame? Moving Beyond Pat Answers to the Problem of Suffering* (InterVarsity 2003).

Carson, D.A., *Divine Sovereignty and Human Responsibility* (Atlanta 1981).

Congar, Y., *The Revelation of God*, A. Manson, L.C. Sheppard (tr.) (New York 1968).

Fitzmyer, J.A., *The Gospel According to Luke X-XXIV* (Garden City 1985).

France, R.T., *The Gospel of Matthew* (Grand Rapids 2007).

Galot, J., *Il mistero della sofferenza di Dio* (Assisi 1978).

Gokey, F.X., *Terminology for the Devil* (Washington D.C. 1961).

Koehler, L. et al. (eds.), *The Hebrew & Aramaic Lexicon of the Old Testament III* (Leiden 1996).

Köster, H., “σπλάγχνον, σπλαγχνίζομαι κτλ.”, *Theological Dictionary of the New Testament VII* (Stuttgart 1975), 548-559.

Lewis, A.E., *Between Cross and Resurrection. A Theology of Holy Saturday* (Grand Rapids 2002).

Lilla, S.R.C., *Clement of Alexandria: A Study in Christian Platonism and Gnoticism* (Eugene OR 2005).

Mafico, T.L.J., "Justice", *Anchor Bible Dictionary III*, 1127-1128.

Moltmann, J., *The Crucified God* (London 1974).

__________, *The Trinity and the Kingdom* (San Francisco 1981).

Panimolle, S.A., "사랑", P. 로싸노 외 엮음, 『새로운 성경신학사전』, 임승필 외 옮김 (바오로딸 2009), 930-934.

Prestige, G.L., *God in Patristic Thought* (Eugene OR 2008).

Rossé, G., *The Cry of Jesus on the Cross*, S.W. Arndt (tr.) (New York 1987).

Sakenfeld, K.D., "Love (OT)", *Anchor Bible Dictionary IV*, 377.

Schillebeeckx, E., *Christ. The Experience of Jesus as Lord*, J. Bowden (tr.) (New York 1980).

Schmemann, A., *For the Life of the World. Sacraments and Orthodoxy* (Crestwood 1973).

__________, *O Death, Where is Thy Sting?* (Crestwood 2003).

Simundson, D.J., "Suffering", *Anchor Bible Dictionary VI*, 219-225.

Stead, Ch., *Philosophy in Christian Antiquity* (Cambridge: Cambridge University Press 1998).

Watson, D.F., "Evil", *Anchor Bible Dictionary II* (New York 1992), 678-679.

『가톨릭 교회 교리서』 (CBCK 2023): https://cbck.or.kr/Documents/Catechism.

김연희, “임마누엘 칸트의 초월 철학과 데이비드 트레이시의 초월적 토마스주의(수정주의신학)의 관계성에 대한 연구”, 『신학전망』 229호 (광주가톨릭대학교 2025), 72-120.

깡비에, J., 레옹-뒤푸르, X., “자비”, X. 레옹-뒤푸르 외 편집, 『성서신학사전』, 광주가톨릭대학교 교수단 옮김 (광주가톨릭대학교 2003), 813-818.

로싸노, P. 외 엮음, 『새로운 성경신학사전』, 임승필 외 옮김 (바오로딸 2009).

루이스, C.S., 『고통의 문제』, 이종태 옮김 (홍성사 2018).

송혜경, 『사탄 악마가 된 고발자』 (한님성서연구소 2022).

에릭 스프링스티드, 『시몬느 베이유』, 권은정 옮김 (분도출판사 2008).

엘로브스키, 조엘 C., 『교부들의 성경 주해: 신약성경 V 요한 복음서 1-10장』, 정영한 옮김 (분도출판사 2013).

이규성, “초월 철학의 방법론적 발전과 변증법적 종합: 마레샬, 로츠, 라너를 중심으로”, 『신학전망』 229호 (광주가톨릭대학교 2025), 121-183.

조영래, 『전태일 평전』 (아름다운전태일 2020).

정승현, 『말씀으로 익히는 가톨릭 교회 교리 문답』 (한님성서연구소 2018).

정태현, 『요한 복음』 (거룩한 독서를 위한 신약성경 주해 4; 바오로딸 2011).

______, 『말씀과 함께 걷는 십자가의 길』 (한님성서연구소 2018).

『천주교 요리문답』 (내포교회사연구소 자료집 1; 내포교회사연구소 2010).

토마스 아퀴나스, 『신학대전 1 하느님의 존재』, 정의채 옮김 (바오로딸 1985).

____________, 『신학대전 2 하느님의 생명』, 정의채 옮김 (바오로딸 1993).

프란치스코 교황, 회칙 『찬미받으소서』 *Laudato Si’* (CBCK 2015).

2023년 한님성서연구소 창립 25주년 기념 학술 발표 논문집

말씀의 육화와 성경의 올바른 해석

주원준 ‘떨기나무’가 아니라 ‘가시덤불’이다

박미경 칠십인역 성경의 ‘키리오스’와 신약성경에 나타난 ‘키리오스’

강지숙 ‘이스라엘 땅에 머무르는 이방인(גר)’에 대한 랍비들의 해석과 논쟁

김선영 정결과 부정에서 죄와 치유로: 시리아 저자들의 레위 13—14장 해석

김명숙 산헤립의 침공과 예루살렘의 구원을 기적사화로 묘사한 배경

송혜경 초대 그리스도교 ‘성性 금욕주의’

강선남 신약의 구약 인용문과 그리스도론적 성경 읽기: 로마 10,6-8을 중심으로

정태현 말씀의 육화와 성경의 올바른 해석

2024년 한님성서연구소 제2차 학술 발표 논문집

죽음 이후

주원준 죽음의 신의 고향에서 영원한 승리를!

송혜경 구약 외경에 나타난 ‘죽음 이후’

김선영 지상의 낙원: 아프라하트와 에프렘의 내세관의 이해

정태현 성경의 사후생: 마르 12,18-27(병행: 마태 22,23-33/ 루카 20,27-40)을 중심으로